LA NORMA GENERAL ANTI ELUSIÓN

Análisis desde la perspectiva del Derecho Privado

EDICIONES UNIVERSIDAD CATÓLICA DE CHILE
Vicerrectoría de Comunicaciones
Av. Libertador Bernardo O'Higgins 390, Santiago, Chile

editorialedicionesuc@uc.cl
www.ediciones.uc.cl

LA NORMA GENERAL ANTI ELUSIÓN.
Análisis desde la prespectiva del Derecho Privado

Cristián Boetsch Gillet

Agosto 2016
ISBN N° 978-956-14-1954-4

Diseño:
Salvador E. Verdejo Vicencio
versión | producciones gráficas Ltda.

Impresor:
Salesianos Impresores S.A.

CIP - Pontificia Universidad Católica de Chile

Boetsch Gillet, Cristián.
La norma general anti elusión : análisis desde las perspectiva del derecho privado / Cristián Boetsch Gillet.

1. Evasión de impuestos – Aspectos jurídicos – Chile.
2. Chile. Ley N° 20.780.
3. Delitos tributarios – Chile.
4. Evasión de impuestos – Derecho comparado.
I. t.

2016 345.830268 + DDC23 RCAA2

LA NORMA GENERAL ANTI ELUSIÓN

Análisis desde la perspectiva del Derecho Privado

CRISTIÁN BOETSCH GILLET

EDICIONES UC

ÍNDICE GENERAL

PRÓLOGO

Por muy largo tiempo en nuestro país se debatió intensamente, tanto a nivel doctrinal como jurisprudencial, acerca de la licitud o potencial antijuridicidad de la elusión, entendiendo por tal –en términos sumamente genéricos– la conducta consistente en emplear uno o más mecanismos destinados a impedir que se verifique el hecho gravado u obtener una determinada ventaja tributaria.

Dicho debate vino a ser zanjado con la Ley de Reforma Tributaria promulgada y publicada el año 2014[i] (pero con entrada en vigencia diferida en el tiempo, como se ahondará en este trabajo); esta constituyó una profunda modificación en este ámbito (así como en muchos otros), pues por primera vez incorporó a nuestro sistema jurídico la figura de una Norma General Anti Elusión o NGA. Conforme se indicó en el Mensaje del Ejecutivo de fecha 1 de abril de 2014 con el que se dio inicio a la tramitación del proyecto de Ley de Reforma Tributaria, la motivación de esta reforma se encontraría en la necesidad de obtener los recursos para llevar a cabo "cambios profundos y estructurales", para lo cual se perseguían "cuatro grandes objetivos", uno de ellos era velar por que "se pague lo que corresponda de acuerdo a las leyes, avanzando en medidas que disminuyan la evasión y la elusión"[ii].

---

i Ley N° 20.780 sobre "Reforma Tributaria que modifica el Sistema de Tributación de la Renta e introduce diversos ajustes en el Sistema Tributario". Fue promulgada el día 26 de septiembre de 2014 y publicada en el Diario Oficial el día 29 del mismo mes y año. Esta fue objeto de diversas modificaciones por medio de la Ley N° 20.899 que "Simplifica el Sistema de Tributación a la Renta y Perfecciona otras Disposiciones Legales Tributarias", la cual fue promulgada el día 1 de febrero de 2016 y publicada en el Diario Oficial el día 8 del mismo mes y año.

ii Los otros tres de los cuatro grandes objetivos serían: (i) aumentar la carga tributaria para financiar, con ingresos permanentes, los gastos permanentes de una reforma educacional futura; (ii) avanzar en "equidad tributaria", mejorando la distribución del ingreso; y (iii) concretar el principio conforme al cual "los que ganan más aportarán más".

Más específicamente, en el mismo mensaje se afirmaba que la incorporación de una NGA a nuestro ordenamiento jurídico se encontraba motivada especialmente en razones de equidad y justicia tributaria, además de constituir una vía para aumentar la recaudación tributaria; al mismo tiempo se aseveró que resultaba necesario incorporar tal norma a nuestro ordenamiento a fin de alcanzar los estándares internacionales sobre la materia (en particular el de los países miembros de la OCDE). Por su lado, el SII, en la normativa administrativa dictada con relación a esta materia, agrega que la NGA viene a constituir un resguardo importante del principio de legalidad, en cuanto se trata de una norma que "supone que la aplicación de tributos conforme a lo dispuesto en los hechos gravados establecidos en la ley, no puede quedar al arbitrio de los contribuyentes, es decir, los impuestos son obligatorios, y nadie puede sustraerse a su aplicación mediante actos elusivos"[iii].

Si bien pareciera ser que el análisis de la Norma General Anti Elusión debiera tener un enfoque estrictamente de Derecho Tributario, en nuestro concepto ello no es así, atendido que a fin de otorgarle una fisonomía jurídica a la normativa antielusión, la Ley de Reforma Tributaria se sustentó esencialmente en una serie de principios y figuras propias del Derecho Privado. En particular, y muy en síntesis, la NGA primeramente se sustenta en el deber que pesa sobre la autoridad de reconocer la buena fe del contribuyente, para luego señalar que la buena fe del contribuyente se termina cuando con su obrar se eluden impuestos, agregándose que la elusión se configura por dos figuras bien conocidas del Derecho Civil: el abuso del derecho (en su variante "abuso de formas jurídicas") y la simulación.

Lo anterior impone preguntarnos cómo se deben relacionar el Derecho Tributario y el Derecho Privado a efectos de dar una recta aplicación a la NGA. El tema evidentemente va mucho más allá de la aplicación de la ley especial por sobre la general (tema suficientemente resuelto por el art. 4 del Código Civil y el art. 2 del Código Tributario)[iv]; sino que se refiere a en dónde debe estar el

---

iii En lo que respecta a la normativa administrativa sobre la NGA, especialmente interesa en este trabajo la Circular N° 65 del SII de fecha 23 de julio de 2015, la cual "[i]mparte instrucciones acerca de las normas incorporadas en el Código Tributario por la Ley N° 20.780, en materia de Medidas Anti Elusión". Asimismo se tuvo a la vista la Circular N° 41/2016 de fecha 11 de julio de 2016, que modificó en ciertos aspectos a la Circular N° 65 en base a las disposiciones de la Ley de Reforma a la LRT.

iv El art. 4 del CC dispone que "[l]as disposiciones contenidas en los Códigos de Comercio, de Minería, del Ejército y Armada, y demás especiales, se aplicarán con preferencia a las de este Código". Plenamente concordante con ello, el art. 2 del CT dispone que "[e]n lo énfasis del análisis para resolver un caso de elusión. Así, y conforme expone cierta doctrina, existirían dos maneras de contemplar el fenómeno elusivo: una primera perspectiva implica partir desde los conceptos del Derecho Privado, de modo tal que se pone el acento en el abuso o ejercicio desviado de la autonomía de la voluntad; una segunda posibilidad es poner el acento en la finalidad de las normas tributarias, de modo tal que el análisis debe versar en torno a la evitación de la legislación impositiva de que se trate[v].

A nuestro entender, y especialmente a la luz de la Norma General Anti Elusión que en definitiva fue incorporada a nuestro ordenamiento jurídico, lejos de existir un conflicto o tensión entre el Derecho Tributario y el Derecho Privado, lo cierto es que en esta materia ambos tienen una aplicación claramente complementaria. Así es ineludible otorgarles una interpretación sistemática, conforme lo ordena la regla del art. 22 del CC.

Así, es claro que para dar una debida solución a un caso de elusión potencial será indispensable interpretar la respectiva ley tributaria a fin de establecer debidamente los supuestos de aplicación del hecho gravado o imponible[vi] fijado por la norma. Pero ello no es suficiente para resolver si hubo o no elusión, pues para dar aplicación a la NGA resultará igualmente indispensable el tener que determinar debidamente la naturaleza jurídica del acto o contrato y, más particularmente, determinar si concurren o no los presupuestos que la norma exige para que se configure una hipótesis de abuso o de simulación, para lo cual es indispensable realizar un análisis de Derecho Privado[vii].

---

no previsto por este Código y demás leyes tributarias, se aplicarán las normas de derecho común contenidas en leyes generales o especiales".

v PASCHEN, Uwe, *Steuerumgehung im nationalen und internationalen Steuerrecht*. Wiesbaden: Deutscher Universitäts-Verlag GmbH. Citado por RUIZ ALMENDRAL, Violeta & SEITZ, Georg, *El fraude a la Ley Tributaria (análisis de la norma española con ayuda de la experiencia alemana)*, artículo en "Estudios financieros. Revista de contabilidad y tributación: Comentarios, casos prácticos", septiembre 2004, N° 257-258, p. 14.

vi Si bien tradicionalmente nuestra legislación, y consecuencialmente la doctrina y jurisprudencia nacional, empleaba el término "hecho gravado", la NGA introducida por la LRT utiliza el término "hecho imponible", lo que para ciertos autores constituye una impropiedad. En este trabajo se emplearán indistintamente ambas denominaciones, pues son la que utiliza la ley.

vii A nivel de estructura organizacional del SII, corrobora la plena aplicación de los principios y normas del Derecho Privado a esta materia la Resolución Exenta N° 11 de 7 de marzo de 2016, mediante la cual el servicio creó el "Departamento de Defensa Judicial Civil", entre cuyas funciones se encuentra precisamente fijar "las directrices para la elaboración de los informes legales que propongan al Director la interposición de los requerimientos necesarios para la determinación de la existencia de abuso o simulación conforme al artículo

Mientras el análisis propio de Derecho Tributario será esencialmente variable caso a caso –en cuanto dependerá de la norma impositiva específica que potencialmente se ha eludido–, el análisis de Derecho Privado admite ser de carácter más general y abstracto. El presente trabajo se focalizará en este último aspecto. Hemos tenido en especial consideración los diversos aspectos civiles y procesales de la regulación de la NGA, todo ello a fin de intentar aportar en algo al debate que tendrá lugar en los tribunales de justicia llamados a declarar la existencia del abuso o simulación tributaria, a saber, los Tribunales Tributarios y Aduaneros, las Cortes de Apelaciones y la Corte Suprema.

Para efectos de mejor orden, hemos dividido nuestro análisis en los siguientes capítulos: (i) en el primer capítulo se desarrollarán ciertas consideraciones de la elusión previo a la Ley de Reforma Tributaria; (ii) en el segundo capítulo se analizará las normas anti elusión en ciertas legislaciones extranjeras; (iii) en el capítulo tercero nos referiremos a los aspectos centrales del proyecto y debate de la Norma Anti Elusión contenida en la Ley de Reforma Tributaria; (iv) en el cuarto capítulo se analizará la denominada disposición base de Norma General Anti Elusión; (v) en el capítulo quinto se analizará la nueva figura del abuso tributario; (vi) en el sexto capítulo se analizará la nueva figura de la simulación tributaria; (vii) en el capítulo séptimo se analizará las sanción especial al diseñador o planificador del abuso o simulación; (viii) en el capítulo octavo nos referiremos a la naturaleza esencialmente subjetiva de la responsabilidad por contravención a la normativa anti elusión; (ix) en el noveno capítulo se desarrollarán los aspectos procesales de los juicios sobre abuso o simulación tributaria; (x) en el capítulo décimo nos centraremos en una serie de aspectos referidos a las consultas al SII sobre abuso y simulación; y (xi) en el último capítulo nos referiremos a ciertas cuestiones relativas a la aplicación temporal de las normas sobre abuso y simulación tributaria.

160 bis del Código Tributario y del procedimiento para la aplicación de la sanción por la infracción tipificada en el artículo 100 bis del Código Tributario, como asimismo supervisar y coordinar a nivel nacional el desarrollo y mantención de los referidos procedimientos judiciales".

ABREVIATURAS

BEPS	Proyecto "*Base Erosion and Profit Shifting*" de la OCDE
CC	Código Civil
CEP	Código de Ética Profesional del Colegio de Abogados de Chile A.G.
Circular 55/2014	Circular SII N° 55 de 16 de octubre de 2014
Circular 55/2015	Circular SII N° 55 de 24 de junio de 2015
Circular 65	Circular SII N° 65 de 23 de julio de 2015
Circular 41/2016	Circular SII N° 11 de julio de 2016
Circular 42/2016	Circular SII N° 11 de julio de 2016
CPC	Código de Procedimiento Civil
CT	Código Tributario
GJ	Gaceta Jurídica
Ley de Reforma Tributaria/LRT	Ley N° 20.780 sobre "Reforma Tributaria que modifica el Sistema de Tributación de la Renta e introduce diversos ajustes en el Sistema Tributario"
Ley de Reforma a la LRT	Ley N° 20.899 que "Simplifica el Sistema de Tributación a la Renta y Perfecciona otras Disposiciones Legales Tributarias"
LMV	Ley N° 18.045 sobre Mercado de Valores
LOCDE	Ley Orgánica del Consejo de Defensa del Estado
LSA	Ley N° 18.046 sobre Sociedades Anónimas
NGA	Norma General Anti Elusión
OCDE	Organización para la Cooperación y el Desarrollo Económicos
RDJ	Revista de Derecho y Jurisprudencia
Servicio/SII	Servicio de Impuestos Internos
TTA	Tribunales Tributarios y Aduaneros

CAPÍTULO I
CONSIDERACIONES GENERALES ACERCA DE LA ELUSIÓN PREVIO A LA LEY DE REFORMA TRIBUTARIA

Iniciaremos nuestro análisis con una breve descripción de los principales aspectos de la elusión previo a la promulgación de la Ley de Reforma Tributaria. Como es lógico, la materia no es de puro interés histórico, ya que no encontrándose vencidos los plazos de prescripción tributaria establecidos en los arts. 200 y 201 respecto de una serie de actos celebrados y ejecutados previo a la entrada en vigencia de esta nueva normativa, resulta pertinente establecer si la elusión constituía o no un acto antijurídico susceptible de reproche y sanción administrativa o judicial.

Si bien el tema ha sido objeto de amplio desarrollo doctrinal, a continuación nos limitaremos a hacer revisión de las notas esenciales de la materia.

1. LOS CONCEPTOS DE PLANIFICACIÓN TRIBUTARIA O ECONOMÍA DE OPCIÓN, EVASIÓN Y ELUSIÓN PREVIO A LA ENTRADA EN VIGENCIA DE LA LEY DE REFORMA TRIBUTARIA

Previo a la Ley de Reforma Tributaria, la doctrina solía distinguir tres conceptos relativos a la reacción que un contribuyente podía adoptar frente a la legislación tributaria. Analizaremos sus aspectos principales brevemente a continuación.

1.1. La planificación tributaria

En primer término se encontraba la planificación tributaria, la cual consistía en "la facultad de elegir entre varias alternativas lícitas de organización de los negocios o actividades económicas del contribuyente, o incluso renunciar a la realización de negocios o actividades, todo con el fin de obtener un ahorro tributario"[1], o bien la "expresión que debe servir para designar, tan solo, la técnica de organización preventiva de negocios que busca una lícita economía de tributos"[2]. De conformidad al *International Bureau of Fiscal Documentation* (IBFD), la planificación tributaria (*tax planning*) es el "arreglo de los negocios y/o asuntos privados de una persona a fin de minimizar su responsabilidad tributaria"[3].

La planificación tributaria (denominada por algunos "ahorro tributario"[4], y por otros "economía de opción"[5]), entendida como la conducta de los contribuyentes

---

1 UGALDE PRIETO, Rodrigo & GARCÍA ESCOBAR, Jaime, *Elusión, planificación y evasión tributaria*, LegalPublishing, tercera edición, 2009, p. 53.

2 TORRES, Heleno Taveira, *Derecho Tributario y derecho privado. Autonomía privada, simulación y elusión tributaria*, Editorial Marcial Pons, Buenos Aires, 2008, p. 145.

3 IBFD, *International Tax Glossary*, séptima edición, 2015, p. 477, citado y traducido por MASSONE PARODI, Pedro, *Principios de Derecho Tributario. Aspectos Generales*, t. I, cuarta edición actualizada y ampliada, Thomson Reuters, 2016, p. 511. El mismo autor cita la definición de Barry SPITZ, quien expresa que "[p]lanificación tributaria es el proceso de considerar todos los factores tributarios relevantes, a la luz de los factores no tributarios importantes, con el propósito de determinar: si –y si es el caso– cuándo, cómo y con quién, celebrar y tener transacciones, operaciones y relaciones, con el fin de mantener la carga tributaria sobre los hechos y personas gravados lo más baja posible, consiguiendo, al mismo tiempo, realizar los objetivos económicos, personales u otros que se desean" (*Op. Cit.*, p. 512).

4 Así, MASSONE sostiene que no puede confundirse un resultado (el ahorro tributario) con los medios utilizados para alcanzarlo (como lo sería la planificación tributaria. Así, este autor afirma primeramente que "[e]xiste ahorro legítimo de impuesto cuando el contribuyente se limita a elegir entre una pluralidad de alternativas colocadas en el mismo plano por el sistema fiscal. En estos casos, la elección más conveniente entre ellas es totalmente legítima, incluso si responde sólo a razones de conveniencia tributaria" (*Op. Cit.*, t. I, p. 519). Y luego agrega: "veo el ahorro de impuesto (o economía de opción), la elusión y la evasión como un resultado que, lógicamente, se obtiene a través de una conducta (acción u omisión) que lo precede. Por el contrario, la planificación tributaria o fiscal, aunque lo busca, no es resultado, sino, esencialmente, una actividad, un proceso, dirigido a cierto fin. Al mismo tiempo, esa actividad o proceso es un medio para obtener el fin buscado. [...] desprendemos que la planificación fiscal es una actividad, un proceso, un medio para obtener algo. Como muchos medios, esta actividad o proceso podrá usarse para obtener fines buenos o malos, beneficiosos o dañinos, lícitos o ilícitos, legítimos o ilegítimos: una planificación acuciosa puede usarse, incluso, para cometer un delito (un delito cualquiera, y también uno tributario o fiscal) (*Op. Cit.*, t. I, pp. 529-530).

5 En general, se atribuye al jurista español José LARRAZ el haber acuñado el concepto de "economía de opción", al cual se refiere en su libro *Metodología aplicativa del Derecho Tributario* del año 1952. Este autor señalaba que "[i]mporta mucho no confundir el *fraus legis fisci* con otra figura peculiar del derecho tributario, la cual, en defecto de denominación ya acuñada, llamaré *economía de opción*. La economía de opción tiene en común con el *fraus legis* la concordancia entre lo formalizado y la realidad. De ningún modo se da simulación. También coinciden en no contrariar la letra legal y en procurar un ahorro tributario. Pero,

realizada a fin de acogerse a los mecanismos que la ley prevé para obtener un mayor ahorro tributario, encuentra su fundamento en la naturaleza misma del ser humano –o a lo menos de la generalidad de la población–, en cuanto, obrando de buena fe y acorde la normativa aplicable, lícitamente buscará alivianar las cargas literalmente impuestas por el Estado[6]; por ello se afirma que "la primera y más instintiva reacción del contribuyente frente a las exigencias tributarias es la de abstenerse de su cumplimiento"[7], cuestión que encontraría soporte en estudios de psicología financiera[8]. Y es que, como bien se indica, "la ley no contempla ningún deber patriótico de pagar más impuestos que los que las normas

---

fuera de estos trazos comunes, fraude de la ley y economía de opción divergen. La economía de opción no atenta a lo querido por el espíritu de la ley, en tanto que sí atenta el *fraus legis*. En los supuestos de economía de opción ni se operan deformaciones anómalas del negocio jurídico, ni se viola el espíritu de la ley; es decir, para que haya una verdadera economía de opción, el negocio realizado tiene que reunir no sólo los requisitos formales sino también los sustanciales del correspondiente tipo negocial; al menos, insistimos, desde la perspectiva que aquí interesa, que es la de la aplicación de las leyes tributarias" (citado por Massone, *Op. Cit.*, t. I, p. 522).

6 En relación a la materia, Massone recuerda el principio del Duque de Westminster, conforme al cual "todo hombre, si puede, tiene derecho a organizar sus negocios de modo que el impuesto atribuido según las leyes pertinentes sea menor de lo que sería de otro modo". Tal principio ha sido reiteradamente confirmado por la Casa de los Lores del Reino Unido, en cuanto dicho tribunal resolvió que "cuando se considera una transacción comercial genuina y hay dos caminos para realizarla, uno que envuelve pagar más impuesto que el otro, es completamente errado inferir, como consecuencia necesaria, que si se adopta el curso que envuelve pagar menos impuesto, uno de los principales objetivos es eludir el impuesto" (Massone, *Op. Cit.*, t. I, p. 503). El mismo autor cita abundante doctrina y jurisprudencia extranjera que confirma el principio conforme al cual el contribuyente puede legítima y razonablemente organizar sus negocios de modo de atraer la menor incidencia de impuestos posibles, concluyendo que en Chile "[l]a doctrina y jurisprudencia siguen, en general, la línea de pensamiento antes expuesta, defienden la autonomía de la voluntad o libertad contractual, y excluyen la posibilidad de crear impuestos por vía de la analogía" (*Op. Cit.*, p. 509).

7 Wahn Pleitz, Werner Raphael, *Elusión tributaria y normas antielusivas: su tratamiento en el derecho comparado, algunas conclusiones al respecto*, publicado por el Centro de Estudios Tributarios de la Universidad de Chile, p. 2.

8 Al efecto, Wahn (*Op. Cit.*, p. 2) cita el trabajo *Problemas de psicología financiera* de Shmölders, quien sostiene: "A nadie le gusta pagar impuestos. La historia de la imposición está llena de ejemplos que prueban que el pago de las cargas fiscales constituye un penoso deber, a cuyo cumplimiento hay que incitar constantemente a los ciudadanos [...] Las investigaciones en el terreno psicológico han demostrado que el deber fiscal aparece de hecho apartado de la moralidad del individuo". Un estudio reciente sobre la materia, en el que también se alude a las normas antiabuso o antielusión, se encuentra en Prebble, John & Prebble M., Zoë, *The Morality of Tax Avoidance*, en Creighton Law Review, vol. 43, 2012.

tributarias exigen"[9], razón por la cual "el ahorro del impuesto no es, por fuerza, un propósito ilegítimo"[10].

En ese contexto, la doctrina en general siempre ha entendido que la planificación tributaria constituye una conducta plenamente lícita y no susceptible de reproche o sanción alguna, en cuanto la misma no es más que una concreción de la garantía consagrada en el art. 19 N° 21 de la Constitución Política[11], que asegura a todas las personas el derecho a desarrollar cualquier actividad económica que no sea contraria a la moral, al orden público o a la seguridad nacional, respetando las normas que la regulen.

Desde ya se debe observar que el art. 4 bis del CT incorporado por la Ley de Reforma Tributaria vino a reconocer expresamente el carácter lícito de las planificaciones tributarias, pues su inciso segundo afirma que "[e]l Servicio deberá reconocer la buena fe de los contribuyentes. La buena fe en materia tributaria supone reconocer los efectos que se desprendan de los actos o negocios jurídicos o de un conjunto o serie de ellos, según la forma en que estos se hayan celebrado por los contribuyentes".

Ahora bien, y sin perjuicio de que la materia se desarrollará más adelante, se debe advertir que la antedicha e indiscutible licitud de la planificación tributaria fue puesta en duda en el Mensaje con que se envió al Congreso el proyecto de Ley de Reforma Tributaria. En efecto, en dicho texto se expresa que "[e]xiste un creciente consenso en torno a que nuestro sistema tributario y sus normas de fiscalización permiten obtener ventajas mediante *planificaciones tributarias elusivas*. Nuestro sistema tiene dificultades para *sancionar las planificaciones que tienen*

---

9 ALTAMIRANO, Alejandro, *Derecho tributario. Teoría general*, Editorial Marcial Pons, Buenos Aires, 2012, p. 257. No deja de ser interesante que una alusión semejante a la inexistencia de un "deber patriótico" de los contribuyentes de tener que aumentar sus impuestos se encuentra en el fallo de la Corte de Apelaciones del Segundo Circuito de los Estados Unidos de Norteamérica, pronunciada en el famoso caso *Gregory v. Helvering*. Este, como se verá más adelante, es para muchos el primer precedente judicial que creó la doctrina de la substancia sobre la forma ("substance over form"), en la cual se sustentaría la generalidad de las normas antielusión del mundo. En particular, en el fallo, posteriormente confirmado por la Corte Suprema de los Estados Unidos de Norteamérica en el año 1935, se afirma que no obstante la ausencia de tal "deber patriótico", se debía hacer valer la sustancia económica de una transacción por sobre su forma legal. Más adelante se profundizará en la materia.

10 MONTECINOS ARAYA, Jorge, *De la elusión y la evasión tributaria*, en Revista de Derecho de la Universidad de Concepción N° 207, 2000, p. 153.

11 Vid. GONZÁLEZ ORRICO, Jaime Andrés, *Notas sobre el procedimiento para declarar la existencia de abuso o simulación en el Proyecto de Reforma Tributaria (boletín 9290-05)*, en Revista Actualidad Jurídica N° 30, julio 2014, p. 82.

el solo propósito de sacar ventajas tributarias en la realización de una operación o conjunto de operaciones relacionadas entre sí"; y se agrega que "[l]a elusión y la evasión hacen que nuestro sistema tributario sea *inequitativo y que quienes tienen los recursos para financiar planificaciones tributarias* terminen pagando menos impuestos de lo que corresponde".

Ello derivó, en definitiva, en la incorporación al Código Tributario del art. 100 bis, el cual sanciona a "[l]a persona natural o jurídica respecto de quien se acredite haber diseñado o planificado los actos, contratos o negocios constitutivos de abuso o simulación [...]".

Por tanto, y más allá de las expresiones del Mensaje, lo cierto es que la planificación tributaria –entendida como la elección de algunas de varias alternativas lícitas permitidas por la ley para el desarrollo de sus negocios o actividades mediante las cuales este obtiene un ahorro tributario[12]– hoy encuentra su límite en la elusión, la cual se configura mediante el abuso o simulación que el Código Tributario hoy regula, y cuyos aspectos civiles y procesales son el objeto del presente trabajo.

1.2. La evasión

En el extremo opuesto a la lícita planificación tributaria se encuentra la evasión, conducta que uniformemente se califica de ilícita o antijurídica.

Si bien existen varias definiciones de este concepto, en general se sostiene que en la evasión "hay un comportamiento ilegal del contribuyente tendiente a la no satisfacción del tributo ya debido, por haberse verificado el hecho imponible"[13]. De ello se sigue que existe una diferencia fundamental, marcada por el nacimiento de la obligación tributaria, entre la planificación y la evasión: en la primera se sigue un camino, contemplado por la ley, destinado a imposibilitar que se verifique el hecho imponible; en cambio, en la evasión el hecho imponible ya se ha verificado y, por tanto, la obligación tributaria ya ha nacido; con todo, el contribuyente no la cumple total o parcialmente.

Siguiendo tales criterios, la evasión no es más que el no pago de la obligación tributaria. Este, al parecer, habría sido el entendimiento del concepto por parte del legislador previo a la Ley de Reforma Tributaria, como lo demuestra la

12 González, *Notas [...]*, *Op. Cit.*, p. 82.

13 Rosembui, Tulio, *El fraude de la ley, la simulación y el abuso de las formas en el derecho tributario*, Editorial Marcial Pons, segunda edición, Madrid, 1999, p. 96.

historia de la Ley N° 19.738 del año 2001, que contiene "Normas para combatir la evasión tributaria"; en particular, en el Mmensaje con que se dio inicio al proceso legislativo que culminó con la dictación de dicho cuerpo normativo se expresaba que "[l]a evasión de impuestos representa una situación de gran inequidad entre quienes cumplen sus obligaciones tributarias y quienes no lo hacen", agregándose que "[l]a presente iniciativa pretende fortalecer el cumplimiento de la ley y asegurar que toda la sociedad y los diversos agentes económicos cumplan con sus obligaciones tributarias".

La doctrina nacional afirma que no debe pensarse "que la evasión coincida siempre con una conducta delictiva"[14], pues "la evasión es más amplia que la noción de fraude o delito tributario"[15]. Esta relación de género (evasión) a especie (delito tributario) estaría dada por el hecho de que solo en estos últimos se exige un obrar malicioso para que se configure el tipo descrito por el legislador,, ya sea por vía de acción (v.gr. art. 97 N° 4 del CT) o de omisión (v.gr. art. 97 N° 5 del CT).

Ahora bien, en nuestro concepto de ello no se puede colegir que en los demás casos (esto es, cuando en la evasión no ha existido un obrar malicioso) sea jurídicamente procedente hacer exigible la responsabilidad del contribuyente con base en una responsabilidad objetiva, con absoluta prescindencia de algún factor de imputación. Como se desarrollará más adelante, la regla generalísima que rige en el ordenamiento jurídico –y a nuestro entender también en el ámbito tributario– es la responsabilidad subjetiva.

En efecto, y lo que es más usual, quien evadió un impuesto por mera ignorancia debe responder no porque rija una responsabilidad objetiva, sino porque la fuente directa de la obligación tributaria es la ley; y, por tanto, no es factible excusar su obrar fundado en el desconocimiento de la normativa. Al respecto, cabe recordar que el art. 8 del CC dispone que "nadie podrá alegar ignorancia de la ley después que ésta haya entrado en vigencia"[16], disposición que debe concor-

---

14 González, *Notas...*, *Op. Cit.*, p. 85.

15 Montecinos, *De la elusión...*, *Op. Cit.*, p. 161.

16 En doctrina se ha sido discutido la naturaleza jurídica de la disposición contenida en el artículo 8 del Código Civil. Muy en síntesis: *(i)* Para algunos, se trata de una *presunción legal* de conocimiento de la ley, lo que implica asumir que sería cierto que todas las personas conocen la ley y que es con motivo de ello que la ley les resulta vinculante. *(ii)* Para otros, se trata de una *ficción*. A diferencia de las presunciones, en Derecho la ficción es la suposición de un hecho o una situación distintos de la realidad, para lograr consecuencias jurídicas prácticas. Es decir, el legislador, asumiendo que la gente no conoce la ley, finge, simula, que sí la conocen y, con motivo de ello, la norma les resulta vinculante. Lo anterior se sustenta en el hecho cierto de que la inmensa mayoría de las personas no conoce

darse con lo dispuesto en el art. 1.492 del mismo cuerpo normativo, en cuanto expresa que "[e]l error sobre un punto de derecho no vicia el consentimiento".

Para finalizar, se debe observar que pese a la importancia de este concepto para el Derecho Tributario, el mismo ha sido escasamente recogido por el código del ramo, siendo muy pocas las disposiciones que aluden a evasión[17]. A ello se

---

los textos de las leyes, incluso los juristas (por eso se trata de una ficción y no de una presunción). Y es natural, porque resulta imposible conocer millares y millares de normas legales. Pero la ficción se justificaría porque, si se pudiera alegar la ignorancia de las leyes para escapar a sus mandatos, ellas, en el hecho, a nadie obligarían y su aplicación sería nula. *(iii)* Finalmente, otros sostienen que esta norma no contiene ni una presunción ni una ficción del legislador. Ella únicamente contiene una *prohibición de alegar ignorancia de la ley*, de ampararse en su desconocimiento para evadir su aplicación. Según esta posición, el conocimiento de la ley por el sujeto al que se aplica es irrelevante, en cuanto la ley es eficaz aunque el sujeto obligado no la conozca realmente. En este sentido, la eficacia de la norma no supone su conocimiento efectivo y actual, solo la posibilidad de conocerlo. La obligatoriedad de la ley es general y se impone, incluso, a quienes la ignoran.
En este último entendido, el art. 8, al prohibir que se alegue ignorancia de la ley, tiene por principal efecto que la ley tenga eficacia y obligatoriedad general, incluso respecto de quienes la ignoran actualmente. Con ello, se evita que su desconocimiento permita escapar a sus mandatos. Si no existiera esta disposición, la aplicación de la ley sería prácticamente nula, porque sería muy común ampararse en el desconocimiento de la ley para evadir su aplicación. Por otra parte, la comprensión del artículo en cuestión como una prohibición de alegar ignorancia de la ley (y no como una ficción ni una presunción) permiten interpretar armónicamente varias otras disposiciones legales que sí posibilitan ampararse en la ignorancia de la ley (*v. gr.* artículos 1468, 1576 inc. 2°, 2297, 2299, todos del CC). En estos casos el legislador contempla una norma especial que sí permite invocar el desconocimiento de la ley y ampararse en el mismo, de modo que, por aplicación del principio de *especificidad* esta prima sobre el artículo 8, sin que se produzca una contradicción, como ocurre si asumimos que la ley establece una presunción o ficción del conocimiento de la ley.
El más completo y acabado análisis sobre esta materia trascendental se encuentra en CORRAL TALCIANI, Hernán, *De la ignorancia de la ley. El principio de su inexcusabilidad*, Editorial Jurídica de Chile, 1987.

17 Entre las disposiciones del Código Tributario que emplean el término "evasión" se encuentran, por ejemplo, el inciso segundo del art. 105, en cuanto expresa que "[l]a aplicación de las sanciones pecuniarias por la justicia ordinaria se regulará en relación a los tributos cuya *evasión* resulte acreditada en el respectivo juicio". Por su parte, el art. 111, inciso final, que dispone que "[i]gualmente constituirá circunstancia agravante de responsabilidad penal que el delincuente teniendo la calidad de productor, no haya emitido facturas, facilitando de este modo la *evasión* tributaria de otros contribuyentes". Finalmente, el inciso segundo del art. 163 señala: "Si, en los procedimientos penales que se sigan por los mismos delitos, procediere la prisión preventiva, para determinar en su caso la suficiencia de la caución económica que la reemplazará, el tribunal tomará especialmente en consideración el hecho de que el perjuicio fiscal se derive de impuestos sujetos a retención o recargo o de devoluciones de tributos; el monto actualizado, conforme al artículo 53 de este Código, de lo evadido o indebidamente obtenido, y la capacidad económica que tuviere el imputado".

agrega que, como algunos autores observan[18], en ciertos casos el legislador no ha empleado acertadamente el término, confundiéndolo con la elusión, cuestión que ocurriría en los numerales 4°, 5° y 8° del art. 97 del CT, en los cuales se emplea el término "tributo *eludido*", en circunstancias de que se debió hablar de "tributo *evadido*". Es más, en el CT encontramos una norma como el art. 109, en la cual se expresa que "[t]oda infracción de las normas tributarias que no tenga señalada una sanción específica, será sancionada con multa no inferior a un uno por ciento ni superior a un cien por ciento de una unidad tributaria anual, o hasta del triple del *impuesto eludido* si la contravención tiene como consecuencia la *evasión* del impuesto".

1.3. La elusión

Entre los dos extremos anteriores –la lícita planificación tributaria (que tiene lugar previo al nacimiento de la obligación tributaria) y la ilícita evasión (que se verifica con posterioridad al nacimiento de la obligación tributaria)– se encontraba la elusión, concepto que ha sido objeto de diversas definiciones, y cuya adecuación al ordenamiento jurídico era controvertida.

En términos muy generales, es posible indicar que la elusión consiste en emplear uno o más mecanismos destinados a impedir que se verifique el hecho imponible, y por tanto evitando que nazca la obligación tributaria, o bien para obtener un ahorro tributario por la vía de reducir los impuestos a pagar, o bien para diferir su pago[19].

Por ende, si se atiende al factor temporal (obrar previo al nacimiento de la obligación tributaria) y finalidad última de la conducta (obtener un ahorro tributario), la elusión evidentemente se encuentra estrechamente emparentada con la planificación tributaria. La diferencia entre uno y otro concepto se encontraría, esencialmente, en los medios o mecanismos empleados por el contribuyente: si los medios empleados se encontraban de antemano previstos por el legislador, estamos frente a un caso de planificación tributaria, evidentemente lícita; en

---

18 Vid. Montecinos Araya, Jorge, *La Potestad del Servicio de Impuestos Internos en materia de recalificación de los contratos. La línea divisoria entre la evasión y la elusión tributaria*, en Revista de Derecho de la Universidad de Concepción N°s 215-216, 2004, p. 356.

19 "[...] la elusión ha de ser anterior o previa a la verificación del hecho imponible, puesto que es precisamente a través de esta circunstancia que se impide el nacimiento de la obligación tributaria; verificado que sea el hecho gravado, habrá nacido esta última y no podrá hablarse, entonces, de elusión" (González, *Notas...*, *Op. Cit.*, p. 83).

cambio, si los medios empleados no se encontraban previstos por la ley (de forma permisiva ni prohibitiva), se trata de una hipótesis de elusión.

Como es evidente, previo a la dictación de la Ley de Reforma Tributaria en nuestro ordenamiento jurídico no existía una norma de carácter general que prohibiera o declarara ilícita la elusión, únicamente existían disposiciones especiales (comúnmente denominadas en derecho comparado "SAAR": *Special Antiavoidance Rule*), cuyo ámbito de aplicación se encontraba circunscrito a las materias expresamente comprendidas en dichas normas. Usualmente se afirma que entre dichas normas especiales se encuentran, por ejemplo, la disposición sobre las facultades tasación del SII contemplada en el art. 64 del CT[20], y lo dispuesto en el art. 63 de la Ley N° 16.271 sobre Impuesto a las Herencias y Donaciones[21].

La existencia de esta normativa especial de elusión fue expresamente reconocida por la Ley de Reforma Tributaria, en cuanto se estableció en el inciso cuarto

---

20 El inciso tercero del art. 64 del CT dispone: "Cuando el precio o valor asignado al objeto de la enajenación de una especie mueble, corporal o incorporal, o al servicio prestado, sirva de base o sea uno de los elementos para determinar un impuesto, el Servicio, sin necesidad de citación previa, podrá tasar dicho precio o valor en los casos en que éste sea notoriamente inferior a los corrientes en plaza o de los que normalmente se cobren en convenciones de similar naturaleza considerando las circunstancias en que se realiza la operación". El inciso final de la misma disposición agrega: "En igual forma, en todos aquellos casos en que proceda aplicar impuestos cuya determinación se basa en el precio o valor de bienes raíces, el Servicio de Impuestos Internos podrá tasar dicho precio o valor, si el fijado en el respectivo acto o contrato fuere notoriamente inferior al valor comercial de los inmuebles de características y ubicación similares, en la localidad respectiva, y girar de inmediato y sin otro trámite previo el impuesto correspondiente. La tasación y giro podrán ser impugnadas, en forma simultánea, a través del procedimiento a que se refiere el Título II del Libro Tercero".

21 El art. 63 de la Ley N° 16.271 dispone: "El Servicio de Impuestos Internos podrá investigar si las obligaciones impuestas a las partes por cualquier contrato son efectivas, si realmente dichas obligaciones se han cumplido o si lo que una parte da en virtud de un contrato oneroso guarda proporción con el precio corriente en plaza, a la fecha del contrato, de lo que recibe en cambio. Si el Servicio comprobare que dichas obligaciones no son efectivas o no se han cumplido realmente, o lo que una de las partes da en virtud de un contrato oneroso es notoriamente desproporcionado al precio corriente en plaza de lo que recibe en cambio, y dichos actos y circunstancias hubieren tenido por objeto encubrir una donación y anticipo a cuenta de herencia, liquidará y girará el impuesto que corresponda./ Servirá de antecedente suficiente para el ejercicio de la facultad a que se refiere el inciso anterior, la comprobación de que no se ha incorporado realmente al patrimonio de un contratante la cantidad de dinero que declara haber recibido, en los casos de contratos celebrados entre personas de las cuales una o varias serán herederos ab-intestato de la otra u otras./ La liquidación del impuesto conforme a este artículo no importará un pronunciamiento sobre la calificación jurídica del respectivo contrato para otros efectos que no sean los tributarios".

del art. 4 bis del CT que "[e]n los casos en que sea aplicable una norma especial para evitar la elusión, las consecuencias jurídicas se regirán por dicha disposición y no por los artículos 4° ter y 4° quáter". Ello, como es innegable, no es más que la aplicación del principio de especialidad consagrado en los arts. 4 y 13 del CC.

2. CONTROVERSIA ACERCA DE LA LICITUD DE LA ELUSIÓN PREVIO A LA ENTRADA EN VIGENCIA DE LA LEY DE REFORMA TRIBUTARIA

Pues bien, ante tal panorama legislativo previo a la LRT, en doctrina se discutía acerca de la licitud de la elusión, habiendo autores que consideraban que era lícita, otros ilícita e, incluso, había quienes señalaban que podría ser lícita o ilícita, dependiendo de los mecanismos o medios para llevarla a cabo[22]. Buena parte de la doctrina extranjera, proveniente especialmente de España, Alemania y Argentina, indica que la elusión era ilícita, cuestión algo obvia si se considera que en sus países de origen existen normas generales antielusión[23].

Por el contrario, la mayoría de la doctrina nacional fundadamente estimaba que la elusión no era *per se* ilícita. Por ello se sostenía que la elusión "[c]onsiste en evitar *por medios lícitos* que un determinado hecho imponible se realice, mediante el empleo de formas o figuras aceptadas por el Derecho –aun cuando alguna de aquellas sea infrecuente o atípica– y que no se encuentran tipificadas como hecho imponible por la ley tributaria"[24]. La licitud general de la elusión se sustentaba, a nivel constitucional, en el ya referido derecho a desarrollar actividades económicas, consagrado en el art. 19 N° 21, y a nivel civil en la autonomía de la voluntad. En tal sentido se sostenía que "la elusión en Chile legalmente no existe. La gente paga los impuestos o los evade. La elusión no está sancionada en la ley chilena y por eso cada vez que los distintos gobiernos han querido resolver sobre algunos temas que ellos estiman que hay una elusión tributaria, tienen que recurrir al Congreso con un proyecto de ley"[25].

---

22 Acerca de las diversas posiciones doctrinales sobre la materia puede consultarse a Massone, *Op. Cit.*, t. I, pp. 551 y ss.; y a García Escobar, Jaime, *La naturaleza jurídica de la elusión tributaria*, publicado en el sitio web del Consejo de Defensa del Estado (www.cde.cl).

23 Sobre esta materia se ahondará en el segundo capítulo de este trabajo.

24 Ugalde & García, *Op. Cit.*, LegalPublishing, p. 71.

25 Brzovic, Franco, *Ley de evasión y elusión tributaria*, en Revista de Derecho Universidad Finis Terrae, N° 5, año 2001, p. 57.

En lo que se refiere a la jurisprudencia pronunciada acerca de la elusión, recurrentemente se alude a la sentencia dictada por la Corte Suprema el 28 de enero de 2003 en el denominado caso "Sociedad Inmobiliaria Bahía S. A. con SII"[26], la que ha sido ampliamente analizada por la doctrina nacional, por ser a la fecha de su dictación "única en su género en nuestro país"[27]. En lo que interesa, dicho fallo expresa lo siguiente:

> "18°) Que, así, el Servicio confunde, en este caso, *dos conceptos jurídicos que tienen una diferencia notoria: el de evasión tributaria -ilícito-, con el de elusión, que consiste en evitar algo con astucia, lo que no tiene que ser necesariamente antijurídico*, especialmente si la propia ley contempla y entrega las herramientas al contribuyente, como aquí ocurre, para pagar impuestos en una medida legítima a la que se optó, y no en aquella que se le liquida.
> 19°) Que, en la presente situación, ello se ha hecho mediante la constitución de dos sociedades, aunque por las mismas personas, para explotar en conjunto un negocio, utilizando los beneficios tributarios que la propia ley entrega y, de este modo una, la requerida en el presente asunto, se hace cargo de la parte inmobiliaria, y la otra del aspecto mobiliario y de prestación de servicios, por todo lo cual se paga el impuesto que se pretende, en este segundo caso, como se indica en las ya tantas veces dichas liquidaciones. *Ello no sólo es lícito, por tener un fundamento legal, sino que puede tener finalidades ajenas a la elusión de impuestos*, como podrá serlo el facilitar la adquisición, administración y mantención de los muebles, operaciones que, como resulta lógico entender, son más frecuentes que el de los primeros, sujetos a menor desgaste;
> 20°) Que poco queda por agregar sobre este tema, que parece meridianamente claro, salvo añadir que podría estimarse que precisamente por la forma como se halla establecida la estructura impositiva del IVA en el caso de establecimientos como el de la especie, el órgano fiscalizador debió acudir a una imputación genérica en orden a mencionar tan sólo una norma de la Ley de la Renta, sin ninguna otra especificación que pudiere fundar el criterio de las liquidaciones; y ello es, sencillamente, porque no la existe, al tenor de lo que se ha explicado. Al obrar así en el fallo recurrido se termina aceptando en buenas cuentas, que queden sin efecto por vía administrativa, actos válidamente celebrados como son los dos contratos

---

26 Corte Suprema, causa Rol N° 4038-2001.

27 MONTECINOS ARAYA, Jorge, *La Potestad del Servicio de Impuestos Internos en materia de recalificación de los contratos. La línea divisoria entre la evasión y la elusión tributaria*, en Revista de Derecho de la Universidad de Concepción N°s 215-216, 2004, p. 353.

sociales, cuya nulidad corresponde que sea declarada por otros tribunales, y para ello *se ha tenido que suponer que ha existido una simulación sin que haya habido debate ni prueba sobre ese asunto*. De este modo el Servicio, en esta materia, se aleja de su competencia por el simple expediente de efectuar liquidaciones de impuestos, y sin que se sepa, además, en qué condiciones queda la otra empresa relacionada [...]".

A partir de este fallo, la mayoría de la doctrina nacional sostuvo que nuestros tribunales habían sentado la doctrina conforme a la cual la elusión era una conducta lícita[28]/[29]. Con todo, algunos autores tomaron con mayor cautela este

28 Vid. MONTECINOS, *La potestad...*, *Op. Cit.*

29 Como se sabe, en nuestro sistema jurídico la fuerza obligatoria de las sentencias y de la interpretación judicial en ellas contenida es muy limitada, pues solo alcanza a los litigantes. Así lo establece el artículo 3° inc. 2 del Código Civil, el cual consagra el usualmente denominado efecto relativo de las sentencias en los siguientes términos: "Las sentencias judiciales no tienen fuerza obligatoria sino respecto de las causas en que actualmente se pronunciaren". Las excepciones que amplían la fuerza obligatoria de las sentencias a toda la sociedad (*erga omnes*) o el mundo son las que en cada caso expresamente señala la ley, como el fallo judicial que declara verdadera o falsa la paternidad o maternidad del hijo, no solo vale respecto de las personas que han intervenido en el juicio, sino respecto de todos, relativamente a los efectos que dicha paternidad o maternidad acarrea (art. 315 del CC). Lo anterior ha sido matizado por ciertos autores, como da cuenta una interesante columna de opinión escrita por ALCALDE, quien expresa que si las exigencias que derivan del principio de igualdad ante la ley (art. 19 N° 2 de la Constitución Política) suponen, entre otras manifestaciones, tratar de igual manera a quienes enfrentan una misma situación, no se comprendería el que tal obligación no se predicara también respecto de los órganos a quienes se ha confiado la jurisdicción, independientemente de qué personas concretas fueren sus integrantes en cada momento. Lo anterior implica que no parezca legítimo a un tribunal modificar, sin una adecuada y fundamentada razón, aquellos criterios y opiniones que previamente hubiere aplicado en casos que versaron sobre la misma materia que es objeto de actual juzgamiento. No entenderlo así importaría la admisión de una discriminación arbitraria cuya prohibición se contempla en la propia Constitución Política en términos extensivos a cualquier autoridad. El mismo autor agrega que no existe en la actualidad inconveniente jurídico alguno para concluir lo anterior, desde el momento que la norma del artículo 3° del Código Civil –que suele ser esgrimida a fin de negar toda fuerza vinculante al precedente– tiene un alcance mucho más restringido que aquel que usualmente se le atribuye. Se sostiene que el denominado efecto relativo de la sentencia judicial solo tiene relación con lo dispositivo del fallo, pero que en lo concerniente a su parte considerativa –esto es, en lo que atañe al fundamento, argumentación o razonamiento empleado– los tribunales no escapan de las reglas a que se halla sometido todo órgano o autoridad en un Estado de Derecho, particularmente en lo tocante a su obligación de motivar o justificar debidamente sus decisiones –y con mayor razón un cambio o modificación de las mismas– así como el no establecer diferencias arbitrarias entre justiciables que enfrentan una misma situación (ALCALDE RODRÍGUEZ, Enrique, *La Corte Suprema y el 'precedente': del dicho al hecho...*, columna de opinión publicada por el sitio de Internet "El Mercurio Legal").

precedente, afirmando que la citada sentencia "señala respecto de la elusión que 'no tiene que ser necesariamente antijurídica' por lo cual implícitamente distingue entre elusión lícita e ilícita, calificando los hechos de la causa de la primera forma, aceptando implícitamente que puedan existir figuras de elusión ilícita, más aún cuando, justificando de alguna forma su resolución, indica que puede existir en los hecho materia del proceso 'finalidades ajenas a la elusión'"[30].

Con posterioridad, en particular mediante sentencia de 28 de octubre de 2008, la Corte Suprema, conociendo de un caso de delito de quiebra fraudulenta, expresó que en una determinada operación "se trata sólo de una elusión más y no de una figura dolosa por parte de los cedentes de los derechos sociales", descartando así que la figura fuese constitutiva de delito[31].

Como observa GONZÁLEZ, la nueva Justicia Tributaria y Aduanera aplicó, en general, los mismos conceptos establecidos por la Corte Suprema en el ya citado fallo del caso "Sociedad Inmobiliaria Bahía S.A. con SII" del año 2003[32]. Dicho autor alude, entre otros, a un fallo dictado el año 2012 por el Tribunal Tributario y Aduanero de Concepción, en el cual se resolvió que "para que el Servicio de Impuestos Internos pueda desentenderse de las declaraciones contenidas en un acto o contrato, se requiere de una norma expresa que así lo autorice, tal como ocurre, por ejemplo, con el artículo 64, inciso 3°, del Código Tributario [...] Por consiguiente, fuera de los casos excepcionales en que la ley expresamente autoriza

---

En todo caso, en lo que existe absoluto consenso es en que la jurisprudencia es una muy relevante fuente material del derecho, puesto que influye en las decisiones futuras del mismo tribunal y en las de los de carácter inferior. Prueba de ello fue precisamente la sentencia dictada por la Corte Suprema en el caso "Sociedad Inmobiliaria Bahía S.A. con SII".

30 MARTÍNEZ COHEN, Rafael, *El error, la simulación, el fraude a la ley y el abuso de un derecho en el Derecho Tributario chileno*, en Revista e Derecho de la Pontificia Universidad Católica de Valparaíso XXIX, 2007, p. 370.

31 En particular, en el considerando 7° del fallo, dictado en los autos Rol N° 1.135-2008, la Corte Suprema expresó lo siguiente: "SEPTIMO: Que los hechos referidos precedentemente no fueron considerados como constitutivos del delito de Quiebra Fraudulenta contenido en los numerales 1 y 3 de la Ley de Quiebras, conforme a los raciocinios expresados principalmente en el motivo séptimo del fallo de primer grado, al determinar, correctamente, que la conducta descrita anteriormente se trata de una operación de tipo contable, de uso habitual, en donde lo que se transa es la pérdida que presenta una determinada empresa, la que al ser adquirida por otra, tiene en su favor un crédito, denominado FUT o fondo de utilidades tributarias, el que puede ser ocupado por la nueva propietaria para de esa forma presentarlo ante el Servicio de Impuestos Internos y así disminuir sus utilidades, por lo que se trata sólo de una elusión más y no de una figura dolosa por parte de los cedentes de los derechos sociales".

32 GONZÁLEZ, *Notas...*, *Op. Cit.*, p. 89.

al ente fiscal para desatenderse de lo pactado en un acto o contrato [...], debe recurrir a las causales de impugnación que el legislador haya previsto, acreditando la concurrencia de los supuestos de hecho que las hacen procedentes"[33]. También se cita el fallo dictado por el mismo tribunal en 2013, en el cual se resolvió que "[...] el tema de la Planificación Tributaria o Elusión [...] no permite una calificación a priori, sino que debe siempre analizarse en cada situación particular"[34].

Cabe advertir, en todo caso, que esta tendencia jurisprudencial reconoció excepciones, siendo la más comentada la sentencia dictada por el TTA de Arica (y luego confirmada por la Corte de Apelaciones de la misma ciudad, y en definitiva, por la Corte Suprema con fecha 23 de julio de 2013) en el denominado caso "Coca-Cola Embonor S.A. con SII". Tal fallo constituiría para muchos autores un verdadero "término de un ciclo", en cuanto la Corte Suprema, muy en síntesis, calificó una operación como ilícitamente elusiva por carecer de una "legítima razón de negocios"[35]. El fallo fue objeto de severas críticas por parte de la doctrina tributaria[36].

---

33 Tribunal Tributario y Aduanero de Concepción, 20 de noviembre de 2012, RIT N° GR-10-00026-2012. En el mismo sentido se encuentra un fallo dictado por el mismo tribunal con fecha 15 de julio de 2013, RIT N° GR-10-00100-2013.

34 Tribunal Tributario y Aduanero de Concepción, 7 de noviembre de 2013, RIT N° GR-10-00062-2012.

35 El término "legítima razón de negocios" –que algunos autores emparentan con el *business purpose test* anglosajón (vid. Massone, *Op. Cit.*, t. I, p. 647)–, es empleado por dos normas. La primera de ellas es el inciso quinto del art. 64 del CT, conforme al cual no se aplicará la tasación "cuando se trate del aporte, total o parcial, de activos de cualquier clase, corporales o incorporales, que resulte de otros procesos de reorganización de grupos empresariales, que obedezcan a una *legítima razón de negocios* [...]". La segunda norma es el art. 12 de la Ley N° 20.544 de 2011, que regula el tratamiento tributario de los instrumentos derivados, cuyo inciso primero expresamente dispone lo siguiente: "Norma de control. Sin perjuicio de lo establecido en el artículo 21 y siguientes del Código Tributario, el Servicio de Impuestos Internos verificará el cumplimiento de los requisitos y condiciones señalados en esta ley. Para estos efectos, y cuando una o un conjunto de transacciones con derivados sea similar a otra transacción u operación, dicho Servicio deberá aplicar los impuestos que correspondan a dichas transacciones. Para que esto proceda, el Servicio deberá establecer, de manera fundada, que la respectiva operación no ha obedecido a una *legítima razón de negocios* y que existen razones fundadas para determinar que mediante su celebración se ha pretendido como propósito encubrir un retiro de utilidades tributables o un crédito que debió tributar de acuerdo a las disposiciones de la Ley sobre el Impuesto a la Renta".

36 Un detallado análisis de este precedente se encuentra en Avilés Hernández, Víctor Manuel, *Comentario a la sentencia de la Excelentísima Corte Suprema en el caso denominado "Embonor", por reclamo presentado por dicha empresa en contra de una actuación del Servicio de Impuestos Internos*, publicado por el instituto Libertad y Desarrollo. También se encuentra un análisis crítico en Irribarra Sobarzo, Eduardo, *Análisis sobre el fallo Tributario de Coca Cola Embonor*

Se debe observar que recientemente la Corte Suprema, habiéndose dictado la Ley de Reforma Tributaria pero antes de su entrada en vigencia, se ha vuelto a pronunciar sobre la materia. En particular, en un mismo día 27 de julio de 2015, la Segunda Sala del máximo tribunal dictó tres sentencias[37] en las que señaló exactamente lo mismo. En tales fallos, la Corte Suprema se refirió en los siguientes términos a la materia:

> "Undécimo: Que *la doctrina tributaria ha discutido en extenso sobre la elusión fiscal, sin que se haya llegado a un consenso respecto a su licitud o ilicitud.* Para resolver sobre eso, aparece como una cuestión primordial tener en claro el propósito del Derecho Tributario, que ha sido definido como el conjunto de normas que disciplinan la actividad del Estado y de los entes públicos dirigida a adquirir, en virtud del poder de supremacía reconocido a los mismos, los medios financieros necesarios para alcanzar las finalidades públicas. A pesar de tal finalidad, la imposición tributaria es vista con desconfianza y desprecio por algunos contribuyentes, cuestión que lleva a la elusión a ser una de las cuestiones fundamentales del derecho tributario actual, y un problema permanente derivado de la presión que sobre la legalidad tributaria ejerce el *deseo de aquellos contribuyentes de sustraerse en lo posible a la imposición; deseo legítimo siempre que no se persiga con medios que contravienen directa e indirectamente la ley* (Principios de Derecho Tributario, Aspectos Generales, Pedro Massone Parodi, Legal Publishing, Tercera Edición, pág. 439).
> En esa línea de razonamiento, *es posible distinguir la elusión tributaria de la planificación*; esta última ha sido definida como "la facultad de elegir entre varias alternativas lícitas de organización de los negocios o actividades económicas del contribuyente, o incluso de renunciar a la realización de negocios o actividades, todo con el fin de obtener un ahorro tributario" (Elusión, planificación y evasión tributaria, Rodrigo Ugalde y Jaime García, Legal Publishing, 4° edición, pág.65). *La elusión, de contrario, no consiste en la elección lícita dentro de determinadas opciones que el propio legislador tributario entrega, sino que en el comportamiento del obligado tributario consistente en evitar el presupuesto de cualquier obligación tributaria, o en*

---

contra el Servicio de Impuestos Internos, publicado en el sitio web del Instituto Chileno de Derecho Tributario (www.ichdt.cl).

37 Las sentencias fueron dictadas en las siguientes causas: *(i)* autos Rol N° 17.586-2014, caratulados "María Paulina Gajardo Muñoz con Servicio de Impuestos Internos"; *(ii)* autos Rol N° 29.358-2014, caratulado "Carlos Gustavo Gajardo Muñoz con Servicio de Impuestos Internos"; y *(iii)* autos Rol N° 22.382-2014, caratulados "Laura Muñoz Aramayona con Servicio de Impuestos Internos".

disminuir la carga tributaria a través de un medio jurídicamente anómalo, sin violar directamente el mandato de la regla jurídica pero sí los valores o principios del sistema tributario.

En este estado de cosas, resulta que *la elusión tributaria, sin consistir necesariamente en un ilícito, evita el impuesto que, por la vía usual del desarrollo de la actividad, le habría correspondido, objetivo para el que utiliza formas jurídicas inusuales o anómalas.*

Duodécimo: Que, en el caso de estos antecedentes, eso es lo que ha ocurrido. En efecto, no resulta cuestionable, en una primera aproximación, que la contribuyente haya iniciado actividades en el giro de compraventa de acciones, ni que haya declarado un capital inicial de un millón de pesos en la cuenta caja. Sin embargo, tales actuaciones sí resultan cuestionables a la luz de las operaciones que luego efectuaría, y que dan cuenta de negocios por los que, dado su elevado monto, habría pagado impuesto de primera categoría e impuesto global complementario, ahorrando una importante cantidad de dinero en impuestos. De esta manera, *las actividades, en principio lícitas, tuvieron un fin ilícito*, cual es el dotar a la operación de venta de acciones de un contexto que impidiese su normal tributación, generando una merma en las arcas fiscales que, en este caso, dadas las apariencias que se usaron para encubrir la actividad, no resulta admisible. En esas circunstancias, no ha existido en los jueces del grado un error de derecho, sino que un correcto entendimiento de los fines de la fiscalización como herramienta para perseguir el pago de la obligación tributaria y una correcta aplicación de la ley, de manera que el recurso de casación en el fondo no puede prosperar"[38].

Como se puede observar, en estos recientes tres fallos la Corte Suprema da cuenta de que el tema de la licitud o ilicitud de la elusión es una materia discutible, e incluso afirma que la elusión "no necesariamente es un ilícito", todo lo cual dependerá, en definitiva, de los medios y fines empleados en cada caso concreto.

---

38 Considerandos extraídos del fallo pronunciado por la Corte Suprema en el caso "María Paulina Gajardo Muñoz con Servicio de Impuestos Internos". En relación a este pronunciamiento, MASSONE expresa que "el fallo es acertado en su decisión (y esto es lo más importante de una sentencia), pero no advierto en parte alguna la presencia de la elusión: no hay abuso del derecho, no hay fraude a la ley, no hablemos siquiera de una eventual simulación. Es posible que haya habido alguna forma de planificación, bastante rudimentaria, burda y torpe. Lo único que se aprecia es el incumplimiento de deberes del contribuyente, o sea, estamos más bien frente a una evasión pura y simple. La referencia a la elusión no es, en el caso comentado, más que un adorno, un puro y simple juego retórico" (*Op. Cit.*, t. I, p. 760).

A los pocos días de la entrada en vigencia de la Norma General Anti Elusión, en particular el 14 de septiembre de 2015, la misma Corte Suprema dictó una serie de sentencias[39] en las que, si bien reproduce literalmente los tres párrafos del considerando undécimo del fallo antes citado, eliminó del tercer y último párrafo la frase "sin consistir necesariamente en un ilícito", quedando por tanto tal parte de dicho razonamiento del siguiente modo: "En este estado de cosas, resulta que la elusión tributaria, evita el impuesto que, por la vía usual del desarrollo de la actividad, le habría correspondido, objetivo para el que utiliza formas jurídicas inusuales o anómalas". Por esta vía comparativa de precedentes, podríamos entender que, en la actualidad (pero siempre en referencia a casos previos a la entrada en vigencia de la LRT), la Corte Suprema ha dejado de entender que la elusión no constituye *per se* una figura ilícita; o si se quiere, que la elusión sí sería en sí misma ilícita, aunque sin decirlo derechamente.

Más allá de lo resuelto en estos últimos fallos, a nuestro entender, además de los fundamentos ya expresados con anterioridad, la más clara prueba de la licitud general de la elusión –o, lo que es lo mismo, que la elusión no es *per se* ilícita– está dada por la propia Ley de Reforma Tributaria, pues ella demuestra que fue necesario introducir modificaciones importantes al Código Tributario y consagrar positivamente una Norma General Anti Elusión a efectos de poder hacer responsables a los contribuyentes por su obrar elusivo. Por tanto, y tratándose de actos celebrados y ejecutados con anterioridad a la entrada en vigencia de la LRT, necesariamente se debe concluir que los mismos no son, en principio, susceptibles de reproche jurídico ni sanción por parte de la autoridad. Si respecto de ellos el SII estima que efectivamente existió un abuso o una simulación en cuya virtud se pueda solicitar la nulidad absoluta o la inoponibilidad de uno o más actos jurídicos, deberá recurrir a los tribunales ordinarios de justicia e invocar la aplicación de las normas de Derecho Común, tal como lo resolvió la Corte Suprema.

39 Sentencias dictadas en autos Rol N° 32.114-2014 caratulados "Comercial Key Limitada con SII", y en causa Rol N° 31.983-2014 caratulados "Supermercados Big Key Limitada con SII".

CAPÍTULO II
LAS NORMATIVA ANTI ELUSIÓN EN EL DERECHO COMPARADO

A diferencia de la situación en nuestro país, donde hasta antes de la entrada en vigencia de la Ley de Reforma Tributaria se debatía acerca de la licitud de la elusión, desde principios del siglo XX en el derecho comparado –sea vía codificación o bien por vía de doctrinas creadas al amparo de precedentes judiciales– se han ido adoptando diversos modelos de normas o cláusula generales antielusivas (usualmente denominadas "GAAR": *General Antiavoidance Rule*), por medio de las cuales se impone la tributación para aquellos casos en que se soslaya o elude la aplicación de la norma impositiva.

Si bien el análisis acabado del derecho comparado en esta materia excede el objeto del presente trabajo[40], en este capítulo nos referiremos a las notas distintivas de las legislaciones y doctrinas jurisprudenciales de Alemania, Estados Unidos de Norteamérica y España, en cuanto ellas, de un modo u otro, han tenido influencia en la materia tanto a nivel de la doctrina y jurisprudencia mundial, como en la concepción original de la NGA contenida en el proyecto de Ley de Reforma Tributaria[41].

---

40 Una descripción general de las normas antielusión en el derecho comparado se encuentra en Wahn, *Op. Cit.* pp. 5 y ss. Un análisis más detallado se puede encontrar en Schultz Figueroa, Robert, *Elusión tributaria desde el punto de vista de la legislación extranjera*, actividad normativa equivalente a tesis para optar al título de magíster en derecho tributario, Escuela de Postgrado de la Facultad de Derecho de la Universidad de Chile, 2012; y en Massone, *Op. Cit.*, t. I, pp. 591 y ss. Para la elaboración de este capítulo también se ha consultado, entre muchas otras fuentes, el estudio comparativo de diversas legislaciones (Alemania, Australia, Bélgica, Brasil, Canadá, China, Corea del Sur, Estados Unidos, Francia, Holanda, India, Indonesia, Irlanda, Italia, Japón, México, Polonia, Reino Unido, Rusia, Singapur, Sudáfrica, Suecia, Suiza y Turquía) contenido en Ernst & Young, *GAAR rising. Mapping tax enforcement's evolution*, 2013.

41 En el presente capítulo únicamente se analizará la legislación comparada doméstica y de aplicación interna, sin aludir a otra materia que en sí misma es un gran tópico que con

1. ALEMANIA

Alemania fue uno de los primeros países del mundo –si no el primero– en incorporar una norma general antielusión a su ordenamiento jurídico, lo que aconteció el año 1919 con la entrada en vigencia del parágrafo 5 de la *Reichsabggabenordnung* (RAO), la cual disponía lo siguiente: "El débito tributario no puede ser eludido o disminuido mediante el abuso de formas o posibilidades de configuración en el Derecho Civil. Existe abuso en el sentido del párrafo primero cuando: (1) en aquellos casos en que la ley somete al impuesto actos, hecho y relaciones bajo la forma jurídica adecuada a ellos, o eligen formas jurídicas o se realizan negocios no adecuados o inusuales, con el fin de eludir el impuesto, y (2) en vista de las relaciones existentes y con arreglo a la manera en que se actuará o deberá actuarse, se obtendrá por las partes en lo fundamental el mismo resultado económico que se habría obtenido si se hubiera elegido una configuración adecuada a los actos, hechos o relaciones, y además (3) las desventajas jurídicas que, en su caso, lleve consigo la vía [elegida] no tienen de hecho importancia o la tienen sólo escasa"[42].

---

creces excede el análisis de este trabajo: las medidas antielusión en el plano internacional. Nos limitaremos a expresar que, como sostiene DELGADO, la planificación fiscal internacional consiste en "el aprovechamiento que hacen los grupos multinacionales o transnacionales de las diferencias entre los distintos ordenamientos fiscales nacionales o entre los diferentes ordenamientos vigentes en cada país o territorio con mayor o menor soberanía fiscal" (DELGADO PACHECO, Abelardo, *Las medidas Antielusión en la Fiscalidad Internacional*, Revista ICE N° 825, 2005, p. 98); se trata de una conducta que, en sí misma, no constituye un obrar ilícito (por el contrario, en buena medida es promovido por los diversos Estados, quienes a efectos de atraer inversiones extranjeras otorgan beneficios fiscales). En tal contexto, el mismo Delgado expresa que las medidas antielusión propias de la fiscalidad internacional "son aquellas normas domésticas o convenidas que, basadas en la técnica propia de las normas antielusión, tratan de evitar que actos o negocios con trascendencia internacional obtengan un tratamiento o unas ventajas fiscales impropias, dada la verdadera naturaleza de esos negocios, la realidad de las operaciones efectuadas o el carácter abusivo de aquéllos" (*Op. Cit.*, p. 99). A nivel jurisprudencial, no cabe duda de que la corte que mayor influencia ha tenido sobre la materia es el Tribunal de Justicia de la Unión Europea (TJUE); un análisis de sus principales precedentes se encuentra, entre otros, en ÁLVAREZ-CLARO, Rafael Palomero, *Las medidas antiabuso en la fiscalidad internacional*, Revista de Instituto de Estudios Fiscales, Cuaderno de Formación vol. 15/2012 [pp. 125-138]; PALAO TABOADA, Carlos, *Normas Antielusión en el Derecho Interno Español y en el Derecho Comunitario Europeo*, en Boletín de la Asociación Argentina de Estudios Fiscales, 2003; y RUIZ ALMENDRAL, Violeta, *¿Tiene futuro el test de los "motivos económicos válidos" en las normas anti-abuso? (sobre la planificación fiscal y las normas anti-abuso en el Derecho de la Unión Europea)*, Revista de Contabilidad y Tributación, 2010 [pp. 5-60].

42 Traducción contenida en PALAO TABOADA, Carlos, *La aplicación de las normas tributarias y la elusión fiscal*, 2009, Lex Nova, p. 176.

Dicha norma pasó a ser posteriormente el parágrafo 10 de la RAO de 1931. Luego fue sustituida por el artículo 6 de la *Steueranpassungsgesetz* (StAnpG) de 16 de octubre de 1934, la que, en definitiva fue reemplazada por el parágrafo 42.1 de la Ordenanza Tributaria Alemana o *Abgabenordung* (AO) de 1977, actualmente en vigencia y que dispone lo siguiente:

> "La ley tributaria no podrá ser eludida mediante el abuso de las posibilidades de configuración jurídica que ofrece el derecho. En caso de abuso nacerá el crédito tributario tal como hubiera nacido con arreglo a la configuración jurídica adecuada a los hechos económicos"[43].

Siguiendo lo expuesto en una acabada investigación de Ruiz & Steiz sobre la doctrina germana y la jurisprudencia del Tribunal Financiero Federal de Alemania (*Bundesfinanzhof*, o BFH)[44], se aprecia que para la aplicación del parágrafo 42.1 de la AO se requiere la concurrencia de los siguientes requisitos:

i. En primer lugar, es necesario el empleo de una forma jurídica inadecuada, esto es, extraña, inusual o artificiosa[45]. Al efecto, se afirma por Ruiz & Steiz que

43 Traducción al castellano empleada en Ruiz & Seitz, *Op. Cit.*, p. 15, quienes a su vez utilizaron la traducción al castellano de Palao Taboada, Carlos, *Ordenanza Tributaria Alemanda*, Madrid, 1980. En su idioma original: "Durch Missbrauch von Gestaltungsmöglichkeiten des Rechts kann das Steuergesetz nicht umgangen werden. Liegt ein Missbrauch vor, so entsteht der Steueranspruch so, wie er bei einer den wirtschaftlichen Vorgängen angemessenen rechtlichen Gestaltung entsteht".

44 Ruiz Almendral, Violeta & Seitz, Georg, *El fraude a la Ley Tributaria (análisis de la norma española con ayuda de la experiencia alemana)*, artículo en 'Estudios financieros. Revista de contabilidad y tributación: Comentarios, casos prácticos", septiembre 2004, N° 257-258.

45 Una nomenclatura similar a la norma alemana, en cuanto a la referencia de actos o contratos "inadecuados", se encuentra en la Ley de Procedimiento Tributario de Argentina (Ley N° 11.683 de 1998). En particular, en su art. 2 esta ley dispone que "[p]ara determinar la verdadera naturaleza del hecho imponible se atenderá a los actos, situaciones y relaciones económicas que efectivamente realicen, persigan o establezcan los contribuyentes. Cuando éstos sometan esos actos, situaciones o relaciones a formas o estructuras jurídicas que no sean manifiestamente las que el derecho privado ofrezca o autorice para configurar adecuadamente la cabal intención económica y efectiva de los contribuyentes se prescindirá en la consideración del hecho imponible real, de las formas y *estructuras jurídicas inadecuadas*, y se considerará la situación económica real como encuadrada en las formas o estructuras que el derecho privado les aplicaría con independencia de las escogidas por los contribuyentes o les permitiría aplicar como las más adecuadas a la intención real de los mismos". La misma ley consagra en su art. 47 letra e) la siguiente presunción: "Se presume, salvo prueba en contrario, que existe la voluntad de producir declaraciones engañosas o de

en Alemania se ha producido cierta confusión porque alguna jurisprudencia ha identificado, de manera más o menos directa, el término "inapropiado" (*unangemessen*) con "inusual" (*unüblich/ungewöhnlich*). Los mismos autores observan que, al respecto, se ha dicho que ambos términos –inusual e inadecuada– no son ni mucho menos sinónimos y que una fórmula extraña o poco usual solo podrá ser, con muchas cautelas, un indicio de fraude; sobre todo porque es perfectamente posible que una fórmula habitual o común en la práctica mercantil o civil pueda ser considerada inadecuada desde el Derecho tributario, y constituir un supuesto de fraude de ley.
En relación con la materia, se observa que la jurisprudencia alemana emplea habitualmente el criterio del "tercero racional" (*Verständige Dritte*), afirmándose que una forma jurídica empleada es inadecuada, impropia y, en definitiva, sospechosa o indiciaria de fraude cuando se estima que un tercero razonable no la habría empleado para la consecución del resultado obtenido. Este criterio supone el establecimiento de una medida ideal como elemento de comparación adicional, al objeto de determinar si hay adecuación entre la forma jurídica seleccionada y el fin económico perseguido. Ahora bien, agregan Ruiz & Steiz, solo podrá ser útil si se tiene en cuenta que el citado tercero racional no podrá ser en forma exclusiva el económicamente racional, pues es evidente que existen otras razones –y el Derecho debe respetarlas– que pueden motivar las conductas de los individuos, también en el ámbito de las actividades económicas. Asimismo, se observa que es preciso tener presente que todo esto debe conducir a una menor tributación que no debe ser casual, sino precisamente buscada con la forma adoptada, pues otra cosa sería penalizar la inexperiencia o la mera torpeza.
Cabe observar que, conforme exponen estos mismos autores, en Alemania la jurisprudencia ha afirmado reiteradamente que una forma jurídica es inadecuada desde el principio cuando no sirve a ninguna finalidad económica, cuestión que se asimila al denominado *business purpose test* creado por la jurisprudencia norteamericana, y al que se aludirá más adelante.

ii. Adicionalmente, y aun cuando el parágrafo 42.1 de la AO no lo señala expresamente, la doctrina y jurisprudencia alemanas exigen que, para dar

---

incurrir en ocultaciones maliciosas cuando: [...] e) Cuando [sic] se declaren o hagan valer tributariamente formas o estructuras jurídicas inadecuadas o impropias de las prácticas de comercio, siempre que ello oculte o tergiverse la realidad o finalidad económica de los actos, relaciones o situaciones con incidencia directa sobre la determinación de los impuestos".

aplicación a esta norma antielusiva, es necesario que la estructura empleada tenga como finalidad obtener una ventaja tributaria, que sea precisamente consecuencia de la estructura empleada.
A este respecto, RUIZ & STEIZ observan que el concepto de ventaja es especialmente amplio, y hace referencia a cualquier resultado que implique la no tributación, su diferimiento o la aplicación de una norma tributaria más beneficiosa (exención, deducción, etc.). Así, quien actúa en fraude puede pretender reducir la deuda tributaria eludiendo total o parcialmente la realización formal del hecho imponible (*Tatbestandsvermeidung*) o atraer la aplicación indebida de una norma tributaria de exención o sencillamente más beneficiosa (*Tatbestandserschleichung* o *Rechtsfolgenerschleichung*). Estos autores agregan que, por otro lado, la ventaja tributaria puede ser inmediata o futura, por ejemplo, porque la estructura en fraude tenga como resultado la creación de una pérdida que previsiblemente pretenderá ser compensada por el contribuyente en un ejercicio fiscal futuro.

Para finalizar, es pertinente recordar que la consecuencia de la aplicación de la norma antielusión alemana está contemplada en el mismo parágrafo 42.1 de la OA: "En caso de abuso nacerá el crédito tributario tal como hubiera nacido con arreglo a la configuración jurídica adecuada a los hechos económicos".

Sobre este punto, RUIZ & STEIZ afirman que la disyuntiva teórica que se plantea es determinar si el hecho por el que realmente se hace tributar al contribuyente es un hecho ficticio, establecido *ad hoc* a efectos tributarios, o si la ficción es meramente formal, pues los sujetos han realizado realmente el hecho imponible en todos sus elementos esenciales, salvo el de la forma jurídicas empleada. La pregunta, agregan, enlaza con el problema de interpretación versus analogía, y tiene también consecuencias de cara a la posible imposición de sanciones. Parte de la doctrina alemana, así como en ocasiones la jurisprudencia del BFH, han optado por la primera opción, afirmando que la aplicación de la norma antifraude genera un hecho imponible ficticio, adecuado al sustrato económico de la operación. Con todo, para una corriente mayoritaria no se produciría tal ficción, y lo único ficticio sería la forma jurídica (adecuada, *angemessen*) que se toma como referencia para que se tribute, pero no el hecho real, que es precisamente el que atrae la aplicación de la norma antielusión. En suma, concluyen estos autores, el punto de partida o presupuesto para la aplicación de la norma antifraude es que se haya realizado el hecho imponible materialmente, de manera que solo se corrige el armazón jurídico que las partes le han concedido con el objeto de obtener una ventaja tributaria en fraude de ley; de ahí que la corrección sea únicamente a efectos tributarios.

2. ESTADOS UNIDOS DE NORTEAMÉRICA

En los Estados Unidos de Norteamérica, las reglas antielusión han sido el fruto de la creación de diversas doctrinas jurisprudenciales, cuyo origen se encuentra en pronunciamientos de la primera mitad del siglo XX, y que han tenido una constante evolución y notable influencia a nivel mundial.

Si bien no ha existido plena uniformidad en el entendimiento y aplicación de estas doctrinas jurisprudenciales, es posible advertir que todas ellas se encuentran íntimamente ligadas entre sí, siendo las más relevantes la doctrina del test del propósito negocial o de los motivos económicos válidos (*business purpose test*), la doctrina de la simulación (*sham transaction doctrine*), la doctrina de las operaciones por etapas (*step transactions doctrine*) y, la más general (y que se entiende como el fundamento de todas), la doctrina de la sustancia sobre la forma (*substance over form*)[46].

i. La aplicación más temprana del principio conforme al cual la "sustancia" de una transacción debe prevalecer por sobre su "forma" –no estando por tanto el *Internal Revenue Service* (*IRS*) a tener que respetar dicha forma para efectos de determinar la tributación de la transacción– se encontraría en el caso *Weiss v. Stearn* de 1924[47], en el cual se zanjó que "las cuestiones tributarias deben ser resueltas viendo qué fue realmente lo que se hizo, más allá del propósito declarado por los participantes [...] al aplicar [...] las leyes tributarias [...] debemos preocuparnos de las materias de sustancia y no de mera forma".

   Sin perjuicio de ello, la inmensa mayoría de la doctrina ve en el fallo pronunciado en el caso *Gregory v. Helvering* de 1935[48] el que sería el principal precedente de la doctrina de la sustancia sobre la forma, en particular en su variante relativa a los motivos económicos válidos o *business purpose doctrine*. El caso, muy en síntesis, decía relación con lo que formalmente parecía una reestructuración tributaria llevada a cabo por la contribuyente Evelyn Gregory, mediante la cual evitó el pago de impuestos por diversas

46 Vid. Calderón Carrero, José Manuel & Ruiz Almendral, Violeta, *La codificación de la "doctrina de la sustancia económica" en EE. UU. como nuevo modelo de norma general anti-abuso: la tendencia hacia el "sustancialismo"*, publicado en Revista Quincena Fiscal N° 15-16, 2010, p. 39.

47 265 U.S. 242 (1924).

48 293 U.S. 465 (1935).

transferencias de acciones de sociedades de su propiedad[49]. Finalmente la Corte Suprema de EE. UU. Resolvió, despejados los motivos de la transacción, que lo único que se encuentra es simplemente una operación carente de propósito económico o corporativo. A partir de este precedente se fue dando mayor aplicación a la *business purpose doctrine*, conforme a la cual se exige que una operación o transacción deba tener algún propósito distinto al exclusivo ahorro tributario. Para determinar los propósitos o finalidades del contribuyente, las cortes han empleado diversos factores, tales como si el contribuyente tiene o no beneficios potenciales por la operación (*profit potential test*), si invoca algún motivo "no tributario" para llevar a cabo la operación, si se consideraron los riesgos de mercado, y si las entidades envueltas en la transacción eran o no controladas por el contribuyente.

Otro precedente de gran importancia para la doctrina de la sustancia sobre la forma es el pronunciado en el caso *Higgins v. Smith* de 1940[50]. En este caso, en síntesis, el contribuyente pretendía vender una entidad de su propiedad para establecer una pérdida tributaria, cuestión que en definitiva fue rechazada por la Corte Suprema de los EE. UU. porque la operación carecería de una sustancia económica real. Así, se estableció que el Fisco no tiene la obligación de respetar la forma que el contribuyente elige como la más ventajosa, si se establece, observando la sustancia del caso, que la transacción resulta ficticia o carente sustancia económica (*economic substance doctrine*). Aunque existió debate jurisprudencial sobre la materia –el cual se pretendió resolver mediante la modificación del año 2010 al *Internal Revenue Code* a la que se aludirá más adelante–, es usual que se emplee el denominado test cumulativo (*conjunctive test*) –en oposición a los test disyuntivos que solo consideran un factor– en su razonamiento; esto se traduce en establecer la sustancia económica real de la operación (aspecto

49 Los hechos fueron los siguientes: E. Gregory era la dueña de las acciones de una sociedad denominada United Mortgage Company, entidad que entre sus activos tenía acciones de otra sociedad denominada Monitor Securities Corporation, deseando la contribuyente enajenar dichas acciones. Al efecto, constituyó una nueva sociedad, denominada Averill Corp, y tres días después de su creación se transfirieron todas las acciones de Monitor a Averill. Seis días después, la contribuyente disolvió Averill y distribuyó todas las acciones de Monitor a ella, las que vendió el mismo día. Gregory le dio a la transacción el tratamiento tributario de una reorganización empresarial exenta de impuestas, cuestión que fue rechazada por el Comisionado del IRS Guy Helvering, dando así al caso judicial.

50 308 U.S. 473 (1940).

objetivo) así como el propósito empresarial o negocial del contribuyente (aspecto subjetivo).

Finalmente, resulta pertinente referirse al caso *Commissioner v. Court Holding Co.* de 1945[51], cuyo fallo es usualmente utilizado como precedente de la *step transaction doctrine*, conforme a la cual los tribunales pueden evaluar una operación compuesta de varias etapas como un todo, sin estar necesariamente atados a tener que considerar cada etapa de forma individual[52]. El caso se refería a una sociedad que era dueña de un inmueble que se había valorizado mucho desde su adquisición. Los únicos socios de la sociedad eran un matrimonio, que entró en negociaciones con un tercero para vender el departamento, arribando a un acuerdo verbal. Sin embargo, para concretar la venta, el matrimonio primero disolvió su sociedad, pasando el dominio del inmueble de ella a los socios, quienes en definitiva figuraron como los vendedores al tercero (a quien se vendió en exactamente los mismos términos acordados previo a la disolución y liquidación de la sociedad). Al efecto la corte resolvió ignorar la disolución y liquidación de la sociedad en cuanto se habría tratado de un paso o etapa innecesaria para el negocio, cuya exclusiva finalidad fue la de eludir impuestos[53].

ii. Por otro lado, es pertinente observar que en los EE. UU. el principio de la sustancia sobre la forma también ha sido invocado por contribuyentes en contra de la autoridad fiscal[54].

---

51 324 U.S. 331 (1945).

52 La doctrina extranjera señala que en virtud de la *step transaction doctrine* "una transacción que comprende varios actos conexos debe considerarse en su integridad y, en consecuencia, someterse a impuestos en relación con su resultado final" (Victor Uckmar, citado por Massone, *Op. Cit.*, t. I., p. 647).

53 Un resumen algo más detallado del caso se encuentra en Soled, Jay, *Use of judicial doctrines in resolving transfer tax controversies*, en Boston College Review 581, 2001.

54 Un estudio sobre la materia, y que seguiremos en nuestra exposición, se contiene en Donaldson, J. Bruce, *When Substance-over-Form Argument is available to the Taxpayer*, en Marquette Law Review, vol. 48, 1964.

Así, se estima que la "sustancia" prima por sobre la "forma", en general, en la materia referente a entradas o registros contables o en libros del contribuyente. En particular, en el caso *Sitterding v. Commissioner*[55] se resolvió que dichas entradas "tienen la finalidad de registrar hechos, y constituyen prueba, pero [...] no crean ni destruyen hechos". En aplicación de este principio, en el caso *Baldwin Locomotive v. McCoach*[56] se acogió la alegación de un contribuyente quien, a pesar de una anotación en sus libros que reflejaban determinado incremento en el valor de un bien, en sustancia tal aumento no había existido, no gatillándose el pago de mayores impuestos por dicho motivo.

Un área donde, por el contrario y salvo excepciones, en general no se acepta que el contribuyente alegue en su favor la prevalencia de la sustancia sobre la forma es en materia de reconocimiento de la entidad y personalidad jurídica de sociedades. Así, en el caso *Moline Properties, Inc. v. Commisiones*[57], se rechazó la alegación de un contribuyente de no considerar la existencia de una sociedad que había sido creada únicamente como un "mecanismo de seguridad", resolviéndose que el optar por las ventajas de crear una persona jurídica "requiere aceptar las desventajas tributarias" de ello.

En fin, existen varios pronunciamientos relativos a las más diversas materias en las que ha prevalecido la alegación del contribuyente de que la sustancia es más relevante que la forma, como es el caso de situaciones en que el contribuyente se ha visto forzado a tener que emplear una determinada "forma", por ejemplo, cuando deseando comprar los bienes de una sociedad, el vendedor le impuso que el objeto directo de la venta fuesen las acciones de la entidad[58].

iii. Por último, es importante que con ocasión de la extensa ley de reforma sanitaria que entró en vigencia el año 2010 en los EE. UU. (*US Health Care and Education Reconciliation Act of 2010*), por primera vez se codificó en dicho país una norma general antielusión, mediante la incorporación de una definición de la doctrina de la sustancia económica.

---

55 80 F. 2d 939 (4th Cir. 1936), citado por DONALDSON, *Op. Cit.*, p. 45.

56 221 F. 59 (3d Cir. 1915), citado por DONALDSON, *Op. Cit.*, p. 45.

57 319 U.S. 436 (1943), citado por DONALDSON, *Op. Cit.*, p. 46.

58 Caso *Kimble-Dimond Milling Company* comentado por DONALDSON, *Op. Cit.*, p. 48.

En particular, la reforma incluyó una serie de modificaciones al *Internal Revenue Code (IRC)*, estableciéndose varias clarificaciones relativas a la *economic substance doctrine*. La reforma, como explican CALDERÓN & RUIZ[59], viene acompañada de un documento explicativo elaborado por el *Joint Comittee on Taxation*, que justificó codificar la doctrina sobre sustancia económica (*economic substance doctrine*) por la falta de uniformidad existente a nivel jurisprudencial sobre los criterios para considerar que tal sustancia económica concurre en una operación. Asimismo se observaba una cierta confusión y oscuridad en el establecimiento de los criterios sobre la aplicación de la doctrina de la sustancia económica, lo cual no aportaba seguridad jurídica.

En lo que interesa, se incorporó una modificación a la sección 7701 (o) del IRC, que pasó a definir el término "doctrina de la sustancia económica" (*economic substance doctrine*), manifestando que se trata de la doctrina del *common law* de acuerdo con la cual los beneficios fiscales de una operación no son aplicables si tal operación no posee sustancia económica o carece de finalidad negocial (*business purpose*)[60].

Por su parte, en el numeral primero de la misma sección 7701 (o) del IRC se refiere a la aplicación de la *economic substance doctrine*, disponiendo al efecto que una transacción tiene sustancia económica solo si concurren dos requisitos de forma cumulativa: (a) que dicha transacción modifique sustancialmente la posición del contribuyente con independencia de ventaja o ahorro tributario resultante de la misma; y (b) que además el contribuyente tenga un propósito sustancial, aparte de la ventaja tributaria, para realizar la transacción[61].

---

59 CALDERÓN & RUIZ, *Op, Cit.*, p. 46.

60 Traducción obtenida de CALDERÓN & RUIZ, *Op. Cit.* En su idioma original, la sección 7701 (o) (5) (a) dispone: "The term "economic substance doctrine" means the common law doctrine under which tax benefits under subtitle A with respect to a transaction are not allowable if the transaction does not have economic substance or lacks a business purpose".

61 CALDERÓN & RUIZ, *Op. Cit.*, p. 52. En su idioma original, la sección 7701 (o) (1) dispone: "(o) Clarification of economic substance doctrine. (1)Application of doctrine. In the case of any transaction to which the economic substance doctrine is relevant, such transaction shall be treated as having economic substance only if– (A) the transaction changes in a meaningful way (apart from Federal income tax effects) the taxpayer's economic position, and (B) the taxpayer has a substantial purpose (apart from Federal income tax effects) for entering into such transaction".

Así, y como recalcó el *Joint Comittee on Taxation*, la codificación norteamericana de la cláusula de *economic substance* recoge en "enfoque cumulativo" (*conjunctive analysis*), lo que exige un análisis de los "efectos objetivos" de la operación sobre la situación económica del contribuyente, además del análisis de los "motivos subjetivos" del contribuyente para realizar la operación. Como señalan CALDERÓN & RUIZ, la cláusula requiere el cumplimiento de los dos test, a saber (a) la operación debe alterar de forma sustantiva (dejando al margen las consideraciones sobre los efectos en el impuesto sobre la renta federal) la posición económica del contribuyente, y (b) el contribuyente debe tener una finalidad negocial, comercial, económica sustancial no fiscal para realizar la operación, para que tal operación sea tratada en el sentido de que posee sustancia económica[62].

3. ESPAÑA

En España, la primera norma antielusión fue consagrada en la Ley General Tributaria del año 1963, la cual, consistente con la sanción general al fraude a la ley consagrada en el art. 6.4 del Código Civil[63], establecía en su art. 24 una regulación especial del "fraude de ley tributario" que en su texto original disponía lo siguiente:

> "Articulo 24.- Uno. No se admitirá la analogía para extender más allá de sus términos estrictos el ámbito del hecho imponible o el de las exenciones o bonificaciones. Dos. Para evitar el fraude de Ley se entenderá, a los efectos del número anterior, que no existe extensión del hecho imponible cuando se graven hechos realizados con el propósito probado de eludir el impuesto, siempre que produzcan un resultado equivalente al derivado del hecho imponible. Para declarar que existe fraude de Ley será necesario un expediente especial en el que se aporte por la Administración la prueba correspondiente y se de audiencia al interesado".

62 CALDERÓN & RUIZ, *Op. Cit.*, pp. 50-51.

63 El art. 6.4 del Código Civil español dispone: "4. Los actos realizados al amparo del texto de una norma que persigan un resultado prohibido por el ordenamiento jurídico, o contrario a él, se considerarán ejecutados en fraude de ley y no impedirán la debida aplicación de la norma que se hubiere tratado de eludir".

Esta norma, fue objeto de diversas críticas[64] y en definitiva tuvo escasa aplicación práctica[65], lo que motivó que el año 2003, mediante la Ley General Tributaria 58/2003, se reconfigurara totalmente la norma general antielusión. Esta quedó plasmada en los siguientes artículos que conforman la Sección Tercera (titulada "Interpretación, calificación e integración") del Capítulo II (denominado "Normas Tributarias") de dicho cuerpo normativo, cuyo texto actualmente en vigencia[66] expresa lo siguiente:

---

64 En la Memoria del Proyecto de Ley General Tributaria que modificó la norma de 1963 se expresaba que entre los problemas del art. 24 era que exigía "que los actos se hayan realizado amparándose en normas dictadas con distinta finalidad. Este requisito concurre en Derecho civil donde, para evitar una norma imperativa o prohibitiva, se acude a otros negocios o a nuevos negocios (art. 1.255 del CC). La norma de cobertura siempre existe. En Derecho Tributario, en cambio no puede existir dicha norma de cobertura; se trataría de aquellos casos en los que los negocios realizados por los contribuyentes no están gravados existiendo, en este sentido, una laguna en la norma que es imposible en Derecho privado". Con todo, buena parte de la doctrina estimó que el supuesto problema no era tal; en palabras de PALAO TABOADA: "Esta observación que está tomada del Informe 2001, página 44, es errónea, puesto que no puede existir fraude de ley sin una norma de cobertura que preste apoyo a la calificación que el que realiza la operación fraudulenta pretende que prevalezca a efectos fiscales y que es obviamente distinta de la calificación que acarrea el gravamen. En otros términos, en el fraude a la ley el negocio se viste con el ropaje jurídico que suministra la norma de cobertura. Esta pertenece al sector del Derecho que regula el negocio, generalmente el privado, civil o mercantil. La calificación así obtenida conduce (es un vehículo), a su vez, a una calificación tributaria más favorable, la cual puede ser consecuencia de un menor gravamen (por ejemplo, un tipo reducido o una bonificación) o, en el caso óptimo, del hecho de que la operación así calificada está exenta o no sujeta al impuesto. Podría hablarse de una calificación tributaria de segundo grado, que sigue a la calificación jurídico privada; pero esto no sería del todo exacto, ya que ambas calificaciones (la privatista y la tributaria) son partes de un todo unitario y se realizan conjuntamente al configurar la operación" (citado por CALATAYUD PRATS, Ignacio, *Comentario al artículo 15 de la Nueva Ley General Tributaria. Conflicto en la aplicación de la Norma Tributaria*, Hacienda Canaria, s/f, p. 9).

65 La poca aplicación práctica se explicaría por los siguientes motivos: "a) la necesidad de tramitar un expediente especial o de acreditar el 'propósito' de eludir el tributo; b) la exclusión de la imposición de sanciones; c) su innecesariedad por la expansión de la interpretación económica por parte de la Administración tributaria, la admisión del negocio jurídico indirecto y, en definitiva, la indiferenciación entre el fraude de ley, la simulación y la facultad de calificación" (EY ABOGADOS, *Cláusula General Antiabuso tributaria en España: propuestas para una mayor seguridad jurídica*, Fundación Impuestos y Competitividad, 2015, p. 45).

66 La Ley 34/2015, de 21 de septiembre de 2015 introdujo modificaciones a los arts. 12 y 13 de la Ley general tributaria española.

"Artículo 12. Interpretación de las normas tributarias.
1. Las normas tributarias se interpretarán con arreglo a lo dispuesto en el apartado 1 del artículo 3 del Código Civil.
2. En tanto no se definan por la normativa tributaria, los términos empleados en sus normas se entenderán conforme a su sentido jurídico, técnico o usual, según proceda.
3. En el ámbito de las competencias del Estado, la facultad de dictar disposiciones interpretativas o aclaratorias de las leyes y demás normas en materia tributaria corresponde al Ministro de Hacienda y Administraciones Públicas y a los órganos de la Administración Tributaria a los que se refiere el artículo 88.5 de esta Ley.
Las disposiciones interpretativas o aclaratorias dictadas por el Ministro serán de obligado cumplimiento para todos los órganos de la Administración Tributaria.
Las disposiciones interpretativas o aclaratorias dictadas por los órganos de la Administración Tributaria a los que se refiere el artículo 88.5 de esta Ley tendrán efectos vinculantes para los órganos y entidades de la Administración Tributaria encargados de la aplicación de los tributos.
Las disposiciones interpretativas o aclaratorias previstas en este apartado se publicarán en el boletín oficial que corresponda.
Con carácter previo al dictado de las resoluciones a las que se refiere este apartado, y una vez elaborado su texto, cuando la naturaleza de las mismas lo aconseje, podrán ser sometidas a información pública.

Artículo 13. Calificación.
Las obligaciones tributarias se exigirán con arreglo a la naturaleza jurídica del hecho, acto o negocio realizado, cualquiera que sea la forma o denominación que los interesados le hubieran dado, y prescindiendo de los defectos que pudieran afectar a su validez

Artículo 14. Prohibición de la analogía.
No se admitirá la analogía para extender más allá de sus términos estrictos el ámbito del hecho imponible, de las exenciones y demás beneficios o incentivos fiscales.

Artículo 15. Conflicto en la aplicación de la norma tributaria.
1. Se entenderá que existe conflicto en la aplicación de la norma tributaria cuando se evite total o parcialmente la realización del hecho imponible o se minore la base o la deuda tributaria mediante actos o negocios en los que concurran las siguientes circunstancias:

> a) Que, individualmente considerados o en su conjunto, sean notoriamente artificiosos o impropios para la consecución del resultado obtenido.

b) Que de su utilización no resulten efectos jurídicos o económicos relevantes, distintos del ahorro fiscal y de los efectos que se hubieran obtenido con los actos o negocios usuales o propios.

2. Para que la Administración tributaria pueda declarar el conflicto en la aplicación de la norma tributaria será necesario el previo informe favorable de la Comisión consultiva a que se refiere el artículo 159 de esta ley.

3. En las liquidaciones que se realicen como resultado de lo dispuesto en este artículo se exigirá el tributo aplicando la norma que hubiera correspondido a los actos o negocios usuales o propios o eliminando las ventajas fiscales obtenidas, y se liquidarán intereses de demora.

Artículo 16. Simulación.

1. En los actos o negocios en los que exista simulación, el hecho imponible gravado será el efectivamente realizado por las partes.

2. La existencia de simulación será declarada por la Administración tributaria en el correspondiente acto de liquidación, sin que dicha calificación produzca otros efectos que los exclusivamente tributarios.

3. En la regularización que proceda como consecuencia de la existencia de simulación se exigirán los intereses de demora y, en su caso, la sanción pertinente.

Como se puede observar, es el art. 15 de la LGT, que regula el "conflicto en la aplicación de la norma tributaria", la disposición que consagra la actual norma general antielusión, respecto de la cual valen hacer los siguientes comentarios:

i. Para dar aplicación a la norma del art. 15, resulta necesaria la concurrencia copulativa de tres requisitos, a saber, el empleo de un acto jurídico notoriamente artificioso o impropio, la ausencia de otro motivo válido y la obtención de una ventaja fiscal.
   Respecto del primer requisito de aplicación de la norma antiabuso española, consistente en el empleo de un acto jurídico notoriamente artificioso o impropio ("Que, individualmente considerados o en su conjunto, sean notoriamente artificiosos o impropios para la consecución del resultado obtenido") –en oposición al empleo de los "actos o negocios usuales o propios" a los que se refiere el art. 15 letra b)– desde su entrada en vigencia ha sido objeto de controversias.
   En efecto, para buena parte de la doctrina lo "propio" o "impropio" dice relación con el empleo de un acto o contrato típico o nominado. Al efecto, se ha observado que para dar aplicación a la norma resulta ineludible realizar

un análisis de la causa del acto o negocio: "la cláusula del artículo 15 de la LGT de 2003, al afirmar que puede haber actos o negocios impropios para el resultado que persiguen, presupone, pues no podía ser de otro modo, que los actos o negocios persiguen la consecución de un resultado adecuado a su forma, idea esta que enlaza directamente con el concepto de causa; pues esta no es otra cosa que el fin abstracto y típico perseguido en cada hipótesis negocial. Por tanto, al emplear el término "negocio impropio", la Ley 58/2003 está admitiendo que para la producción de determinados efectos jurídicos económicos, el ordenamiento establece unos negocios jurídicos estándar y típicos. Ello supone elevar a elemento esencial del negocio el control jurídico que la causa típica imprime sobre la validez de los fines a los que se destina cada concreto acto o negocio"[67]. De lo anterior se concluye que este primer requisito, referente a la "impropiedad" de un acto, sería únicamente exigible respecto de los contratos típicos y nominados, de modo tal que si se emplea una figura típica (cuyos efectos se encuentran preestablecidos y regulados por el legislador) para obtener un resultado totalmente distinto al reconocido normativamente, se estaría frente a un negocio artificioso. La doctrina agrega que evidentemente ello no significa, en ningún caso, que el solo hecho de celebrar un contrato atípico configure una hipótesis de abuso, pues para ello resulta ineludible que respecto del acto concurra el requisito relativo a la ausencia de otro motivo válido para su celebración[68].

Con todo, otros autores sostienen que lo "impropio" o "artificioso" del acto o negocio se debe analizar más bien desde el punto de vista de la ley

67 Calatayud, *Op. Cit.*, pp. 17-18.

68 "El problema se produce en aquellos supuestos en los que el negocio es atípico. Así, las particulares acuden a la realización de negocios atípicos cuando los fines económicos o práctico sociales de los negocios típicos no cubren o no se adecuan a los fines económicos o jurídicos queridos o deseados por las partes. Así, de no existir el segundo requisito establecido en el artículo 15 nos encontraríamos con que todo negocio atípico podría tener el carácter de abusivo y ello porque al no adecuarse a los modelos negociales prefijados por el legislador se podría entender que el mismo es un negocio impropio para el resultado obtenido. Para evitar el que todo negocio atípico pudiera dar lugar a la aplicación de la norma antielusión el artículo 15 establece la necesidad de que se dé un segundo requisito –si bien podríamos decir que serán abusivos los negocios típicos a los que sea de aplicación el requisito primero, y serán abusivos los negocios atípicos a los que sea de aplicación el segundo requisito– en concreto que de dicho negocio no resulten efectos jurídicos o económicos relevantes, distintos del ahorro fiscal y de los efectos que se hubieran obtenido con los actos o negocios usuales o propios" (Calatayud, *Op. Cit.*, p. 19).

tributaria: "la perspectiva de comparación ha de ser siempre la norma tributaria, de manera que lo que hay que examinar no es si la forma jurídica empleada es adecuada al fin económico perseguido desde la perspectiva del derecho privado, sino si se corresponde con la configuración que el Derecho tributario ha realizado de la manifestación de capacidad económica que el acto o negocio encierra, u otro fin del tributo si este fuera extrafiscal. La vara de medir es el Derecho tributario, y en concreto, la ratio de la norma tributaria que se ha evitado con la conducta en fraude. No se trata, por tanto, de buscar la adecuación desde fuera del Derecho tributario sino desde dentro de la norma supuestamente eludida y del sistema tributario en su conjunto, teniendo en cuenta sus valores"[69]. Y se agrega que "lo decisivo a efectos del fraude de ley tributaria no es que las consideraciones tributarias hayan sido tomadas en cuenta a la hora de adoptar tal o cual decisión o forma jurídica, sino tan sólo que éstas hayan sido decisivas para la conducta, de manera que la operación cobre auténtico sentido principalmente por razones tributarias, de ahí que una de las preguntas relevantes es si se hubiera elegido otra forma distinta haciendo abstracción de las consideraciones tributarias"[70].

La jurisprudencia española ha sido igualmente vacilante. Así, y optando por un análisis más centrado en el acto mismo que en la ley tributaria, el Tribunal Supremo ha calificado como fraude a la ley "el intento de una minoración de la base o de la deuda tributaria mediante actos o negocios que, individualmente o en su conjunto, sean notoriamente artificiosos o impropios para la consecución del resultado obtenido"[71]; así como el "obtener ventajas económicas por medio de una anomalía en relación con el fin perseguido por las partes"[72], y como cualquier caso en el que "como consecuencia de la 'artificiosidad objetiva de la forma jurídica utilizada' se haya producido una tributación inferior a la debida"[73].

Siguiendo la segunda línea doctrinal, el mismo Tribunal Supremo ha resuelto que el fraude a la ley consiste en "el empleo de formas jurídicas insólitas y desproporcionadas para evitar el efecto exigido por el ordenamiento

69 Ruiz & Steiz, *Op. Cit.*, p. 39.

70 Ruiz & Steiz, *Op. Cit.*, p. 39.

71 Sentencia del Tribunal Supremo ("STS") de 20 de octubre de 2008, rec. cas. 2825/06.

72 STS de 21 de marzo de 2005, rec.cas. 3451/00.

73 STS 29 de abril de 2010, rec.cas. 100/05.

jurídico tributario"[74]. Asimismo, ha resuelto lo siguiente: "El uso legítimo de la economía de opción tiene como límite la artificiosidad que se crea en el negocio jurídico cuando tiene por exclusiva finalidad la reducción tributaria en detrimento de la finalidad de la norma cuya aplicación se invoca. Cuando el contribuyente traspasa el límite que representa la aplicación común de la norma para utilizarla contrariando su finalidad y espíritu no puede invocarse el principio de seguridad jurídica, pues es lógico pensar que el legislador es contrario a admitir el fraude a los intereses recaudatorios". "En los supuestos de abuso de derecho lo procedente es restablecer la situación que se ha pretendido evitar con el uso indebido de las formas jurídicas y hacer tributar de acuerdo con la naturaleza de la esencia o naturaleza del negocio jurídico realizado"[75].

ii. En lo referente al segundo requisito de aplicación del art. 15 de la LGT, relativo a la ausencia de otro motivo válido ("Que de su utilización no resulten efectos jurídicos o económicos relevantes, distintos del ahorro fiscal y de los efectos que se hubieran obtenido con los actos o negocios usuales o propios"), también existe discrepancia doctrinal y jurisprudencial.
Ciertos autores exigen la concurrencia de dos test o condiciones: "por un lado, como se apunta, el uso de las formas inadecuadas en los actos o contratos. Es decir, que la forma buscada desborde los límites razonables de la autonomía de la voluntad y la libertad de configuración, para revelarse como un instrumento impropio para obtener el resultado económico que se persigue y para el cual el ordenamiento habilita otro tipo negocial [...]. En segundo lugar, que este uso inadecuado de formas jurídicas se haga para evitar o mitigar la carga fiscal y que el negocio como tal no tenga ninguna viabilidad económica, al margen de este ahorro fiscal"[76].
En cambio, otros afirman que este segundo requisito es solo aplicable respecto de los contratos atípicos: "sólo existe un 'juicio de propiedad' –entendido este como un juicio sobre la causa del negocio– lo que ocurre es que dicho juicio de propiedad varía según que el negocio realizado sea típico o atípico. Así, en el caso de los negocios típicos bastará con determinar si concurre el primero de los requisitos, es decir, bastará con determinar si existe una concordancia entre la figura negocial típica por

74 STS de 25 de febrero de 2010, rec.cas. 4820/06.

75 STS de 3 de marzo de 2011, rec. cas. 4699/2006.

76 García Novoa, *La cláusula antielusiva*, Marcial Pons, Madrid, 2004, p. 304. citado por Calatayud, *Op. Cit.*, p. 20.

los particulares utilizada –en definitiva la forma– y la causa del negocio, esto es, la finalidad económica genérica y típica que se persigue con dicho negocio. Ello es así –esto es, el que sólo haya que determinar si concurre el primer requisito– porque en los negocios típicos los efectos o resultados de cada negocio están preestablecidos por el ordenamiento jurídico con lo cual no será posible que del mismo se puedan derivar efectos jurídicos o económicos relevantes, distintos del fin abstracto y típico perseguido en la hipótesis negocial celebrada. Es más como se desprende de la propia redacción del artículo 15 el segundo requisito hace referencia a los negocios atípicos pues sólo estos se pueden obtener efectos económicos y jurídicos distintos de los efectos que se hubieran obtenido con los actos o negocios usuales o propios. Por el contrario en el caso de los negocios atípicos será necesario determinar si concurre el segundo de los requisitos en concreto que el empleo de los particulares de un negocio atípico se debe a que a través de dicha atipicidad se consiguen efectos jurídicos y económicos que a través de los negocios típicos no es posible conseguir"[77].

Finalmente, otro sector de la doctrina sostiene que este requisito no es más que otra cara de la primera exigencia, en cuanto se afirma que este elemento, que se emparentaría con el *business purpose test*, "no es independiente del elemento de la inadecuación de la forma, de manera que difícilmente podrá un determinado negocio o conjunto de negocios ser inadecuado al fin propuesto y *a la vez* estar justificado por otras razones. Esto en realidad no es más que la prueba de que son dos maneras de contemplar el mismo problema, o dos razonamientos que a menudo conducen a la misma conclusión. Por ello, normalmente la jurisprudencia alemana analiza el elemento de 'otros motivos' junto con el de la adecuación de la forma jurídica adoptada. En suma, el análisis de otros motivos es esencial precisamente para determinar si la forma es o no adecuada, pues ésta será adecuada también *en relación con* la finalidad económica perseguida que no son más que los "otros motivos económicos válidos'"[78].

iii. En lo que se refiere al requisito referente a la obtención de una ventaja fiscal ("se evite total o parcialmente la realización del hecho imponible o se minore la base o la deuda tributaria"), la doctrina observa que se trata de un concepto "especialmente amplio, y hace referencia a cualquier resultado

77 Calatayud, *Op. Cit.*, p. 20.

78 Ruiz & Seitz, *Op. Cit.*, p. 45.

que implique la no tributación, su diferimiento o la aplicación de una norma tributaria más beneficiosa (exención, deducción, etc.)"[79], agregándose que "la ventaja tributaria puede ser inmediata o futura, por ejemplo, porque la estructura en fraude tenga como resultado la creación de una pérdida que previsiblemente pretenderá ser compensada por el contribuyente en un ejercicio fiscal futuro. Así, es posible también que la estructura de fraude consista en el juego de las reglas de imputación temporal de ingresos"[80].

iv. Un tema que fue arduamente debatido y que en buena medida motivó la última modificación de la LGT que tuvo lugar en 2015, se refería al tema de la "no sancionabilidad" del abuso consagrado en el art. 15, en cuanto en su texto original se establecía en su punto 3 lo siguiente: "En las liquidaciones que se realicen como resultado de los dispuesto en este artículo se exigirá el tributo aplicando la norma que hubiera correspondido a los actos o negocios usuales o propios o eliminando las ventajas fiscales obtenidas, y se liquidarán intereses de demora, *sin que proceda la imposición de sanciones*". El problema surgía a raíz de que en caso de simulación (contemplado en el art. 16 de la misma LGT) sí se establecía una sanción administrativa y penal. Ello redundó en una muy confusa y contradictoria jurisprudencia en torno a los conceptos de simulación y de conflicto de aplicación de norma tributaria (o abuso)[81].

Así, en varios fallos el Tribunal Supremo señaló que si bien la distinción entre fraude a la ley (o abuso) y simulación era perceptible teóricamente, no sucedía lo mismo en la práctica, afirmando que, en orden de delimitar entre una y otra figura "no siempre es fácil identificar plenamente el mecanismo elusivo que se utiliza –no puede obviarse que su delimitación es fruto de construcciones dogmáticas de fácil identificación teórica, pero de, a veces, sinuosos perfiles en la realidad, las diferencias pueden llegar a ser extremadamente sutiles, el denominador común suele ser el engaño, la ocultación, en definitiva una simulación [...] [siendo] lo relevante descubrir el mecanismo elusivo [...]"[82]. Incluso el mismo tribunal afirmó que la distinción era inútil: "ante la burda utilización de la aparente institución

79 Ruiz & Seitz, *Op. Cit.*, p. 41.

80 Ruiz & Seitz, *Op. Cit.*, p. 42.

81 Un acabado estudio de la jurisprudencia pronunciada sobre la materia se encuentra en EY Abogados, *Op. Cit.*, pp. 48 y ss. En lo sucesivo se hará referencia a las principales sentencias a las que se refiere dicho trabajo.

82 STS de 28 de marzo de 2012.

jurídica de la compraventa, es casi innecesario subsumir el conjunto operativo llevado a cabo como negocio simulado o disimulado, negocio en fraude de ley, negocio indirecto, negocio fiduciario y/o demás especialidades de los negocios jurídicos anómalos, pues en la realidad del caso aquí analizado lo único que ha habido es el reparto subrepticio de una cuota del Impuesto sobre Sociedades, no pagada, como resultado de un beneficio fiscal en régimen transitorio al que ninguno de los interesados tenía derecho directa o indirectamente"[83].

Esta confusión fue reconocida en la Memoria del Análisis Normativo del proyecto de Ley de Modificación parcial de la Ley General Tributaria, en cuanto se indicó que "La falta de sanción y la confusión en cuanto a la delimitación entre esta figura y otras reguladas en la norma, esencialmente la simulación, invita a los contribuyentes a emplear fórmulas de elusión fiscal que caen en la letra de la previsión normativa del conflicto en la aplicación de la norma". Ello redundó, en definitiva, en la modificación incorporada mediante la Ley 34/2015, de 21 de septiembre de 2015, que estableció –eliminando la referencia a la "no sancionabilidad" e incorporando otras normas– como nuevo numeral 3 del art. 15 de la LGT el siguiente: "3. En las liquidaciones que se realicen como resultado de lo dispuesto en este artículo se exigirá el tributo aplicando la norma que hubiera correspondido a los actos o negocios usuales o propios o eliminando las ventajas fiscales obtenidas, y se liquidarán intereses de demora".

v. Por último, se debe observar que conforme lo señala expresamente el art. 15.2 de la LGT, es la Administración Tributaria la facultada para "declarar el conflicto en la aplicación de la norma tributaria", para lo cual debe seguir el procedimiento establecido en el mismo cuerpo normativo[84].

83 STS de 11 de mayo de 2004, rec. cas. 2739/1999.

84 El art. 115 de la LGT, luego de señalar en el primer inciso de su numeral 1 que "[l]a Administración Tributaria podrá comprobar e investigar los hechos, actos, elementos, actividades, explotaciones, negocios, valores y demás circunstancias determinantes de la obligación tributaria para verificar el correcto cumplimiento de las normas aplicables", agrega, en su numeral 2 que "[e]n el desarrollo de las funciones de comprobación e investigación a que se refiere este artículo, la Administración Tributaria podrá calificar los hechos, actos, actividades, explotaciones y negocios realizados por el obligado tributario con independencia de la previa calificación que éste último hubiera dado a los mismos y del ejercicio o periodo en el que la realizó, resultando de aplicación, en su caso, lo dispuesto en los artículos 13, 15 y 16 de esta Ley". Por su lado el art. 159 de la LGT –titulado "Informe preceptivo para la declaración del conflicto en la aplicación de la norma tributaria", y al cual expresamente se remite el art. 15.2– establece las siguientes reglas: "1. De acuerdo

Declarada que sea el fraude o abuso, la principal consecuencia jurídica es, como expresa el art. 15.3, que "se exigirá el tributo aplicando la norma que hubiera correspondido a los actos o negocios usuales o propios o eliminando las ventajas fiscales obtenidas, y se liquidarán intereses de demora". Es decir, "se habilita a la Administración tributaria a ignorar las operaciones realmente realizadas, sometiendo el acto o negocio a la tributación que le hubiera correspondido en ausencia de tales actuaciones, *como si* se hubiera utilizado un negocio adecuado, con lo que se evita que los sujetos puedan beneficiarse del resultado de su conducta"[85].

Finalmente, se debe observar que existe consenso a nivel doctrinal de que la declaración de abuso o fraude se circunscribe exclusivamente al ámbito tributario[86], quedando intacto el negocio realizado desde la perspectiva del resto de las ramas del Derecho[87].

---

con lo establecido en el artículo 15 de esta ley, para que la inspección de los tributos pueda declarar el conflicto en la aplicación de la norma tributaria deberá emitirse previamente un informe favorable de la Comisión consultiva que se constituya, en los términos establecidos reglamentariamente, por dos representantes del órgano competente para contestar las consultas tributarias escritas, actuando uno de ellos como Presidente, y por dos representantes de la Administración tributaria actuante. 2. Cuando el órgano actuante estime que pueden concurrir las circunstancias previstas en el apartado 1 del artículo 15 de esta ley lo comunicará al interesado, y le concederá un plazo de 15 días para presentar alegaciones y aportar o proponer las pruebas que estime procedentes. Recibidas las alegaciones y practicadas, en su caso, las pruebas procedentes, el órgano actuante remitirá el expediente completo a la Comisión consultiva. 3. A efectos del cómputo del plazo del procedimiento inspector se tendrá en cuenta lo dispuesto en el apartado 3 del artículo 150 de esta Ley. 4. El plazo máximo para emitir el informe será de tres meses desde la remisión del expediente a la Comisión consultiva. Dicho plazo podrá ser ampliado mediante acuerdo motivado de la comisión consultiva, sin que dicha ampliación pueda exceder de un mes. 5. Transcurrido el plazo al que se refiere el apartado anterior sin que la Comisión consultiva haya emitido el informe, se reanudará el cómputo del plazo de duración de las actuaciones inspectoras, manteniéndose la obligación de emitir dicho informe, aunque se podrán continuar las actuaciones y, en su caso, dictar liquidación provisional respecto a los demás elementos de la obligación tributaria no relacionados con las operaciones analizadas por la Comisión consultiva. 6. El informe de la Comisión consultiva vinculará al órgano de inspección sobre la declaración del conflicto en la aplicación de la norma. 7. El informe y los demás actos dictados en aplicación de lo dispuesto en este artículo no serán susceptibles de recurso o reclamación, pero en los que se interpongan contra los actos y liquidaciones resultantes de la comprobación podrá plantearse la procedencia de la declaración del conflicto en la aplicación de la norma tributaria".

85 Ruiz & Seitz, *Op. Cit.*, p. 51.

86 Calatayud, *Op. Cit.*, p. 21.

87 Ruiz & Seitz, *Op. Cit.*, p. 51.

4. CONSIDERACIÓN FINAL

Sin duda alguna, la legislación, jurisprudencia y doctrina extranjera relativas a las normas generales antielusión constituyen un insumo sumamente útil para realizar un completo estudio de esta materia, así como del derecho en general[88].

Sin perjuicio de ello, creemos que esto no debe llevar a pretender replicar en nuestro país exactamente las mismas soluciones doctrinales y jurisprudenciales adoptadas en el extranjero, ya que cada norma general antielusión tiene sus propias peculiaridades y se encuentran insertas en un determinado sistema jurídico que no necesariamente es similar al nuestro.

Lo anterior se predica incluso también respecto de las legislaciones extranjeras en las que originalmente se basó la NGA incorporada por la Ley de Reforma Tributaria, como lo son la normativa alemana y española. Ello porque, como se verá en el siguiente capítulo, si bien el proyecto original se fundó (y en varios pasajes copió) dichas legislaciones, durante la tramitación parlamentaria la NGA originalmente concebida sufrió importantes y sustantivas modificaciones[89].

---

88 Un análisis general de la aplicación del derecho extranjero en Chile, con especial énfasis en los efectos del Tratado suscrito entre Chile y Uruguay el 28 de junio de 1984 (y publicado en el Diario Oficial el 21 de octubre de 1985), se encuentra en, VILLARROEL BARRIENTOS, Carlos & VILLARROEL BARRIENTOS, Gabriel, *Derecho Internacional Privado*, Editorial Jurídica de Chile, 2015, pp. 98 y ss. Por otro lado, un reciente estudio sobre el empleo de precedentes extranjeros en materia constitucional, en el que se examina la experiencia de países de las más diversas culturas jurídicas (Australia, Cabada, India, Irlanda, Israel, Namibia, Sudáfrica, Austria, Alemania, Hungría, Japón, México, Rumania, Rusia, Taiwán y los Estados Unidos de Norteamérica) se encuentra en GROPPI, Tania & PONTHOUREAU, Marie-Claire (Editoras), *The Use of Foreign Precedents by Constitutional Judges*, Hart Publishing Ltd., Oxford, 2013.

89 Un desarrollo acerca de las diferencias entre la legislación española y la chilena se encuentra en YÁÑEZ VILLANUEVA, Felipe, *Análisis de la nueva Cláusula General Antielusiva*, Revista de Estudios Tributarios, Universidad de Chile, 2016, pp. 233-250. Este autor afirma que la inspiración en el modelo español fue fallida, en síntesis por dos motivos: "En primer término, la remisión a dicho modelo es incompleta. Como apuntamos anteriormente, se han omitido normas fundamentales como la prohibición de la analogía, que resultan imprescindibles para orientar debidamente al intérprete de la ley tributaria, especialmente al funcionario administrativo. [...] En segundo lugar, esta remisión al modelo español es fallida, en la medida que va acompañada de innovaciones que lo desfiguran completamente. La referencia al diferimiento del impuesto como una hipótesis de "abuso" era la más evidente de ellas en el proyecto inicial. Como hemos señalado precedentemente, esta alternativa debiera haberse suprimido del proyecto, porque supone una visión extremadamente restrictiva de la autonomía privada en materia tributaria, permitiendo la calificación como "abuso" de hipótesis que son generalmente consideradas como ejemplos de economías de opción tributaria" (pp. 248-249).

A ello se debe agregar que dichas normas antielusión se rigen por reglas diversas. Así, por ejemplo, en Alemania el peso de la prueba en la materia es compartido entre el Fisco y el contribuyente[90], a diferencia de la NGA que en definitiva se incorporó en Chile, conforme a la cual en el SII recae todo el peso de la prueba. A lo expuesto se debe agregar que en estos países, y especialmente en España, no se cuenta con una doctrina ni con una jurisprudencia uniforme en múltiples ámbitos[91], siendo la legislación que regula la materia objeto de modificaciones posteriores a la promulgación de la Ley de Reforma Tributaria[92].

En definitiva, si bien el derecho comparado tiene sin duda un alto valor ilustrativo en el estudio de la nueva Norma General Anti Elusión incorporada a nuestra legislación, estimamos que ineludiblemente el juicio crítico de la misma, así como el adecuado análisis para su aplicación práctica, necesariamente se debe realizar conforme a las normas y principios propios del ordenamiento jurídico nacional. Ello a fin de evitar lo que algunos autores han observado que ha sucedido en otras materias: "[s]e ha introducido en Chile, una vez más, instituciones e ideas extranjerizantes que no se avienen con nuestras mejores tradiciones. Cuando tal ocurre, cosa que no han reparado algunos comentaristas estridentes, la institución malamente injertada termina por internalizarse en nuestra sociedad, pero a un alto costo: años de desajuste e imposición"[93].

90 Ernst & Young, *GAAR rising. Mapping tax enforcement's evolution*, 2013, p. 49.

91 Un análisis acabado sobre la materia se encuentra en Delgado Pacheco, Abelardo, *Las Normas Antielusión en la Jurisprudencia Tributaria Española*, Editorial Aranzadi, 2004.

92 La Ley 34/2015, de 21 de septiembre de 2015, modificó los arts. 12 y 15 de la Ley General Tributaria española.

93 Rodríguez Grez, Pablo, *Derecho del Consumidor. Estudio Crítico*, Thomson Reuters, 2015, p. 149. Si bien la cita se enmarca en el análisis que el autor realiza de la legislación de protección de los derechos del consumidor, estimamos que constituye una reflexión de aplicación general.

CAPÍTULO III

ASPECTOS CENTRALES DEL PROYECTO Y DEBATE DE LA NORMA ANTI ELUSIÓN CONTENIDA EN LA LEY DE REFORMA TRIBUTARIA

La Norma General Anti Elusión fue incorporada a nuestro ordenamiento jurídico como parte de una profunda reforma tributaria, mediante la cual se realizaron múltiples modificaciones, en los más diversos aspectos, a la mayoría –si no a todos– los cuerpos legales que regulan el sistema impositivo nacional.

En el presente capítulo realizaremos una breve exposición acerca del origen y desarrollo de la Ley de Reforma Tributaria, focalizándonos exclusivamente en el debate que existió en torno a la NGA y cuyo análisis es objeto de este trabajo.

1. EL ANUNCIO DE UNA PROFUNDA REFORMA TRIBUTARIA QUE INCLUÍA UNA NORMA GENERAL ANTI ELUSIÓN

En el marco de las elecciones presidenciales para el período 2014-2018, uno de los principales temas debatidos fue la necesidad de realizar una reforma tributaria[94]. En particular, en el programa de gobierno de la candidata que finalmente resultó electa presidenta de la República, doña Michelle Bachelet Jeria, se indicaba

94 Acerca de las diferencias entre una reforma y una enmienda tributaria, analizadas desde una perspectiva económica, puede consultarse a Yáñez Henríquez, José, *Reformas Tributarias: Una Mirada Económica*, en *Nuevas tendencias del moderno Derecho Económico*, VV.AA., Editores Valdés Prieto, Domingo y Vázquez Duque, Omar, LegalPublishing, 2014 [pp. 289-318]. Dicho autor afirma que una reforma tributaria "consiste en realizar un cambio a la estructura del sistema tributario, como por ejemplo, eliminar un impuesto existente, crear un impuesto nuevo, reemplazar un impuesto por otro, cambiar objetivos y las partes componentes de un impuesto, etc".; en cambio, una enmienda o modificación tributaria es aquella que tendría "un propósito más modesto, se trata de un ajuste o modificación simple en el sistema tributario, sin que se altere su estructura" (*Op. Cit.*, p. 291).

que una de las "reformas de fondo" sería –junto con una "reforma educacional" y una "nueva Constitución"– una reforma tributaria, siendo uno de sus cuatro principales objetivos el de "[v]elar porque se pague lo que corresponda de acuerdo a las leyes, avanzando en medidas que disminuyan la evasión y la elusión"[95].

En el referido programa de gobierno se dedica un apartado especial a tratar las medidas para la "reducción de la evasión y la elusión", indicándose al efecto que se fortalecería la administración tributaria "incorporando al Código Tributario una Norma General Anti-elusión, que permita sancionar a aquellos que incurran en esta práctica sólo por razones tributarias, y no por la naturaleza de su actividad económica, así como también a aquellos asesores tributarios que colaboren con el diseño de planificaciones tributarias agresivas"[96].

2. MENSAJE PRESIDENCIAL Y PROYECTO DE LEY ORIGINAL

A efectos de concretar lo anunciado en el referido programa de gobierno, con fecha 1 de abril de 2014 el Ejecutivo envió al Congreso el Mensaje N° 24-362 a fin de dar inicio a la tramitación del proyecto de ley de reforma tributaria.

2.1. Los fundamentos expresados en el Mensaje para incorporar una Norma General Anti Elusión

Las motivaciones y fundamentos para el establecimiento en nuestro ordenamiento jurídico de la Norma General Anti Elusión se encuentran expresados en diversos pasajes del Mensaje.

En primer término, se expresó que esta normativa se fundaba en aspectos de equidad y justicia tributaria:

95 Los otros tres objetivos eran: "1. Aumentar la carga tributaria para financiar, con ingresos permanentes, los gastos permanentes de la reforma educacional que emprenderemos, otras políticas del ámbito de la protección social y el actual déficit estructural en las cuentas fiscales. 2. Avanzar en equidad tributaria, mejorando la distribución del ingreso. Los que ganan más aportarán más, y los ingresos del trabajo y del capital deben tener tratamientos similares. 3. Introducir nuevos y más eficientes mecanismos de incentivos al ahorro e inversión". Programa de Gobierno 2014-2018 de la candidatura a la presidencia de doña Michelle Bachelet Jeria.

96 Un análisis crítico de esta parte del referido programa de gobierno se desarrolla en García Escobar, Jaime, *Sombras Chinescas se otean en Lotananza: Cláusula o Norma General Antielusiva*, publicado en el sitio web del Instituto Chileno de Derecho Tributario (www.ichdt.cl).

> "La elusión y la evasión hacen que nuestro sistema tributario sea inequitativo y que quienes tienen los recursos para financiar planificaciones tributarias terminen pagando menos impuestos de lo que corresponde.
> La estructura de nuestra carga tributaria, la evasión y la elusión, hacen que nuestro sistema tributario no contribuya a mejorar la distribución del ingreso. Si observamos los países desarrollados vemos que el sistema tributario y las transferencias producto del gasto público mejoran considerablemente la distribución del ingreso. Muchos de ellos tienen una distribución de los ingresos autónomos de las personas no tan diferente a la nuestra, pero los impuestos y las transferencias se traducen en una importante mejora en dicha distribución. De esta mejora, un tercio se debe a la forma cómo cobran los impuestos y dos tercios a las transferencias. En nuestro caso, la estructura tributaria no mejora la distribución del ingreso. Sólo lo hacen las transferencias. Para avanzar hacia una sociedad más equitativa, requerimos aumentar la carga de las chilenas y chilenos que tienen más. [...]
> La reforma tributaria que hoy presentamos al Honorable Congreso Nacional tiene cuatro grandes objetivos: [...]
> 4. Velar porque se pague lo que corresponda de acuerdo a las leyes, avanzando en medidas que disminuyan la evasión y la elusión".

Adicionalmente, se puso especial énfasis en el hecho de que con la NGA se aumentarían las atribuciones del Servicio:

> "En los últimos años, el SII ha sufrido un estancamiento en su proceso modernizador e incluso un retroceso en áreas claves, como la fiscalización y la inversión tecnológica. Como consecuencia de lo anterior se ha incrementado la tasa de evasión, a 26% en el caso del IVA.
> Un elemento central de esta reforma tributaria consiste en mejorar la efectividad de la fiscalización del pago de impuestos. Esto mediante el diseño de estrategias y planes de fiscalización, que consideren una adecuada gestión del riesgo de incumplimiento, para así aumentar el cumplimiento de las normas.
> El análisis de riesgo y la inteligencia fiscal son un conjunto de técnicas y estrategias que buscan conseguir este objetivo, a través del uso de información, técnicas estadísticas, criterios de segmentación u otros, que permiten una asignación eficiente de los recursos escasos. Para aplicar esta política se implementarán tanto cambios administrativos como legales.
> Dentro de las principales innovaciones que hemos considerado se destacan:
> a. La incorporación en el Código Tributario de una Norma General Anti-elusión, que permitirá al SII rechazar las ventajas tributarias obtenidas mediante planificaciones

elusivas y sancionar a los contribuyentes y asesores tributarios que hayan participado en su diseño.
[...]"

En línea con lo anterior, se expresó como motivación de la incorporación de la NGA el que la misma constituiría una vía eficaz para aumentar la recaudación tributaria:

"La recaudación tributaria también se ve fuertemente afectada por la evasión y elusión. En los últimos años, el Servicio de Impuestos Internos (SII) ha sufrido un estancamiento en su proceso modernizador e incluso un retroceso en áreas claves, como la fiscalización y la inversión tecnológica. El resultado de esto ha sido un incremento de la tasa de evasión, a niveles superiores al 26% en el caso del IVA. Existe un creciente consenso en torno a que nuestro sistema tributario y sus normas de fiscalización permiten obtener ventajas mediante planificaciones tributarias elusivas. Nuestro sistema tiene dificultades para sancionar las planificaciones que tienen el sólo propósito de sacar ventajas tributarias en la realización de una operación o conjunto de operaciones relacionadas entre sí.
[...]
La meta de recaudación del conjunto de las medidas de la Reforma Tributaria será de 3,02% del PIB. Esta meta se descompone en 2,5% del PIB provenientes de cambios a la estructura tributaria y 0,52% del PIB por medidas que reducen la evasión y la elusión.

Por último, el Mensaje agrega que una razón para incorporar a nuestro ordenamiento jurídico una Norma General Anti Elusión se encontraría en la necesidad de nuestro país de alcanzar los estándares internacionales sobre la materia, citándose al efecto el ya mencionado Proyecto BEPS de la OCDE[97]:

97 El proyecto BEPS constituye un plan de acción conjunto de la OCDE y del G-20 iniciado el año 2013, cuya finalidad es atacar la erosión de la base imponible y el traslado de beneficios (en inglés "base erosion and profit shifting", o BEPS). El Proyecto contempla 15 acciones (un enunciado de ellas se encuentra en OCDE [2013], *Plan de acción contra la erosión de la Base Imponible y el Traslado de Beneficios*, OCDE Publishing). Si bien varias de ellas dicen relación con normas antielusión, de especial importancia es la Acción 6 relativa a "[i]mpedir la utilización abusiva de convenio", la cual busca "desarrollar disposiciones convencionales y recomendaciones relativas al diseño de normas internas que impidan la concesión de los beneficios del convenio en circunstancias inapropiadas" (la última versión de esta Acción 6 se encuentra en OCDE (2016), *Impedir la utilización abusiva de convenios*

"Otro capítulo relevante de la reforma al sistema de tributación de la renta lo constituyen las modificaciones legales para que Chile converja a los estándares contra la elusión y evasión del proyecto "BEPS" (por sus siglas en inglés "Base Erosion and Profit Shifting"). Al respecto:

i. Como hemos señalado, se establece una Norma General Antielusión. En virtud de ella, la administración tributaria podrá cuestionar los acuerdos, estructuras u otras actividades llevadas a cabo por las empresas cuando tales actividades se hayan llevado a cabo con la finalidad exclusiva o principal de eludir el pago de impuestos. El ejercicio de esta norma antielusión, será susceptible del respectivo control de los tribunales de justicia, garantizándose así el debido proceso"

2.2. La Norma General Anti Elusión contenida en el proyecto original

En su concepción original, contenida en el mensaje del proyecto de ley de reforma tributaria, la NGA se concretaba mediante la inclusión de cinco nuevos artículos al Código Tributario.

La primera de dichas normas era el nuevo art. 4 bis, de un solo inciso, el cual se refería exclusivamente al nacimiento y exigibilidad de las obligaciones tributarias, en los siguientes términos: "Las obligaciones tributarias nacerán y se exigirán con arreglo a la naturaleza jurídica de los hechos, actos o negocios realizados, cualquiera que sea la forma o denominación que los interesados le hubieran dado, y prescindiendo de los vicios o defectos que pudieran afectarles".

Luego, el art. 4 ter contemplaba como primera hipótesis de elusión el abuso, para lo cual se tomó como modelo, de forma casi literal, el art. 42.1 de la Ordenanza Tributaria Alemana (correspondiente al inciso primero del art. 4 ter original), y el art. 15 de la Ley N° 58/2003, Ley General Tributaria Española[98] (correspondiente al inciso segundo del art. 4 ter original). A fin de graficar la similitud del proyecto original con las referidas legislaciones, se ha estimado ilustrativo incorporar los siguientes cuadros comparativos:

---

fiscales, Acción 6 - Informe final 2015. Proyecto de la OCDE y del G-20 sobre la Erosión de la Base Imponible y el Traslado de Beneficios, Éditions OCDE, Paris).

98 Un análisis comparativo del Proyecto de Ley con la referida legislación española se encuentra en García Escobar, Jaime & Álvarez Maya, Carolina, *Análisis de algunos aspectos de una rabiosa reforma stalinista: la cláusula general antielusiva y la sanción que propone el artículo 100 bis del Código Tributario*, en Revista Actualidad Jurídica N° 30, julio 2014.

Inciso primero art. 4 ter del Proyecto Original	Art. 42.1 de la Ordenanza Tributaria Alemana
Las leyes tributarias no podrán ser eludidas mediante el abuso de las posibilidades de configuración jurídica. En caso de abuso nacerá la obligación tributaria correspondiente a la configuración jurídica adecuada a los hechos económicos.	La ley tributaria no podrá ser eludida mediante el abuso de las posibilidades de configuración jurídica que ofrece el derecho. En caso de abuso nacerá el crédito tributario tal como hubiera nacido con arreglo a la configuración jurídica adecuada a los hechos económicos.

Inciso segundo art. 4 ter del Proyecto Original	Art. 15 Ley Tributaria Española
Para estos efectos, se entenderá que existe abuso cuando se evite total o parcialmente la realización del hecho gravado, o se disminuya la base imponible o la obligación tributaria, o se postergue o difiera el nacimiento de dicha obligación, mediante actos o negocios, incluyendo fusiones, divisiones, transformaciones y otras formas de reorganización empresarial o de negocios, en los que concurran las siguientes circunstancias: a) Que, individualmente considerados o en su conjunto, sean artificiosos o impropios para la consecución del resultado obtenido. b) Que de su utilización no resulten efectos jurídicos o económicos relevantes, distintos de los meramente tributarios a que se refiere este inciso, y de los efectos que se hubieran obtenido con los actos o negocios usuales o propios.	Se entenderá que existe conflicto en la aplicación de la norma tributaria cuando se evite total o parcialmente la realización del hecho imponible o se minore la base o la deuda tributaria mediante actos o negocios en los que concurran las siguientes circunstancias: (a) que, individualmente considerados o en su conjunto, sean notoriamente artificiosos o impropios para la consecución del resultado obtenido; (b) que de su utilización no resulten efectos jurídicos o económicos relevantes, distintos del ahorro fiscal y de los efectos que se hubieran obtenido con los actos o negocios usuales o propios

Finalizaba el art. 4 ter expresando que "El Servicio podrá declarar la existencia del abuso de las formas jurídicas a que se refiere este artículo, conforme a lo dispuesto en el artículo 4 quinquies".

A su turno, el art. 4 quáter del proyecto original se refería a la simulación como segunda hipótesis de elusión. Al efecto, el inciso primero señalaba: "En los actos o negocios en los que exista simulación, el hecho gravado con los impuestos será el efectivamente realizado por las partes, con independencia de los actos o negocios simulados". Agregaba el inciso segundo lo siguiente: "El Servicio desestimará y no le serán oponibles los actos y negocios jurídicos practicados con la finalidad de disimular la configuración del hecho gravado del impuesto o la naturaleza de los elementos constitutivos de la obligación tributaria, o su verdadero monto o data de nacimiento, con arreglo al artículo siguiente".

Por su parte, y en lo que se refería a los aspectos procedimentales de declaración de los actos constitutivos de elusión, el proyecto original disponía, en el art. 4 quinquies que se proponía incorporar al CT, que dicha declaración se realizaría administrativamente por el SII. Dicha norma disponía expresamente lo siguiente:

> "La existencia del abuso o de la simulación a que se refieren los artículos 4 ter y 4 quáter, precedentes, será declarada administrativamente por el Servicio en la correspondiente liquidación, giro o resolución, previa autorización del Director Regional, Director de Grandes Contribuyentes o Subdirector de Fiscalización, según corresponda, conforme a lo dispuesto en los incisos siguientes, sin que dicha calificación produzca otros efectos que los exclusivamente relativos a las materias de tributación fiscal interna que sean, según ley, de la competencia del Servicio de Impuestos Internos.
>
> La autorización a que se refiere este artículo será otorgada por los funcionarios indicados en el inciso precedente, a requerimiento de la unidad de su dependencia que esté conociendo los antecedentes o efectuando la fiscalización respectiva, previo informe del Departamento Jurídico o de la Subdirección Jurídica en el caso que la autorización corresponda al Subdirector de Fiscalización. La solicitud de autorización deberá fundarse en la concurrencia de las circunstancias previstas en los artículos 4 ter y/o 4 quáter, y efectuarse antes de emitirse la liquidación, giro o resolución, según corresponda.
>
> El plazo para emitir la autorización será de dos meses contados desde la recepción de la solicitud y el expediente completo por la autoridad competente, circunstancia esta última de la cual se deberá dejar constancia en dicho expediente. Este plazo podrá ser ampliado fundadamente por dicha autoridad, hasta por un mes.
>
> Transcurrido el plazo a que se refiere el inciso anterior, y la prórroga en su caso, sin que se haya comunicado una decisión, se entenderá denegada la autorización, reanudándose el cómputo del plazo para efectuar las actuaciones de fiscalización o dictar las resoluciones que correspondan, según las reglas generales.
>
> Durante el tiempo transcurrido desde que se solicite la autorización hasta la comunicación de su otorgamiento o rechazo, o hasta el vencimiento del término para emitir una decisión sin que se haya efectuado, se suspenderá el cómputo del plazo para liquidar, girar o resolver.
>
> La autorización y los demás actos dictados en aplicación de lo dispuesto en este artículo no serán susceptibles de recurso o reclamación, sin perjuicio del derecho

del contribuyente a reclamar de la liquidación, giro o resolución que en definitiva se dicte o practique, conforme a las reglas generales.

Con la autorización a que se refiere este artículo, el Servicio determinará los impuestos que correspondan conforme a los antecedentes de que disponga, aplicando además los intereses penales y multas respectivos.

El Servicio determinará mediante resolución la forma en que se aplicarán las disposiciones de este artículo".

Finalmente, se proponía la incorporación de un nuevo art. 100 bis al CT, que regulaba una sanción al asesor tributario en los siguientes términos: "El asesor, abogado, contador, auditor, sociedad o empresa, que participe en el diseño, planificación o implementación de los actos, contratos o negocios, constitutivos de abuso o simulación, según lo dispuesto en los artículos 4 ter y 4 quáter de este Código, será sancionado con multa de hasta el 100% de todos los impuestos que deberían haberse enterado en arcas fiscales, de no mediar dichas conductas indebidas, y que se determinen al contribuyente" (inciso primero). "Para estos efectos, en caso que la infracción haya sido cometida por una persona jurídica, la sanción señalada podrá, además, ser aplicada a sus directores, o representantes legales" (inciso segundo).

3. DEBATE PARLAMENTARIO

Si se considera la profundidad, trascendencia y complejidad de la reforma tributaria propuesta en el ya descrito Mensaje, lo cierto es que los cinco meses y medio que se tomó el Congreso para debatir y analizar la materia constituye un plazo calificable a lo menos de breve[99].

La vertiginosa discusión parlamentaria de esta ley quedó plasmada en las casi cinco mil páginas que constituyen su historia[100], sin perjuicio de los artículos de opinión publicados en medios de prensa escrita, revistas especializadas y en

---

99 Algunos aspectos del debate parlamentario se encuentran tratados en MEZA ROJAS, Rafael, *Elusión y normas antielusivas a la luz de la Constitución Política de la República*, Memoria para optar al grado de licenciado en ciencias jurídicas y sociales, Universidad de Chile, 2015, pp. 208 y ss.

100 La Historia oficial de la Ley N° 20.780 consta de 4877 páginas, conforme al documento publicado en el sitio web de la Biblioteca del Congreso Nacional (http://www.leychile.cl/Navegar?idNorma=1067194).

los más variados sitios de Internet, así como también en videos (tanto en pro como en contra de la reforma) que tuvieron una amplísima difusión en las redes sociales, siendo además objeto de diversos cuestionamientos[101].

En lo que interesa a este trabajo, durante el primer trámite constitucional seguido ante la Cámara de Diputados, diversos especialistas y representantes de varios gremios realizaron críticas justificadas a la Norma General Anti Elusión propuesta en el proyecto original. Al efecto, no solo se observó que en la forma en que se encontraba redactada la NGA generaría incertidumbre jurídica[102], sino que además se señaló con especial énfasis que la normativa vulneraba el debido proceso garantizado por el art. 19 N° 3 de la Constitución Política y en Tratados

---

101 En particular, un video elaborado y difundido por el Gobierno derivó en un pronunciamiento por parte de la Contraloría General de la República, contenido en el Dictamen N° 28.236 de 10 de abril de 2015. En dicho pronunciamiento, si bien el órgano de control señaló que la campaña de difusión de la reforma tributaria se ajustaba a las normas orgánicas y financieras aplicables a la materia, observó que el uso de determinados mensajes y lenguaje fue indebido, "por lo que se estima que en el aspecto antedicho, el accionar de ese ministerio [Secretaría General de Gobierno] no se ha ajustado al ordenamiento jurídico, lo cual en lo sucesivo deberá corregirse y atenerse estrictamente a lo antes señalado".

102 La Historia de la Ley N° 20.780 publicada en el sitio web institucional da cuenta de diversas intervenciones en este sentido, como lo fueron, entre varias otras, la del entonces presidente de la Confederación de la Producción y del Comercio don Andrés Santa Cruz, quien afirmó que con la NGA se "incrementará los niveles de inseguridad jurídica frente a reparos indebidos de la autoridad" (p. 242); la de la abogada del Centro de Estudios Libertad y Desarrollo doña Natalia González, quien expresó que "En cuanto a las facultades de recalificar conductas dispuestas al Servicio de Impuestos Internos para cuando las estime artificiosas, impropias o que no tengan efectos económicos relevantes, señaló que se aplicará tanto a personas naturales como jurídicas, y que es bastante amplia y subjetiva, generando incertidumbre en los contribuyentes sobre cuál es la conducta prohibida" (p. 268); la del economista don Bernardo Fontaine, quien sostuvo que "otorgarle al Servicio de Impuestos Internos facultades capaces de decidir hasta las motivaciones de los contribuyentes, genera incertidumbres respecto de las verdaderas reglas del juego, y generando un alto riesgo en materia de corrupción" (p. 279); y la del secretario del Instituto Chileno de Derecho Tributario don Claudio Salcedo, quien "apuntó a la falta de certeza que esta norma provoca, particularmente, en el artículo 100 bis del proyecto de ley" (p. 283). En contra a la falta de certeza que generaría la NGA se pronunciaron otros intervinientes, entre otros, el abogado don Francisco Saffie, quien expresó que "la norma general antielusión que se propone incorporar no es una excentricidad, tampoco pone en riesgo a los contribuyentes ni la certeza jurídica. Por el contrario, la importancia de codificar esta norma general antielusión radica en que, contra lo que se ha argumentado en nuestro país, provee certeza a los contribuyentes, ya que después de aprobada la ley, sabrán que las conductas abusivas atentan contra sus propias obligaciones tributarias. Finalmente, señaló que se trata de una norma que refuerza el principio de legalidad en materia tributaria, porque deja en manos de la ley la forma en que surgen las obligaciones tributarias (pp. 285-286).

Internacionales, en cuanto la declaración de abuso o simulación era decidida por el propio SII y no en sede jurisdiccional[103]. A ello se agregaba una vulneración del principio de legalidad y tipicidad consagrado en el art. 19 N° 3, inciso 8°, de la Carta Fundamental, en cuanto se habilitaba la imposición de multas sin que la conducta sancionable se encontrare previa y debidamente descrita por la ley[104]. Asimismo se hicieron presentes las diferencias del sistema español y alemán con el que pretendía introducir el proyecto de ley, observándose los problemas de aplicación que en dichos países han tenido las normas generales antielusión[105].

---

103 Vid. García & Álvarez, *Análisis...*, *Op. Cit.*

104 Durante la tramitación del proyecto de ley de reforma tributaria, la Comisión de Hacienda de la Cámara de Diputados solicitó a la Biblioteca del Congreso Nacional elaborar "un informe sobre la constitucionalidad de las facultades de fiscalización del Servicio de Impuestos Internos en materia de elusión tributaria, que se establecen en el proyecto de ley de reforma tributaria que modifica el sistema de tributación de la renta e introduce diversos ajustes en el sistema tributario". Dicho informe, que finalmente fue elaborado por miembros del departamento de asesoría técnica parlamentaria de la Biblioteca del Congreso Nacional, transcribe las múltiples opiniones relativas a la materia, emitidas tanto por invitados a la Comisión de Hacienda de la Cámara de Diputados, así como en distintos medios de prensa, dando cuenta de que en general los especialistas observaban graves problemas de inconstitucionalidad en el proyecto original (Álvarez, Paola, Bermúdez, Rodrigo, Cavada, Juan Pablo & Wilkins, James, *Opiniones sobre constitucionalidad e inconstitucionalidad de las medidas contra elusión contenidas en el Proyecto de Ley de Reforma Tributaria (2014)*, Biblioteca del Congreso Nacional de Chile. Un análisis más amplio y desarrollado de los aspectos constitucionales del proyecto de reforma tributaria, en lo que respecta a la norma general antielusión, se encuentra en Meza, *Op. Cit.*, pp. 215 y ss.

105 A este respecto se debe destacar la intervención de la abogada del Centro de Estudios Libertad y Desarrollo doña Natalia González, quien sobre la materia expresó lo siguiente: "En cuanto al sistema español, indicó que la discusión no ocurre ante la autoridad tributaria, sino ante un panel que está compuesto por cuatro personas: dos personas que son parte de lo que la ley tributaria española llama creadores de la política pública en materia de impuestos, con cierto símil al Ministerio de Hacienda, y dos personas de la autoridad tributaria, y se genera un procedimiento en donde hay distintas etapas y el contribuyente tiene derecho a defensa y a plantear las pruebas necesarias, aspectos que podrían ser más ajustados a un debido proceso y que entregan mayores garantías a los contribuyentes para que sean juzgados por una institucionalidad independiente, a fin de que tengan etapas en el proceso para la debida defensa [...] Sobre la experiencia española, señaló que la norma se introdujo en 2004, y desde su introducción, tanto la jurisprudencia como la doctrina han tenido sendas discusiones en la aplicación de esta norma, por ejemplo, qué es artificioso o impropio, qué es inusual, si acaso una transacción distinta, no habitual, o acaso usual es lo que se hace todos los días, y que la jurisprudencia de esos países ha sido vacilante, y recordó que en países como Alemania, la jurisprudencia obliga, cuestión diferente en Chile, donde los fallos son al caso concreto, por lo que tener normas de este nivel de amplitud, sin que haya jurisprudencia que vaya marcando precedente, resulta bien arriesgado, desde el punto de vista jurídico y económico" (p. 268 de la Historia de la Ley N° 20.780).

En cuanto a la sanción al asesor tributario, se criticaba además el hecho que la norma no distinguía entre quien diseñaba una planificación, de quien se limitaba a ejecutarla o implementarla[106].

Tales y otras críticas fueron, en gran medida, acogidas en el segundo trámite constitucional seguido ante el Senado, lo que modeló lo que en definitiva fue la ley promulgada por el Ejecutivo, en la cual desaparecieron buena parte de las notas características del proyecto original. Así finalmente se publicó como ley de la República una nueva regulación a la Norma General Anti Elusión, muy distinta a la concebida en el proyecto original. En particular, ello se debió a lo que constituyó un verdadero punto de inflexión en el debate parlamentario –relativo tanto a esta materia como a múltiples aspectos de la reforma tributaria–, a saber, el "Protocolo de Acuerdo Por una Reforma Tributaria para un Chile más inclusivo" suscrito el día 8 de julio de 2014 por el Gobierno de Chile (representado por el ministro de Hacienda, don Alberto Arenas de Mesa) y los integrantes de la Comisión de Hacienda del Senado (encabezada por su presidente el H. senador Ricardo Lagos Weber y los senadores, don Juan Antonio Coloma Correa; don José García Ruminot; don Carlos Montes Cisternas y don Andrés Zaldívar Larraín).

En lo que interesa a este trabajo, en dicho Protocolo, que se materializaría en una serie de indicaciones al proyecto de ley de reforma tributaria y en la constitución de un equipo técnico de trabajo, se estableció lo siguiente[107]:

> **6. Institucionalidad y atribuciones del SII.**
> – Se precisará la norma general antielusión/antisimulación (primacía de la sustancia sobre forma), reconociendo el principio de buena fe y la autonomía y libertad contractual del contribuyente, resguardando la posibilidad de ejercer la economía de opción (posibilidad de elegir entre alternativas lícitas y legítimas sin ser recalificado en la medida que su objetivo no haya sido la elusión de impuestos, concepto que se definirá legalmente) y ajustando su nomenclatura a la terminología de nuestro ordenamiento jurídico.

---

106 En relación a esta crítica, Aste observa que "[n]ormalmente, el diseño de la planificación tributaria, lo hace una empresa auditora, y su implementación abogados o contadores que o no son especialistas y por lo tanto desconocen los alcances o efectos de lo que están implementando, o siendo especialistas, no tienen un conocimiento global y pormenorizado del conjunto de la operación" (Aste Mejías, Christian, *Curso sobre Derecho y Código Tributario*, t. I, Thomson Reuters, 2016, p. 396).

107 El "Protocolo de Acuerdo Por una Reforma Tributaria para un Chile más inclusivo" se encuentra íntegramente transcrito en las páginas 1.967 y siguientes de la Historia de la Ley N° 20.780.

– El peso de la prueba corresponderá, en una potencial recalificación, al SII y no al contribuyente.
– Para la aplicación de la norma general antielusión/antisimulación, será el tribunal tributario y aduanero competente el que deberá realizar, mediante un procedimiento de características similares al general de reclamación, la calificación jurídica del acto potencialmente elusivo o simulado conforme al requerimiento que le efectúe el Director del SII. Conjuntamente con la calificación jurídica, el referido tribunal conocerá de la aplicación de las sanciones correspondientes y emitirá las órdenes respectivas a la administración tributaria.
– La norma general antielusión/antisimulación solo aplicará para actos, contratos, transacciones futuras, esto es, ocurridos a partir de la entrada en vigencia de la norma.
– Una de las nuevas Subdirecciones del SII que se crea en el proyecto de ley se abocará a brindar Apoyo al Contribuyente, en especial, a las micro y pequeñas empresas en el ámbito de la asistencia y educación tributaria.
– El SII creará una instancia de consulta pública de sus circulares y demás instrucciones de general aplicación a través de su sitio web institucional.
– Se suprimirá la norma contenida en el proyecto de ley que permite renovar el plazo de prescripción en el caso de justificación de inversiones.
– Se limitará la validez de las notificaciones por correo electrónico que efectúe el SII a los contribuyentes sólo en los casos en que estos, hayan consentido en ser notificados por esta vía.
– Se incorporará, respecto de las empresas que se acojan al régimen del artículo 14 TER (PYME), la posibilidad que ante una primera infracción a leyes tributarias se aplique como sanción la asistencia obligatoria a cursos de capacitación.
– Se remitirá, durante el segundo semestre del presente año, al H. Congreso Nacional un proyecto de ley que fortalezca los tribunales tributarios y aduaneros, haciéndose cargo, entre otros, de los siguientes aspectos: convalidación de requisitos de formación para el acceso de los jueces tributarios y aduaneros a las salas especializadas de Cortes de Apelaciones; regulación de la facultad de imperio de estos órganos jurisdiccionales y regulación del trámite de conciliación en el procedimiento.
– Se regulará la posibilidad de establecer una instancia de consulta previa por parte de los contribuyentes del SII con el objeto de obtener un pronunciamiento previo y oportuno de los efectos tributarios de sus posibles transacciones.

Es cuestión de gran importancia a efectos de considerar la real historia fidedigna del establecimiento de la Norma General Anti Elusión a que se refiere el art. 19 del CC, considerar que en gran medida lo acordado en el antedicho Protocolo fue en definitiva adoptado por la Ley de Reforma Tributaria. Esto se tradujo en que desaparecieron gran parte de las notas distintivas de la NGA originalmente contenidas en el proyecto de ley, porque en la normativa finalmente promulgada: *(i)* se impuso al SII el deber de reconocer la buena fe de los contribuyentes; *(ii)* se estableció que la existencia del abuso o la simulación sería declarada en sede judicial, y no administrativamente; *(iii)* se eliminó la facultad del SII de determinar "los impuestos que correspondan", y además aplicar intereses penales y multas; *(iv)* se estableció una regulación relativa a las consultas al SII sobre la materia; y *(v)* desapareció la suerte de responsabilidad objetiva que se establecía para la aplicación de multas a los directores y representantes legales de las personas jurídicas que diseñaron o planificaron la operación abusiva o simulada.

Asimismo es relevante observar que la legislación chilena se apartó en varios aspectos sustantivos de las legislaciones alemana y española en que originalmente se basó el art. 4 ter del Mensaje. De ahí que la eventual utilización en nuestro medio de la doctrina y jurisprudencia extranjera sobre normas antielusión deba realizarse con los debidos resguardos, en el sentido de que se debe analizar caso a caso si las soluciones del derecho comparado se adecuan plenamente al ordenamiento jurídico nacional.

4. PROMULGACIÓN Y PUBLICACIÓN DE LA LEY DE REFORMA TRIBUTARIA. NORMA TRANSITORIA SOBRE SU ENTRADA EN VIGENCIA

El debate parlamentario de la reforma tributaria culminó con la dictación de la Ley N° 20.780 sobre "Reforma Tributaria que modifica el Sistema de Tributación de la Renta e introduce diversos ajustes en el Sistema Tributario", promulgada el día 26 de septiembre de 2014, y publicada en el Diario Oficial el día 29 del mismo mes y año.

Los aspectos sustantivos de la Norma General Anti Elusión quedaron finalmente plasmados en diversas disposiciones incorporadas al Código Tributario[108], entre las que se deben destacar el artículo 4 bis que contiene la norma base, el artículo 4 ter sobre "abuso de formas jurídicas", el artículo 4 quáter sobre simulación y el artículo 4 quinquies, relativo a diversos aspectos de la declaración de existencia del abuso o de la elusión. A su turno, el nuevo artículo 100 bis incorporó a nuestro ordenamiento una sanción para quienes hubieren

---

108 Cabe advertir que también se introdujeron a la Ley de Impuesto a la Renta (Decreto Ley N° 824) modificaciones relativas a la norma general antielusión. Las referencias a la materia se encuentran contenidas en el art. 14 de dicha ley, siendo las partes pertinentes las que a continuación se citan:
"Artículo 14.
[...]
E) Información sobre determinadas inversiones.
1.- Los contribuyentes acogidos a las disposiciones de las letras A) o B) del presente artículo deberán aplicar, respecto de las inversiones que hayan efectuado, las siguientes reglas:
[...]
b) Inversiones en Chile: las empresas, entidades o sociedades domiciliadas, residentes, establecidas o constituidas en Chile que obtengan rentas pasivas de acuerdo a los criterios que establece el artículo 41 G, *no podrán ser utilizadas en forma abusiva para diferir o disminuir la tributación de los impuestos finales de sus propietarios, socios o accionistas*. De acuerdo a lo anterior, *cuando se haya determinado la existencia de abuso o simulación conforme a lo dispuesto en los artículos 4 bis y siguientes del Código Tributario*, se aplicará respecto del monto de tales inversiones la tributación dispuesta en el artículo 21, sin perjuicio de la aplicación de los impuestos que correspondan a los beneficiarios de las rentas o cantidades respectivas y las sanciones que procedieren. En todo caso, el contribuyente podrá acreditar que las inversiones fueron realizadas con sumas que corresponden a su capital o a ingresos no constitutivos de renta, presumiéndose, salvo prueba en contrario, que cuando el capital propio tributario del contribuyente excede de la suma de su capital y de los referidos ingresos no constitutivos de renta, tales inversiones se han efectuado, en el exceso, con cantidades que no han cumplido totalmente con los impuestos de la presente ley, procediendo entonces las aplicación de lo dispuesto en el referido artículo 21. No obstante lo anterior, cuando se determine que los actos, contratos y operaciones respectivos se han llevado a cabo maliciosamente con la finalidad de evitar, disminuir o postergar la aplicación de los impuestos global complementario o adicional, ello será sancionado conforme a lo dispuesto en el primer párrafo, del número 4 del artículo 97 del Código Tributario.
[...]
2.- Reglas especiales.
En caso de no presentarse la referida declaración por parte del constituyente del trust, *se presumirá, salvo prueba en contrario, que la constitución del trust constituye abuso o simulación conforme a lo dispuesto en los artículos 4 bis y siguientes del Código Tributario*, aplicándose la tributación que corresponda de acuerdo a la calidad de los intervinientes y la naturaleza jurídica de las operaciones. La entrega maliciosa de información incompleta o falsa en las declaraciones que establece esta letra, se sancionará en la forma prevista en el primer párrafo del número 4 del artículo 97, del Código Tributario".

diseñado o planificado los actos, contratos o negocios constitutivos de abuso o simulación.

Por su lado, el nuevo artículo 26 bis regula diversos aspectos concernientes a las consultas que los contribuyentes pueden realizar al SII acerca de la aplicación de los antedichos arts. 4 bis, 4 ter y 4 quáter del Código Tributario.

Los principales aspectos procesales sobre esta nueva institución se encuentran reglados, en primer término, en el artículo 119, que establece la competencia de los Tribunales Tributarios y Aduaneros para conocer de los juicios de declaración de abuso o simulación. A su vez, el artículo 160 bis constituye la única disposición del nuevo párrafo denominado "del procedimiento de declaración judicial de la existencia de abuso o simulación y de la determinación de la responsabilidad respectiva".

Todas las disposiciones anteriores, más aquellas del mismo u otros códigos y leyes que fueren pertinentes, serán objeto de análisis en el presente trabajo.

En lo que se refiere a la entrada en vigencia de estas disposiciones, el artículo decimoquinto transitorio dispone lo siguiente respecto a la entrada en vigencia de las normas sobre abuso y simulación:

> "Las modificaciones al Código Tributario regirán transcurrido un año desde la publicación de la ley, con excepción de lo dispuesto en el número 25, letra b. del artículo 10°, que regirá a partir del 1 de enero de 2015.
> No obstante lo dispuesto en el inciso precedente, lo establecido en los artículos 4° bis, 4° ter, 4° quáter, 4° quinquies, 100 bis, 119 y 160 bis del Código Tributario sólo será aplicable respecto de los hechos, actos o negocios, o conjunto o serie de ellos, a que se refieren dichas disposiciones, realizados o concluidos a partir de la entrada en vigencia de las mismas".

Atendidos los problemas interpretativos que generó esta materia trascendental (debate que se agudizó a raíz de la interpretación administrativa que el SII practicó acerca de esta norma transitoria), fue que una de los principales fundamentos de la Ley de Reforma a la LRT fue precisamente el de intentar aclarar el sentido real de la disposición recién transcrita, cuestión que se realizó mediante una norma interpretativa (y no modificatoria). Estos aspectos serán analizados en un capítulo especial de este trabajo.

5. LEY DE REFORMA A LA LRT

Mediante Mensaje N° 1436-363 de fecha 9 de diciembre de 2015 se dio inicio a la tramitación de un "Proyecto de Reforma a la LRT", cuya finalidad es la de simplificar el sistema de tributación a la renta, y, adicionalmente, perfeccionar ciertas disposiciones tributarias, entre ellas la Norma General Anti Elusión.

Al efecto, en el Mensaje del Proyecto de Reforma a la LRT se sostiene que uno de sus principales objetivos es el de "[p]erfeccionar algunas disposiciones del Código Tributario, por ejemplo, con el fin de precisar adecuadamente la vigencia y ámbito de aplicación de la Norma General Anti Elusión"[109].

Después de una muy rápida tramitación, el referido proyecto se concretó en la Ley N° 20.899 –a la que, como hemos señalado, en este trabajo nos referiremos como la "Ley de Reforma a la LRT"–, promulgada el día 1 de febrero de 2016 y publicada en el Diario Oficial el día 8 del mismo mes y año.

En concreto, y conforme se analizará en los correspondientes capítulos de este trabajo, son tres los perfeccionamientos que contiene la Ley de Reforma a la LRT en lo que respecta a la Norma General Anti Elusión, a saber: *(i)* se amplía la legitimación para poder efectuar consultas al SII de acuerdo al artículo 26 bis del CT; *(ii)* se armoniza lo dispuesto en el inciso final del artículo 100 bis del CT (relativo a la multa aplicable a quien haya diseñado o planificado actos o contratos abusivos o simulados), con el inciso 6° del artículo 160 bis que regla el procedimiento para su aplicación; y además se precisa que la prescripción de esta multa se suspende desde que se solicita su aplicación, hasta la fecha en que se encuentre firme o ejecutoriada la sentencia que declara el abuso o simulación; y *(iii)* se interpreta y precisa la normativa transitoria aplicable a la materia, a fin de despejar ciertas dudas que habían surgido al respecto.

---

109 En particular, en el Mensaje del Proyecto de Reforma a la LRT se afirma lo siguiente: "Los principales objetivos del proyecto son:/ 1. Avanzar decididamente en la simplificación del sistema de tributación a la renta aprobado por la Reforma Tributaria de la Ley N°20.780, aprovechando la experiencia obtenida hasta ahora en su proceso gradual y participativo de implementación y manteniendo sus principios esenciales, es decir, aumentar la recaudación tributaria en alrededor de 3 puntos del PIB, mejorar su progresividad y combatir la evasión y la elusión tributarias./ 2. Simplificar y perfeccionar las disposiciones de la Ley sobre Impuesto a las Ventas y Servicios con el fin de cautelar la correcta aplicación de las disposiciones legales aprobadas en la Reforma Tributaria, especialmente aquellas transitorias que liberan del Impuesto al Valor Agregado (IVA) a ciertas operaciones que ya estaban en desarrollo al aprobarse la ley./ 3. *Perfeccionar algunas disposiciones del Código Tributario, por ejemplo, con el fin de precisar adecuadamente la vigencia y ámbito de aplicación de la Norma General Anti Elusión*./ 4. Modificar otras disposiciones legales tributarias con miras a simplificar y precisar su aplicación.

CAPÍTULO IV
LA DISPOSICIÓN BASE DE LA NORMA GENERAL ANTI ELUSIÓN

Como se indicó en el último apartado del capítulo anterior, la Norma General Anti Elusión fue consagrada en una serie de normas incorporadas al Código Tributario por la Ley de Reforma Tributaria.

Un análisis adecuado de la materia impone iniciar el estudio de estas nuevas disposiciones por el art. 4 bis del CT, norma que expresamente dispone lo siguiente:

> "Las obligaciones tributarias establecidas en las leyes que fijen los hechos imponibles, nacerán y se harán exigibles con arreglo a la naturaleza jurídica de los hechos, actos o negocios realizados, cualquiera que sea la forma o denominación que los interesados le hubieran dado, y prescindiendo de los vicios o defectos que pudieran afectarles.
>
> El Servicio deberá reconocer la buena fe de los contribuyentes. La buena fe en materia tributaria supone reconocer los efectos que se desprendan de los actos o negocios jurídicos o de un conjunto o serie de ellos, según la forma en que estos se hayan celebrado por los contribuyentes.
>
> No hay buena fe si mediante dichos actos o negocios jurídicos o conjunto o serie de ellos, se eluden los hechos imponibles establecidos en las disposiciones legales tributarias correspondientes. Se entenderá que existe elusión de los hechos imponibles en los casos de abuso o simulación establecidos en los artículos 4° ter y 4° quáter, respectivamente.
>
> En los casos en que sea aplicable una norma especial para evitar la elusión, las consecuencias jurídicas se regirán por dicha disposición y no por los artículos 4° ter y 4° quáter.
>
> Corresponderá al Servicio probar la existencia de abuso o simulación en los términos de los artículos 4° ter y 4° quáter, respectivamente. Para la determinación del abuso o la simulación deberán seguirse los procedimientos establecidos en los artículos 4° quinquies y 160 bis".

El art. 4 bis recién citado puede ser denominado o calificado como la norma base en la materia, en cuanto contiene una suerte de declaración de principios y constituye el núcleo de toda esta nueva regulación, la que se encuentra desarrollada en detalle otros artículos del mismo cuerpo normativo. En este sentido, González afirma que "la disposición aparece como un verdadero preámbulo de las normas específicas que el legislador tributario ha establecido para regular estas últimas"[110]. El mismo autor agrega que esta norma establece la regla general de "calificación", en lo que coincidimos. Al respecto, se debe recordar que, en palabras de Betti, la calificación jurídica se refiere a la operación lógica consistente en "verificar si y en qué medida la situación de hecho concreta corresponde al supuesto de hecho legal, en el cual se asume que deba reentrar y reencontrar los lineamientos relevantes para el tratamiento jurídico"[111].

De la simple lectura de esta disposición es posible advertir que ella trata una serie de materias que, vinculadas entre sí, ameritan un estudio separado, cuestión a la que nos abocaremos a continuación.

1. DEL NACIMIENTO Y EXIGIBILIDAD DE LAS OBLIGACIONES TRIBUTARIAS

1.1. El principio de legalidad de los tributos

El inciso primero del art. 4 bis comienza estableciendo que "[l]as obligaciones tributarias establecidas en las leyes que fijen los hechos imponibles, nacerán y se harán exigibles con arreglo a la naturaleza jurídica de los hechos, actos o negocios realizados [...]".

Esta primera frase del art. 4 bis constituye una concreción del principio de legalidad de los tributos, el cual encuentra su reconocimiento en una serie

110 González Orrico, Jaime Andrés, *Reflexiones en torno a la potestad de la administración tributaria para la calificación de hechos, actos o negocios jurídicos. El nuevo artículo 4° bis del Código Tributario*, en Revista Actualidad Jurídica N° 32, julio 2015, p. 232.

111 Betti, Emilio, *Teoría de la Interpretación Jurídica*, Compilación y traducción de Alejandro Vergara Blanco, Ediciones UC, 2015, p. 78. En el medio nacional, López Santa María afirma que "[l]a calificación de un contrato consiste en establecer su naturaleza jurídica, encuadrándolo en alguno de los tipos definidos por la ley, sobre la base de la esencia de las circunstancias que configuran el contrato" (López Santa María, Jorge, *Los Contratos. Parte General*, t. I, Editorial Jurídica de Chile, Cuarta edición revisada y ampliada, 2005, pp. 141-142).

disposiciones de la Constitución Política, a saber: *(i)* en el art. 19 N° 20, en cuanto se dispone que la Constitución asegura a todas las personas la "igual repartición de los tributos en proporción a las rentas o progresión o forma *que fije la ley* [...]"; *(ii)* ligado a lo anterior, el art. 63 N° 2 dispone que solo son materias de ley "Las que la Constitución exige que sean reguladas por una ley"; *(iii)* a su turno, el art. 65, inciso cuarto, N° 1 dispone que "Corresponderá, asimismo, al Presidente de la República la iniciativa exclusiva para: 1°. Imponer, suprimir, reducir o condonar tributos de cualquier clase o naturaleza, establecer exenciones o modificar las existentes, y determinar su forma, proporcionalidad o progresión"; norma que se debe relacionar con el art. 63 N° 14, en cuanto establece que solo son materias de ley "Las demás que la Constitución señale como leyes de iniciativa exclusiva del Presidente de la República". Así las cosas, el que se aluda a las "obligaciones tributarias establecidas en las leyes que fijen los hechos imponibles" resulta algo redundante, ya que en virtud del principio de legalidad del tributo no pueden existir obligaciones tributarias que no hayan sido establecidas en virtud de una ley[112].

En relación con la materia, FERMANDOIS expresa que "el valor jurídico tutelado por la reserva legal del tributo es el de la certeza jurídica y la separación de poderes, atendido el impacto que todo tributo produce para el ejercicio de ciertos derechos fundamentales, en especial en el desarrollo de actividades económicas o empresariales, en la libertad para adquirir el dominio de bienes, en fin y determinadamente, en el derecho de propiedad"[113]. Sobre este tema existe amplio consenso en orden a que en virtud de este principio "corresponde al legislador no sólo crear el tributo, sino que establecer la totalidad de los elementos de la relación tributaria entre el Estado y el contribuyente, de modo que la obligación quede determinada en todos sus aspectos y pueda cumplirse sin necesidad de otros antecedentes"[114].

---

112 Lo que se viene diciendo desde la perspectiva constitucional se ve plenamente refrendado con lo que el Código Civil ha dispuesto sobre la materia desde su entrada en vigencia, en cuanto las obligaciones tributarias son de aquellas cuya fuente directa es la ley. Mirada la obligación tributaria desde perspectiva del Fisco-acreedor, se trata de un derecho personal o crédito que puede reclamarse al contribuyente por la sola disposición de la ley, en los términos del art. 578 del CC, y en concordancia con los arts. 1437 y 2284 del mismo cuerpo normativo, en los que expresamente se indica que la ley es una fuente directa de obligaciones.

113 FERMANDOIS VÖHRINGER, Arturo, *Derecho Constitucional Económico. Regulación, tributos y propiedad*, t. II, Ediciones UC, 2010, p. 156.

114 EVANS DE LA CUADRA, Enrique & EVANS ESPIÑEIRA, Eugenio, *Los tributos ante la Constitución*, Editorial Jurídica de Chile, 1997, p. 51. En identico sentido se pronuncia, entre muchos otros, AVILÉS, quien afirma que "[e]stablecer un tributo es crearlo en todos sus aspectos,

En lo que al principio de legalidad se refiere, frente a su concepción como garantía del contribuyente se encuentra su entendimiento por parte del SII; su Circular 65 afirma sobre la materia que el "principio de legalidad supone que la aplicación de tributos conforme a lo dispuesto en los hechos gravados establecidos en la ley, no puede quedar al arbitrio de los contribuyentes, es decir, los impuestos son obligatorios, y nadie puede sustraerse a su aplicación mediante actos elusivos. Al mismo tiempo, el respeto de este principio supone que ni la administración ni el poder judicial pueden crear derecho actuando como legislador, de modo que la función esencial de las normas anti elusión, tanto generales como especiales, es precisamente resguardar el cumplimiento de los hechos gravados establecidos por la ley, evitando que los contribuyentes se sustraigan de su aplicación mediante conductas elusivas"[115].

Bajo tal predicamento, el principio de legalidad, más que una garantía para los contribuyentes, constituiría una herramienta de protección del Estado. Ello, por decir lo menos, viene a constituir una visión novedosa sobre la materia, en cuanto tanto la ya referida doctrina como la jurisprudencia de la Corte Suprema[116] y del Tribunal Constitucional[117] habían considerado al principio como

objetivos y subjetivos. La labor del legislador no debe limitarse a señalar la procedencia de un tributo, sino precisar a quiénes afecta (sujetos), el hecho imponible, la base y la tasa, entre otros elementos" AVILÉS HERNÁNDEZ, Víctor Manuel, *Legalidad tributaria*, Editorial Jurídica de Chile, 2005, p. 201). De igual forma, MASSONE afirma que "[p]or el principio de legalidad o reserva en materia tributaria, la ley no debe limitarse a proporcionar directivas generales de tributación, sino que ella ha de contener, al menos, los elementos básicos y estructurantes del tributa (hecho imponible, sujetos pasivos y elementos necesarios para la fijación del quantum, así como las exenciones)" (MASSONE *Op. Cit.*, t. I, p. 170).

115 Previo a lo indicado en la Circular 65, lo en ella expuesto había sido anticipado por el SII al hacer públicas, el 25 de diciembre de 2014, las presentaciones realizadas en las charlas internas sobre la implementación de la reforma tributaria. En la presentación *Modificaciones al Código Tributario Introducidas por la Ley N° 20.780*, de 4 de noviembre de 2014, y cuyos expositores fueron VARGAS, Cristián, y CORVALÁN, Pablo, se afirma que "[l]as normas anti elusión tienen como finalidad que los contribuyentes cumplan con el principio de legalidad y mantener la correcta distribución legal de la carga tributaria entre ellos. No es aceptable que los particulares determinen si deben o no tributar y en qué cantidad" (presentación publicada en: http://www.sii.cl/portales/reforma_tributaria/6_modificacion_ley_20780_ct_cc_fsg_050115.pdf).

116 Vid. Corte Suprema, recurso de inaplicabilidad por inconstitucionalidad, 28 de enero de 1992, publicada en *RDJ*, t. LXXXIX, N° 1, sec. 5, y comentada por FERMANDOIS, *Op. Cit.*, pp. 157 y ss., y por MASSONE *Op. Cit.*, t. I, p. 171. También destaca la sentencia dictada por la Corte Suprema con fecha 1 de septiembre de 2008, en autos Rol N° 638-2007.

117 Vid. Tribunal Constitucional, sentencia dictada en autos Rol N° 247, de 14 de octubre de 1996, comentada por FERMANDOIS, *Op. Cit.*, pp. 159 y ss.; y sentencia dictada en autos Rol

una medida de resguardo del contribuyente frente a la autoridad, y no al revés, como sostiene el SII. Cabe observar que en recientes pronunciamientos la Corte Suprema ha invocado el principio de legalidad como una guía especial para la adecuada aplicación de la normativa tributaria[118].

La verdad es que estas dos visiones del principio de legalidad (como garantía del constituyente y como protección de las arcas fiscales) no son del todo antagónicas, en cuanto a que son dos perspectivas de lo mismo, a saber, que la fuente exclusiva de los tributos es la ley, cuestión que otorga certeza tanto al Estado como a los contribuyentes.

Así, esta primera frase del art. 4 bis no viene a constituir una novedad en nuestro ordenamiento jurídico. Sin ir más lejos, la doctrina anterior a la LRT expresaba, con relación al nacimiento y exigibilidad de la obligación tributaria, que "[e]l negocio jurídico que surge al amparo de las normas del Derecho privado es un dato, un hecho jurídico, para el Derecho tributario"[119].

N° 759, de 26 de noviembre de 2007, comentada por Aste, *Curso…*, *Op. Cit.*, t. I, pp. 27 y ss. En este último fallo se afirma que el fundamento constitucional del principio de reserva legal se encuentra no solo en las disposiciones especiales que se refieren sobre la materia (art. 19 N° 20, art. 63 N°s 2 y 14 y art. 65 de la Constitución Política), sino que también en normas generales, como lo son los arts. 6 y 7 de la Carta Fundamental.

118 En este sentido, en fallo de fecha 1 de octubre de 2015, la Corte Suprema resolvió lo siguiente: "Tercero: Que, imprescindible resulta recordar que en virtud del principio de legalidad en materia tributaria, consagrado en los artículos 19 N° 20, 63 N° 14, 64 inciso 2° y 65 inciso 4° N° 1° de la Constitución Política de la República, únicamente por ley se puede imponer, suprimir, o reducir tributos de cualquier clase o naturaleza, y también sólo por ley se pueden establecer exenciones tributarias o modificar las ya existentes. Este principio viene a ser una forma de asegurar a los contribuyentes el ejercicio del poder tributario sólo dentro del ámbito legal, quedando vedado a la autoridad administrativa el ejercicio de dicho poder (SCS Rol N° 21.330 14 de 2 de abril de 2015). Lo anterior, que como garantía para los administrados se traduce en que no puede establecerse ningún tributo o carga impositiva sino por medio de una ley dictada previamente y que lo haga en forma expresa, tiene como contrapartida que los contribuyentes no pueden pretender sustraer un hecho gravado o afecto a un impuesto determinado, o acogerse a un régimen tributario más beneficioso, mediante la aplicación analógica o interpretación extensiva de las leyes que establecen una exención total o parcial de la carga impositiva para un hecho, actividad u operación diversa (SCS Rol N° 21.789 14 de 12 de mayo de 2015)". Base de datos jurisprudenciales LegalPublishing, Cita Online: CL/JUR/5875/2015.

119 Montecinos Araya, Jorge, *De la elusión y la evasión tributaria*, en Revista de Derecho de la Universidad de Concepción N° 207, 2000, p. 151.

1.2. Consideración de la "naturaleza jurídica" de los hechos, actos o negocios como factor determinante para el establecimiento del nacimiento y exigibilidad de la obligación tributaria

Dicho lo anterior, se debe observar que esta primera parte del art. 4 bis del CT sí es muy relevante en cuanto dispone que el nacimiento y exigibilidad de las obligaciones tributarias está dada por la naturaleza jurídica de los hechos, actos o negocios realizados por los contribuyentes; lo que significa que para su calificación no basta una mera apreciación económica de los mismos.

En relación con la materia, cabe primeramente observar que, en rigor, la alusión a la naturaleza jurídica como factor determinante para aplicar la ley no tiene ninguna novedad desde la perspectiva del Derecho Civil. Son múltiples las normas del Código del ramo que aluden a ella, sea en referencia a la "naturaleza de la obligación" (*v. gr.* arts. 1520[120], 1530[121], 1546[122] del CC) o bien a la "naturaleza del contrato" (*v. gr.* arts. 703[123], 1547[124], 1682[125], 1813[126] del CC).

Sin ir más lejos, se debe recordar que el art. 1563 establece la siguiente regla de hermenéutica contractual: "En aquellos casos en que no apareciere voluntad

120 Art. 1520: "El deudor solidario demandado puede oponer a la demanda todas las excepciones que resulten de la *naturaleza de la obligación*, y además todas las personales suyas".

121 Art. 1530: "Demandado uno de los deudores de la obligación indivisible, podrá pedir un plazo para entenderse con los demás deudores a fin de cumplirla entre todos; a menos que la *obligación sea de tal naturaleza* que él solo pueda cumplirla, pues en tal caso podrá ser condenado, desde luego, al total cumplimiento, quedándole a salvo su acción contra los demás deudores para la indemnización que le deban".

122 Art. 1546: "Los contratos deben ejecutarse de buena fe, y por consiguiente obligan no sólo a lo que en ellos se expresa, sino a todas las cosas que emanan precisamente de la *naturaleza de la obligación*, o que por la ley o la costumbre pertenecen a ella".

123 Art. 703, inciso tercero: "Son [títulos] translaticios de dominio los que por su *naturaleza* sirven para transferirlo, como la venta, la permuta, la donación entre vivos".

124 Art. 1547: "El deudor no es responsable sino de la culpa lata en los *contratos que por su naturaleza* sólo son útiles al acreedor; es responsable de la leve en los contratos que se hacen para beneficio recíproco de las partes; y de la levísima, en los contratos en que el deudor es el único que reporta beneficio".

125 Art. 1682: "La nulidad producida por un objeto o causa ilícita, y la nulidad producida por la omisión de algún requisito o formalidad que las leyes prescriben para el valor de ciertos *actos o contratos en consideración a la naturaleza de ellos*, y no a la calidad o estado de las personas que los ejecutan o acuerdan, son nulidades absolutas".

126 Art. 1813: "La venta de cosas que no existen, pero se espera que existan, se entenderá hecha bajo la condición de existir, salvo que se exprese lo contrario, o que por la *naturaleza del contrato* aparezca que se compró la suerte".

contraria deberá estarse a la interpretación que mejor cuadre con la naturaleza del contrato". En relación con esta regla de interpretación se ha resuelto que "se debe tener en cuenta que en materia de hermenéutica contractual es preciso intentar una interpretación más finalista que una exégesis de la convención. Desde la perspectiva finalista aparece claro que la escritura aclaratoria devela la verdadera intención de los contratantes [...] lo que es concordante con el art 1563 del Código Sustantivo, en el sentido de que en materia de convenciones debe buscarse la interpretación que mejor cuadre con la naturaleza del contrato"[127].

Como expresa sobre la materia Lyon, "[l]a naturaleza de un contrato es la esencia y propiedad característica del mismo. Como el acto o contrato es la declaración de una o más voluntades tendente a satisfacer una o más necesidades o intereses concretos, su esencia y propiedad característica es la *ordenación racional* de esa voluntad para la obtención de ese *fin*, en algunos casos, la mayoría, mediante el establecimiento de derechos y obligaciones; en otros, por efecto del acto mismo [...] Jurídicamente hablando, el *fin* del acto o contrato es su causa, y la causa ha sido definida en el artículo 1467 del Código Civil como el motivo que induce al acto o contrato [...] Ahora bien, la *ordenación racional* de la voluntad de las partes en un contrato se construye, la mayoría de las veces, en base a derechos y obligaciones [...] [que] constituyen su objeto, esto es, lo que se debe de darse, hacerse o no hacerse, según lo dispuesto en el artículo 1460 del Código Civil"[128].

En suma, para establecer la naturaleza jurídica de un acto o contrato, cuestión esencial a efectos de verificar si en el caso concreto nació o no una obligación tributaria conforme a la hipótesis legal de que se trate, resulta ineludible acudir al objeto del negocio jurídico (sus derechos y obligaciones) así como a su causa (o finalidad). Si bien existe amplia controversia en torno al concepto de causa[129],

---

127 Sentencia dictada por juzgado civil de Puerto Varas con fecha 2 de octubre de 2001, confirmada por la respectiva Corte de Apelaciones y por la Corte Suprema, citada por López Santa María, *Op. Cit.*, t. II, pp. 449-450.

128 Lyon Puelma, Alberto, *La voluntad virtual derivada de la 'naturaleza' del contrato determinada por su causa*, en Estudios de Derecho Civil, t. III, AbeledoPerrot/LegalPublishing Chile, 2011, p. 211.

129 Muy en síntesis, y siguiendo en esto la exposición de Vial, es posible distinguir las siguientes posiciones doctrinales en torno al concepto de causa: (A) Primero, ante la pregunta acerca de qué es lo que debe tener causa –esto es, si el acto o la obligación– para algunos autores, al Código le interesa la causa de la obligación, atendido que: (i) el art. 1467 indica que "no puede haber *obligación* sin una causa"; (ii) el art. 1445 indica que la causa es un requisito "para que una persona se *obligue* a otra"; (iii) además, el Código se dictó en pleno auge de la doctrina clásica, que precisamente se refiere a la causa de la obligación y no del contrato. Por su parte, quienes afirman que al Código le interesa la causa del acto

una cuestión indiscutible es que su determinación impone necesariamente realizar un examen de orden jurídico.

---

o contrato argumentan lo siguiente: (a) el art. 1445 está requiriendo causa para que una persona se obligue "por un *acto* o declaración de voluntad"; (b) la definición legal de causa contenida en el art. 1467 es clara en señalar que la misma es el motivo que induce "la *acto o contrato*". (B) Luego cabe preguntarse si el Código siguió un criterio objetivo o subjetivo de causa. Para algunos, el Código siguió el criterio objetivo en razón de lo siguiente: (i) porque ese es el criterio de la doctrina clásica, en la cual se habría inspirado Bello; (ii) el art. 1467 exige que exista una causa "real", admitiendo que es posible que las obligaciones no tengan causa, cuestión que no admite el criterio subjetivo; (iii) el "motivo" a que se refiere la definición de causa del art. 1467 no es de orden subjetivo, sino que jurídico o abstracto. Por su parte, quienes sostienen que el Código siguió un criterio subjetivo se fundan en lo siguiente: (a) a diferencia del Código francés que siguió a la doctrina clásica, el Código chileno la definió precisamente como el motivo que induce al acto o contrato; (b) al exigirse una causa real y lícita, se está facultando al juez para indagar por el motivo que realmente determinó la celebración del acto o contrato; así, la "realidad" de la causa significa que el motivo que se postula como causa sea el que concretamente ha inducido a contratar.
En opinión de Vial, para determinar lo que constituye la causa se hace necesario distinguir, previamente, entre causa del acto o contrato y causa de la obligación, pues tal distinción es realizada, a lo menos implícitamente, por el Código Civil. En lo que respecta a la causa del acto o contrato, de acuerdo a la propia definición que da el Código, la causa del acto o contrato es el motivo que induce a su celebración. La palabra motivo, según su sentido natural y obvio, designa los móviles psicológicos, individuales y subjetivos. A su turno, en lo que se refiere a la causa de la obligación, el legislador sigue la doctrina tradicional: la causa de la obligación es abstracta e idéntica para cada categoría de contratos (Vial Del Río, Víctor, *Teoría General del Acto Jurídico*, Editorial Jurídica de Chile, Quinta Edición, 2007, pp. 139 y ss.).
Cabe tener en cuenta que recientemente Alcalde, fundado en la moderna doctrina italiana, sostiene que del Código Civil se puede construir un concepto unitario de la causa, en el que para efectos prácticos ninguna importancia real tiene la distinción entre causa del contrato y la causa de la obligación. En síntesis, esta postura puede ser resumida del modo que sigue: (i) Si se examinan las diversas situaciones que normalmente podrían llevar a plantearse el tema de la causa –sea respecto de un acto o contrato, de las obligaciones que emanan de él o, en fin, de la posibilidad de fundamentar una determinada atribución patrimonial–, se advierte que un elemento compartido por todas ellas viene dado por la existencia de una determinada situación fáctica a la cual la ley atribuye el efecto o virtud, ora de engendrar una obligación eficaz o de extinguirla, ora de permitir que se retenga un incremento en el patrimonio del sujeto que se halla en la hipótesis descrita por la norma. Todo ello es así porque, en definitiva, existe una causa, una razón o justificación de la pertinente atribución patrimonial que es coincidente con el interés jurídicamente protegido en el caso particular de que se trata. Atendido lo anterior, este autor propone un concepto unitario de causa, que permitiría definirla como aquel supuesto de hecho legalmente suficiente para justificar un determinado efecto jurídico. El mismo autor agrega que la causa, así entendida, no constituye por cierto el único supuesto de hecho que debe concurrir para que se genere o produzca un determinado efecto jurídico. Será también necesario que existan voluntad (y su manifestación a través de una solemnidad en algunos casos) y objeto; empero, tanto

Pese a la meridiana claridad de lo anterior –en orden a que el examen de la naturaleza es de orden jurídico y no exclusivamente económico– ello ha sido, a lo menos implícitamente, cuestionado por el SII en la Circular 65, en cuanto en ella expresa lo siguiente: "[el art. 4 bis del CT] establece que las obligaciones tributarias nacen conforme a lo establecido en los hechos imponibles previstos en la ley. Se trata de una comprensión de la obligación tributaria que entiende que el legislador, al determinar los hechos imponibles, ha tenido en consideración la naturaleza jurídica de los hechos o actos realizados como expresiones de capacidad contributiva". Vale decir, la naturaleza jurídica de los hechos o actos escogidos por el legislador en la configuración de los hechos imponibles es expresión de una realidad económica que el legislador considera relevante en la distribución de las cargas públicas. Lo anterior se refuerza en el inciso cuarto del artículo 160 bis del Código Tributario, que establece la obligación de fundamentación a los Tribunales Tributarios y Aduaneros que conozcan de la solicitud de abuso de las formas jurídicas o simulación presentada por el Servicio, de atender a la naturaleza económica de los hechos imponibles y no solo a su forma: "El Tribunal apreciará la prueba de acuerdo a las reglas de la sana crítica y deberá fundar su decisión teniendo en consideración la naturaleza económica de los hechos imponibles conforme a lo establecido en el artículo 4° bis". En este sentido, la prevalencia de la sustancia sobre la forma es guiada por el principio de legalidad en materia tributaria.

Este entendimiento de la materia por parte del SII resulta errado y manifiestamente contrario a las disposiciones en análisis, por cuanto resulta evidente que el legislador ha ordenado un examen y calificación de los hechos, actos o negocios conforme a su naturaleza jurídica, cuestión que excede con creces un análisis puramente económico de los mismos (esto es, reducido a las relaciones económicas subyacentes al acto). Como expresa González, el art. 4 bis "deja en claro que la calificación debe hacerse con criterios exclusivamente jurídicos, lo

---

la una como el otro, si bien son presupuestos del acto jurídico, no dicen relación con la justificación jurídica del acto o de la atribución patrimonial, es decir, no miran o atienden a la razón por la cual se explica por qué el Derecho asigna o atribuye a una determinada voluntad, que recae un cierto objeto, la virtud de producir el efecto jurídico, lo que constituye aquello que es propio y esencial de la causa (Alcalde Rodríguez, Enrique, *Hacia una reformulación del concepto de 'causa' y su proyección en el Código Civil*, en Homenaje a profesores de Derecho Civil, Universidad del Desarrollo [pp. 161-193]).
Finalmente, también aboga por una teoría unitaria de la causalidad Guzmán Brito, Alejandro, en su artículo *Tipo, función y causa de la negocialidad*, publicado en la Revista de Derecho de la Pontificia Universidad Católica de Valparaíso XLI, 2013, segundo semestre, pp. 39-67.

que, en sí mismo, no constituye ninguna novedad. Entonces, ¿por qué el legislador la ha querido contemplar expresamente en el Código Tributario? En nuestra opinión, la razón no es otra que la de superar toda duda en cuanto a que, cualesquiera sean los supuestos, la calificación no puede hacerse en función de la realidad económica que se anida en los actos o negocios jurídicos realizados"[130]. En la misma línea, MEZA, pronunciándose acerca del art. 4 bis contenido en el proyecto, señala que "[e]ste artículo supone que la realidad última es siempre jurídica, y no económica; es más, esta realidad última siempre estará íntimamente ligada al derecho privado"[131].

Estimamos que tal entendimiento es el correcto, y se encuentra a mayor abundamiento reforzado por el concepto de "abuso" contenido en el art. 4 ter, en cuanto para determinar el mismo se requiere analizar los "resultados o efectos *jurídicos* y económicos" de los hechos, actos o negocios de los contribuyentes. Adicionalmente, se debe observar que el art. 26 bis del CT, introducido por la LRT y precisamente relativo a consultas al SII sobre aplicación de las nomas antielusión, dispone en su inciso final que las respuestas del Servicio tendrán efecto vinculante a menos que "varíen los antecedentes de hecho *o de derecho* en que se fundó";

No varía tal entendimiento lo señalado en el inciso cuarto del art. 160 bis al que alude el SII en su Circular. Si bien efectivamente tal norma afirma que el tribunal "deberá fundar su decisión teniendo en consideración la *naturaleza económica de los hechos imponibles* conforme a los establecido en el artículo 4° bis". Ello en caso alguno puede considerarse como una derogación de lo expuesto en la norma base –que mandata atenerse a la naturaleza jurídica–, sino, a lo sumo, una complementación de la misma. No estamos frente a dos disposiciones antagónicas, sino que las mismas deben ser interpretadas armónica y sistemáticamente, conforme lo ordena el art. 22 del CC.

En este sentido, GONZÁLEZ observa, con relación al referido art. 160 bis, que "la referencia expresa al artículo 4° bis del CT permite afirmar que los efectos económicos derivados de un determinado acto o contrato solo pueden ser considerados una vez que el Juez, como intérprete de la ley que es, ha concluido su labor hermenéutica, lo que de manera inconcusa no es lo mismo que sostener que nuestro sistema impositivo admite la interpretación económica que lo

130 GONZÁLEZ, *Reflexiones...*, *Op. Cit.*, p. 234.

131 MEZA, *Op. Cit.*, p. 193. Conforme expresa este autor, su estudio se elaboró en base al Informe de la Comisión de Hacienda contenido en el Boletín N° 9290-05.

configuras. La referencia a la naturaleza económica apunta, en definitiva, a las consecuencias tributarias de la calificación que efectúa el tribunal, y que en el caso de un procedimiento de declaración judicial de la existencia de abuso o simulación, coincidirán, en todo o en parte, con las propuestas por el Servicio de Impuestos Internos en su requerimiento"[132].

2. DE LA PRESCINDENCIA DE LA "FORMA" DE LOS "HECHOS, ACTOS O NEGOCIOS REALIZADOS" POR LOS CONTRIBUYENTES

El inciso primero del art. 4 bis continúa expresando que "[l]as obligaciones tributarias establecidas en las leyes que fijen los hechos imponibles, nacerán y se harán exigibles con arreglo a la naturaleza jurídica de los hechos, actos o negocios realizados, *cualquiera sea la forma* [...] que los interesados le hayan dado [...]".

Como se sabe, desde la perspectiva del Derecho Civil existe amplio consenso sobre qué se debía entender por la "forma" de los actos jurídicos, por tratarse de un concepto definido por la ley, en particular en el inciso segundo del art. 17 del CC, que dispone que "[l]a *forma* se refiere a las *solemnidades externas*". Por tratarse de una definición legal, a ella debía estarse a la regla de interpretación consagrada en el art. 20, segunda parte del CC. En línea con lo anterior, el art. 1443 del mismo cuerpo normativo señala que un contrato es solemne "cuando está sujeto a la observancia de ciertas formalidades especiales, de manera que sin ellas no produce ningún efecto civil". Concuerda con este concepto de forma, entre muchos otros, el art. 1701 del CC, en cuanto dispone que "el instrumento defectuoso por incompetencia del funcionario o por otra falta en la forma, valdrá como instrumento privado si estuviere firmado por las partes". Por ello usualmente se sostenía que las formas, formalidades o solemnidades son lo mismo, siendo conceptualizadas como "los requisitos externos con que algunos actos, según la ley, deben celebrarse"[133].

132 GONZÁLEZ, *Reflexiones...*, *Op. Cit.*, pp. 234-235.

133 ALESSANDRI R., Arturo, SOMARRIVA U., Manuel y VODANOVIC H., Antonio, *Tratado de Derecho Civil. Partes Preliminar y General*, Tomo II, Editorial Jurídica de Chile, 1998, p. 312. Atendido el objeto perseguido por el requisito se clasifican en: (i) Formalidades propiamente tales o solemnidades objetivas (*ad substantiam*), que son exigidas por el legislador en atención a la naturaleza del acto; (ii) Formalidades habilitantes, que son requeridas en atención a las personas que intervienen en el acto; (iii) Formalidades de prueba, que se exigen para efectos de prueba; y (iv) Formas o medidas de publicidad.

Como es claro, el concepto de "forma" introducido por la LRT al CT no alude a las formalidades o solemnidades externas del acto jurídico, sino que a algo distinto, como sería la concreción en nuestro ordenamiento jurídico del principio tributario de la "sustancia sobre la forma" (*substance over form*)[134]. Este es, por lo menos, el entendimiento del SII, en cuanto en su Circular 65 alude a la "prevalencia de la sustancia sobre la forma". Tal entendimiento ya había sido anunciado por el Servicio con anterioridad a la dictación de dicha circular. En sus análisis internos –hechos públicos por el SII– se afirma que el inciso 4° del art. 160 bis del CT habría recogido el principio de la prevalencia de la sustancia sobre la forma, expresando que "[s]u postulado enuncia que los Tribunales no se encuentran constreñidos a respetar la forma jurídica elegida por el contribuyente, y bajo la cual se presenta la transacción, si no coincide con la realidad económica objetiva, es decir con la verdadera naturaleza de la transacción"[135].

Conforme expusimos al analizar el concepto de "naturaleza jurídica" empleado por el art. 4 bis, el análisis y examen de los hechos, actos y negocios de los contribuyentes es de orden jurídico y no meramente económico, razón por la cual el entendimiento que el SII le otorga al inciso cuarto del art. 160 bis del CT es manifiestamente errado. Clara prueba de ello, además de la alusión a la "naturaleza *jurídica*" que realiza el art. 4 bis, se encuentra en la referencia a los "resultados o efectos *jurídicos* o económicos" a los que expresamente se refiere el art. 4 ter.

---

134 Un análisis relativo a los aspectos filosóficos y jurídicos de este principio se encuentra en Palao Taboada, Carlos, *Forma y sustancia en el Derecho*, junio de 2012, artículo publicado en Internet en el sitio web de la Universidad Autónoma de Madrid (http://www.uam.es/otros/afduam/documentos/forma-y-sustancia.pdf).

135 Vargas y Corvalán, *Op. Cit.*, p. 31. En la misma presentación, el SII afirma que la LRT habría introducido, junto al principio *substance over form*, los siguientes otros principios: (i) el art. 4 ter del CT recogería el principio de la razón de negocios y sustancia económica ("business purpose and economic substance"), afirmándose que "[l]os Tribunales deben evaluar si los beneficios tributarios obtenidos, deben ser negados dada la insuficiencia de razones (ajenas a las propiamente tributarias) para celebrar las operaciones respectivas" (ii) el inciso 4° del art. 160 bis se sustentaría también en el principio de la transacción por pasos ("step transactions"), expresándose que "[e]n ciertos casos los distintos pasos de una operación serán desatendidos a fin de valorar las consecuencias generales de la transacción u operación que en definitiva se está realizando"; y (iii) los arts. 4 ter y 160 bis reconocerían el principio de las transacciones falsas ("shame transactions"), afirmándose que "[e]sta hipótesis se vincula con casos donde estrictamente no hay voluntad negocial alguna (sham, entendido como falso). Vinculado con la simulación absoluta. En rigor, aquí no habría siquiera una sustancia económica. En estos casos se desatiende a la estructura de la operación, y los efectos tributarios se determinan conforme a la verdadera sustancia de la transacción, si es que esta efectivamente existe (los impuestos se aplicarán a los hechos efectivamente realizados por las partes).

Por lo anterior, los conceptos de "forma", y de "sustancia" o fondo, deberán ser elaborados en bases jurídicas. Al respecto, y como lo reconoce la referida presentación interna del SII, el denominado principio de la prevalencia de la sustancia sobre la forma (al que también denomina *substance over form*) tiene sus orígenes en la jurisprudencia norteamericana, adscrita al sistema del *common law*[136]. *Sin embargo, nuestro ordenamiento jurídico es de raíz europeo-continental (civil law)*, y encontrándose la Norma General Anti Elusión inserta en el ordenamiento jurídico nacional (y no en un tratado internacional), la misma debe ser analizada conforme a los principios de nuestra cultura jurídica.

Despejado lo anterior, primeramente se puede observar que en nuestro medio GONZÁLEZ postula que la "forma" a la que alude el art. 4 bis equivale a *tipo contractual*: "el legislador no se está refiriendo al cumplimiento de eventuales requisitos de forma que puedan resultar propios a determinados actos o negocios jurídicos. Como apunta García Novoa, 'Es aquí donde, una vez más, juega un papel decisivo la tipicidad contractual, es decir, la configuración por el ordenamiento jurídico de distintos tipos de contratos'. Se entiende, así, que existen formas adecuadas para el logro de ciertos resultados económicos por los particulares, y precisamente esas formas son los denominados tipos contractuales. Forma jurídica, entonces, equivale a tipo contractual"[137].

Si hemos entendido bien el planteamiento anterior, en rigor la forma así entendida nos lleva a entender que ella únicamente existe propiamente en los contratos típicos, esto es, aquellos expresamente reglamentados por el legislador en los Códigos o en las leyes especiales[138]. Con ello, se reduce notablemente el ámbito de aplicación del concepto forma, pues únicamente se limita a los contratos regulados en la ley, sin tomar en cuenta los innumerables contratos atípicos que la doctrina reconoce y que en la práctica se celebran por los contribuyentes. A ello se debe agregar que la regulación de los contratos típicos contenida en nuestra legislación es esencialmente supletoria a la voluntad de los contratantes.

Tal interpretación reductiva de forma, como sinónimo de contrato típico, puede acarrear un grave riesgo a la luz de lo dispuesto en el inciso segundo del art. 4 bis, que dispone: "El Servicio deberá reconocer la buena fe de los

136 Vid. VARELA BARRAZA, Yuri, *El principio de la sustancia sobre la forma ¿Existe una cierta inclinación del sistema tributario chileno hacia la aceptación del tal principio?*, 2010, artículo publicado en el sitio de Internet del Instituto Chileno de Derecho Tributario (http://www.ichdt.cl/files/Sustancia_sobre_forma_MANUAL_TRIBUTARIO_JUNIO_2010.pdf).

137 GONZÁLEZ, *Reflexiones...*, *Op. Cit.*, p. 236.

138 LÓPEZ, *Op. Cit.*, t. I, p. 137.

contribuyentes. La buena fe en materia tributaria supone reconocer los efectos que se desprendan de los actos o negocios jurídicos o de un conjunto o serie de ellos, *según la forma* en que estos se hayan celebrado por los contribuyentes" Así, y siendo rigurosos en la aplicación del concepto de forma antes referido, el deber del SII de reconocer la buena fe de los contribuyentes se limitaría a los casos en que éstos hayan celebrado un contrato típico, pues solo respecto de ellos se podría aludir a los efectos que se desprenden del acto "según su forma". Y como es claro, el reconocimiento de la buena fe impuesto por el legislador al SII es amplio y omnicomprensivo de todo acto, negocio u operación, tipificado o no por la ley. Entenderlo de otro modo implicaría admitir que la Norma General Anti Elusión habría venido a limitar el principio base y esencial sobre el cual se estructura el derecho privado, como lo es el de la autonomía de la voluntad y de libertad negocial, lo que es absurdo.

Ahora bien, esta postura doctrinal amplía enormemente su campo de aplicación –y pasa a tener una notable trascendencia práctica– si por "tipo contractual" (y por tanto forma del acto) no nos limitamos a los antedichos contratos típicos, sino que entendemos que son tipos contractuales las clasificaciones genéricas de los contratos contenidas tanto en la ley (arts. 1439 a 1443 del CC)[139] y elaboradas por la doctrina con reconocimiento jurisprudencial uniforme[140], así también como las denominadas categorías contractuales[141]. Tales clasificaciones y categorías contractuales sí abarcan en buena medida la totalidad de los actos jurídicos que se celebran en la vida práctica, y en consecuencia pasan de ser de una enorme utilidad. Así entendida, la forma de un contrato se refiere, por ejemplo, si este es unilateral o bilateral, gratuito u oneroso (y en este caso conmutativo o aleatorio), si es de ejecución instantánea, diferida o de tracto sucesivo, etc., todas formas que representan un alto interés para legislación tributaria en orden a establecer si se verificó o no un hecho imponible[142], y por tanto si nació y se hizo exigible una obligación tributaria.

---

139 Vid. López, *Op. Cit.*, t. I, pp. 107 y ss.

140 Vid. López, *Op. Cit.*, t. I, pp. 137 y ss.

141 Vid. López, *Op. Cit.*, t. I, pp. 171 y ss.

142 Yáñez critica el empleo por parte de la NGA del término "hecho imponible" (y no de "hecho gravado"), aunque no le otorga mayor importancia: "Nos parece inapropiado el uso del concepto de 'hecho imponible', en lugar de su sinónimo de "hecho gravado", teniendo en cuenta que este último es el término utilizado en la legislación chilena y, particularmente, en el Código Tributario, donde se introducen estas nuevas normas. La coherencia mínima que puede exigirse a un ordenamiento jurídico es que llame a las cosas por su nombre y que una misma cosa sea siempre llamada de la misma manera, a fin de no confundir

Sin perjuicio de lo expuesto, estimamos que se puede avanzar algo más en el análisis. En efecto, creemos que se deben buscar significados más amplios y omnicomprensivos de la vida práctica jurídica, estimando que es posible enunciar los significados de forma y sustancia con base en la nueva normativa incorporada al CT como a las disposiciones del Código Civil atingentes a la materia.

Para efectos de análisis, se debe considerar que los conceptos de forma y sustancia no son del todo desconocidos por nuestro Código Civil, en cuanto pueden observarse dos grupos de disposiciones que aluden a una o a ambas. El primer grupo está compuesto por una serie de artículos en los que se emplean dichos conceptos en alusión a la composición material de un bien o cosa[143], y que por tanto no son atingentes a la materia en análisis.

El segundo grupo de disposiciones, que sí importan en nuestro estudio, son las que reconocen una sustancia (el CC emplea más usualmente el término "substancia"). Así, por ejemplo, el inciso segundo del art. 1069, sobre interpretación de los testamentos, se afirma que "[p]ara conocer la voluntad del testador se estará más a la *substancia* de las disposiciones que a las palabras de que se haya servido"; el art. 1093, conforme al cual "[s]i el modo, sin hecho o culpa del asignatario, es solamente imposible en la *forma* especial prescrita por el testador, podrá cumplirse en otra análoga que no altere la *substancia* de la disposición";

innecesariamente al intérprete de dicho ordenamiento con cuestiones preliminares como esta. Este reparo puede parecer de mínima cuantía, pero es –a nuestro entender– un reflejo más de la precipitación con la que se han redactado y aprobado estas normas" (Yáñez, *Análisis de la nueva Cláusula General Antielusiva*, *Op. Cit.*, p. 236). Igual crítica realiza Massone, quien afirma que "contrariamente a lo que dice el nuevo texto, las leyes no fijan hechos imponibles, sino hipótesis o, si se prefiere, presupuestos o tipos. La expresión hecho "imponible" ha sido objeto de fundadas objeciones [...]. Por qué usar irreflexivamente esa expresión, si toda nuestra legislación, con batante [sic] menos impropiedad, usa *hecho gravado*" (*Op. Cit.*, t. I, p. 620). Este autor objeta el término "hecho imponible", en sus palabras, "pues el sufijo empleado en la formación del adjetivo, así como otros de la misma familia, denota cualidad de algo que puede llegar a ser, pero que todavía no es. Así *perecible,* por ejemplo, es algo que *puede perecer,* pero que todavía no pereció efectivamente, todavía no está perecido. Otro ejemplo: *tributable* es aquello que puede ser tributado, pero que todavía no lo fue" (*Op. Cit.*, t. II, p. 1451).

143 Así, por ejemplo: el art. 252, relativo al derecho legal de goce que confiere la patria potestad, impone "conservar la *forma y sustancia*" de los bienes del hijo; el art. 764, al definir el derecho de usufructo, dispone que la facultad que él otorga es "con cargo de conservar su *forma y substancia*" de la cosa; en materia de legados, el inciso final del art. 1135 señala que "[s]i el testador altera *substancialmente* la cosa legada mueble, como si de la madera hace construir un carro, o de la lana telas, se entenderá que revoca el legado"; en materia de depósito, el art. 2216 se refiere al error "acerca de la *substancia*, calidad o cantidad de la cosa depositada".

el art. 2054, relativo al contrato de sociedad, cuyo inciso final expresa que "[l]a unanimidad es necesaria para toda modificación *substancial* del contrato, salvo en cuanto el mismo contrato estatuya otra cosa"; el art. 2133, que señala que "[c]uando se da al mandatario la facultad de obrar del modo que más conveniente le parezca, no por eso se entenderá autorizado para alterar la *substancia* del mandato, ni para los actos que exigen poderes o cláusulas especiales"; y el art. 2134, que agrega que "[l]a recta ejecución del mandato comprende no sólo la *substancia* del negocio encomendado, sino los medios por los cuales el mandante ha querido que se lleve a cabo".

Así las cosas, existe una serie de disposiciones del CC en las que se reconoce que todo contrato encierra una sustancia, que, en definitiva, es lo que lo define, y en buena medida es su esencia, o si se quiere, su naturaleza jurídica. Dicha sustancia estará ligada íntimamente con la voluntad de las partes, como expresamente aparece en el citado art. 1069, pero también se ligará con su causa, como se desprende de los arts. 2333 y 2334 relativos al mandato.

Es interesante anotar que existe una disposición del CC en la que expresamente se alude a la sustancia, y que por su redacción la doctrina tradicional la entendía formando parte del primer grupo de normas citadas (esto es, aquellas que se refieren a la composición material de un objeto), pero que la doctrina moderna ha empezado a considerar como parte del segundo grupo de normas (esto es, las que aluden a la sustancia del acto o contrato). Nos referimos al art. 1454, que regula el usualmente denominado error sustancial en los siguientes términos: "El error de hecho vicia asimismo el consentimiento cuando la *sustancia* o calidad esencial del objeto sobre que versa el acto o contrato, es diversa de lo que se cree; como si por alguna de las partes se supone que el objeto es una barra de plata, y realmente es una masa de algún otro metal semejante". Al decir de Lyon, por sustancia de un contrato debemos entender, a partir de esta norma, la "razón intrínseca que lo define como contenido de voluntad para la obtención de ese fin. Esa razón intrínseca, que no es solamente la causa en sí misma, porque la causa es el resultado y esa razón intrínseca de que se habla es el sistema para producirla, incluida ella misma"[144], es a la que alude el art. 1454 del CC.

---

144 Lyon, *Op. Cit.*, p. 212. El mismo autor agrega: "Jurídicamente hablando, podría creerse que la sustancia o calidad esencial del objeto sobre que versa el contrato se refiere al objeto de las obligaciones de las partes, pero esta aseveración es a nuestro juicio equivocada, pues el artículo 1554 [sic] utiliza la expresión 'objeto' en cuanto a su aptitud o habilidad para producir el fin previsto alcanzar por las partes en virtud del contrato y, por ende, el legislador tiene en mente las cualidades de la cosa en tanto son suficientes para satisfacer el interés de los contratantes" (*Op. Cit.*, p. 213).

A nuestro entender, tal argumentación corrobora lo dispuesto en el inciso segundo del mismo artículo 1454 –norma que la doctrina habitualmente afirma que trata del denominado error accidental–, en cuanto se afirma que "[e]l error acerca de otra cualquiera calidad de la cosa no vicia el consentimiento de los que contratan, sino cuando esa calidad es el principal motivo de una de ellas para contratar, y este motivo ha sido conocido de la otra parte". Así, un error no sustancial en principio no tiene mayor trascendencia para el derecho, salvo cuando se refiera a una calidad que fue "el principal motivo" de una de las partes; esto es, su causa de conformidad a la definición del art. 1467 ("motivo que induce al acto o contrato"). Por ende, nos parece claro que para indagar en la sustancia de un contrato resulta ineludible analizar su causa.

Atendido lo anterior, se puede sostener que la forma a la que se refiere el art. 4 bis se liga con lo que, a lo menos en apariencia externa, constituye el objeto del acto o contrato; esto es, el conjunto de derechos, obligaciones y cargas que asumen las partes de una convención. La sustancia, a turno, se liga con la voluntad de las partes y con el o los propósitos o finalidades por ellas perseguidos al contratar o realizar una determinada operación jurídica. Siendo así, con la Norma General Anti Elusión al legislador tributario le interesaría, para determinar si se ha verificado o no un hecho imponible, hacer valer la real voluntad y finalidad o motivos –esto es, la causa– tenidos en cuenta por las partes (que en definitiva es lo que constituye su sustancia) por sobre el objeto aparente y externalizado (esto es, su forma).

A una conclusión similar ha arribado la doctrina española. En efecto, PALAO afirma, en relación con la aplicación del art. 15 de la Ley General Tributaria de España, que su aplicación "equivale a examinar si las normas jurídico-privadas amparan o no la calificación pretendida, a efectos de la aplicación de las normas tributarias –tanto la eludida como la que, en su caso, se pretende aplicar– y, por tanto, desde el punto de vista proporcionado por estas; es decir, si la norma de cobertura da acogida a estos efectos a la configuración jurídica elegida. Se trata evidentemente de un análisis causal del negocio"[145]. De igual forma, CALATAYUD –haciendo una comparación entre la legislación española de 1963 con la que entró en vigencia en 2003– afirma: "tanto el fraude a la ley tributaria como el conflicto en la aplicación de la norma tributaria son una misma cosa: cláusulas generales que pretenden luchar contra la elusión fiscal, cláusulas que deben partir de la teoría de la causa de los negocios jurídicos y cláusulas que permiten

---

145 PALAO, *La aplicación...*, *Op. Cit.*, p. 176.

constatar la verdadera naturaleza o realidad de los negocios jurídicos realizados por los particulares"[146].

Como es claro, por regla general la sustancia va a coincidir con la forma de los hechos, actos y negocios de los contribuyentes, y por ello el legislador debe partir de dicha premisa. Ello es precisamente lo que explica al inciso segundo del art. 4 bis, en cuanto dispone que "[e]l Servicio deberá reconocer la buena fe de los contribuyentes. La buena fe en materia tributaria supone *reconocer los efectos que se desprendan de los actos o negocios jurídicos o de un conjunto o serie de ellos, según la forma en que estos se hayan celebrado por los contribuyentes*".

Por el contrario, si la voluntad (primer aspecto de la sustancia) declarada o externalizada no coincide con la voluntad real, podríamos estar frente a una simulación, primera hipótesis de elusión a que se refiere el art. 4 bis y que se regula en detalle en el art. 4 quáter. Por su lado, si la finalidad o propósito de las partes, ese motivo que las indujo a celebrar el contrato, esto es, su causa (segundo aspecto de la sustancia) no se encuentra acorde con el ordenamiento jurídico, podríamos estar frente a un "abuso de las formas jurídicas", segunda hipótesis de elusión a que se refiere el art. 4 bis y que se regula en detalle en el art. 4 ter.

Como se puede observar, la sustancia –y por ende naturaleza jurídica– que primará por sobre la forma empleada por los contribuyentes es de orden esencialmente subjetivo; por lo mismo para la declaración judicial de existencia de abuso o simulación precisamente deberá ser pronunciada en la medida que se acredite una mala fe de orden subjetivo. Esto, que a nuestro entender resulta de toda evidencia, ha sido puesto en duda por el SII en su Circular 65, en cuanto afirma que el abuso y la simulación se rigen por un sistema de responsabilidad objetivo, cuestión errada y contraria a la Norma General Anti Elusión incorporada recientemente a nuestra legislación. Atendida la trascendencia de la materia, la misma será objeto de un análisis particular en un capítulo posterior.

---

146 Calatayud, *Op. Cit.*, p. 9. El mismo autor agrega que "podemos afirmar –conjugando los conceptos de economía de opción y de elusión fiscal con el elemento de causa del negocio jurídico– que en la economía de opción no existe ningún tipo de vicio en la causa, ya que los motivos de ahorro fiscal, al ser propósitos absolutamente válidos y legítimos, permanecen ajenos a la causa y no dan lugar, por tanto, a la ilicitud de la misma. Por el contrario en los supuestos de elusión fiscal –ya sea un supuesto de fraude de ley, ya sea un supuesto de abuso de las formas jurídicas, ya sea un supuesto de conflicto en la aplicación de las normas tributarias– se produce siempre una desnaturalización de la causa, desnaturalización, vicio, o manipulación que permitirá a la Administración tributaria acudir a aquel tipo negocial que se adecue a la finalidad práctico-social-económica del mismo, esto es, a la verdadera causa del negocio jurídico" (p. 15).

3. DE LA PRESCINDENCIA DE LA "DENOMINACIÓN" DE LOS "HECHOS, ACTOS O NEGOCIOS REALIZADOS" POR LOS CONTRIBUYENTES

El inciso primero del art. 4 bis agrega que "[l]as obligaciones tributarias establecidas en las leyes que fijen los hechos imponibles, nacerán y se harán exigibles con arreglo a la naturaleza jurídica de los hechos, actos o negocios realizados, *cualquiera sea la [...] denominación* que los interesados le hayan dado [...]".

Como es claro, lo que la ley señala en lo que respecta a la prescindencia de la denominación de los hechos, actos o negocios de los contribuyentes, no es más que un corolario del mandato consistente en tener que atenerse a la naturaleza jurídica de ellos.

La verdad sea dicha, ello no constituye ninguna novedad en nuestro ordenamiento jurídico –y por lo mismo estimamos que no requiere de un mayor desarrollo–, en atención a que siempre se ha entendido que la calificación de un acto o contrato no pasa por el nombre o denominación con que las partes lo hubieren "bautizado", sino que, ineludiblemente, se debe atender a la real voluntad, objeto y causa del negocio jurídico. Los contratos son lo que son y no necesariamente lo que las partes dicen que son.

En este sentido, ALESSANDRI, citando a GUILLOUARD, expresa que "[e]sta condición de que el precio consista en dinero, constituye una condición esencial del contrato de venta que no depende de las partes modificarla dando al contrato, por ejemplo, la calificación formal de venta cuando una cosa se da en cambio de otra. Los contratos deben ser apreciados según los elementos que los constituyen realmente"[147]. En idéntico sentido, LÓPEZ SANTA MARÍA afirma que "[l]a calificación de un contrato consiste en establecer su naturaleza jurídica, encuadrándolo en alguno de los tipos definidos por la ley, sobre la base de la esencia de las circunstancias que configuran el contrato, *prescindiendo de la denominación que las partes hayan empleado*"[148].

Este ha sido, por lo demás, el uniforme entendimiento de la jurisprudencia nacional. En uno de los últimos pronunciamientos sobre la materia, la Excma. Corte Suprema resolvió que "puede estimarse que lo habitual es que los conceptos y las instituciones jurídicas tengan un nombre que revela su contenido y corresponda,

---

147 ALESSANDRI RODRÍGUEZ, Arturo, *De la Compraventa y de la Promesa de Venta*, t. I, v. I, Editorial Jurídica de Chile, 2003, p. 251.

148 LÓPEZ SANTA MARÍA, *Op. Cit.*, t. I, pp. 141-142.

por tanto, aplicarles el respectivo estatuto regulador, pero suele ocurrir que las partes, y aun el propio legislador, implanta un nombre que no corresponde al contenido o naturaleza de lo regulado. En estas circunstancias, cuando deba procederse a la calificación, ella ha de emprenderse objetivamente, examinando el respectivo contenido y naturaleza, con prescindencia de la denominación o, a lo más, considerando el nombre como otro factor, no necesariamente decisivo"[149].

4. DE LA PRESCINDENCIA DE "LOS VICIOS O DEFECTOS" QUE PUDIERAN AFECTAR A LOS "HECHOS, ACTOS O NEGOCIOS REALIZADOS" POR LOS CONTRIBUYENTES

El inciso primero del art. 4 bis termina por expresar lo siguiente: "Las obligaciones tributarias establecidas en las leyes que fijen los hechos imponibles, nacerán y se harán exigibles con arreglo a la naturaleza jurídica de los hechos, actos o negocios realizados [...], *prescindiendo de los vicios o defectos que pudieren afectarle*".

En relación con la materia, cabe primeramente recordar que, derivado del principio de especialidad de la legislación tributaria, el art. 108 del CT dispone: "*Las infracciones a las obligaciones tributarias no producirán nulidad de los actos o contratos en que ellas incidan*, sin perjuicio de la responsabilidad que corresponda, de conformidad a la ley, a los contribuyentes, ministros de fe o funcionarios por el pago de los impuestos, intereses y sanciones que procedan". Por ende, el que un determinado acto o hecho se estime que no se adecúa plenamente a la normativa tributaria, en caso alguno significa que tal acto o hecho es *per se* ilícito o antijurídico desde la perspectiva civil, ni tampoco que constituye un indicio para invalidar el acto o contrato. Como se sabe, el art. 108 del CT viene a ser una concreción del principio más general consagrado en el art. 4 del mismo Código, que expresa que "[l]as normas de este Código solo rigen para la aplicación o interpretación del mismo y de las demás disposiciones legales relativas a las materias de tributación fiscal interna a que se refiere el artículo 1°, y *de ellas no se podrán inferir*, salvo disposición expresa en contrario, *consecuencias para la aplicación, interpretación o validez de otros actos, contratos o leyes*". Así, se descarta por completo que los pronunciamientos en materias tributarias generen una proyección prejudicial que pudiere hacerse valer en procesos posteriores relativos a otras

149 Excma. Corte Suprema, sentencia de fecha 8 de octubre de 2015, dictada en autos Rol N° 27.802-2014.

materias, cuestión que la LRT cuidó de reafirmar al señalar que regula el abuso "en materia tributaria" (art. 4 ter) y la simulación "para efectos tributarios"[150].

Pues bien, se aprecia que el art. 4 bis del CT, en la parte destacada, vino –a lo menos en principio– a establecer el principio contrario, en cuanto se afirma que "los vicios o defectos" de los actos o negocios de los contribuyentes no serán tomados en cuenta a efecto de establecer su naturaleza jurídica, lo que en definitiva es a lo que se debe estarse a fin de verificar si nació y se hizo exigible una obligación tributaria.

Para adentrarnos en el análisis de este tema, es pertinente recordar que los "vicios o defectos" de un acto jurídico[151] se sancionan, en términos generales, con la ineficacia del mismo, lo que se traduce primera y principalmente en la nulidad absoluta (y para algunos, en ciertos casos, la denominada inexistencia[152])

150 "Por último, también es posible que el legislador limite la declaración del derecho a un determinado ámbito, sin reconocer a la sentencia una proyección prejudicial. Esta técnica ha sido aceptada por la Ley N° 20.780, de 29 de septiembre de 2014, sobre Reforma Tributaria al incorporar normas contra la elusión. En esos preceptos se admite expresamente que se pueda realizar una declaración de simulación "para el solo efecto tributario", sin que ello afecte la validez de los actos y contratos cuestionados por el Servicio de Impuestos Internos ante los Tribunales Tributarios y Aduaneros. En rigor, en este tipo de situaciones de lo que se trata es obtener una declaración judicial acerca de la comisión de ciertos ilícitos, como, el fraude, el abuso del derecho o de la personalidad jurídica, situaciones que se pueden generar a partir de la existencia de actos que para otros efectos jurídicos son válidos" (ROMERO SEGUEL, Alejandro, *La prejudicialidad en el proceso civil*, en Revista Chilena de Derecho, vol. 42 N° 2, 2015, pp. 460-461).

151 Aunque no de muy habitual empleo, la asimilación de los términos "vicio" y "defecto" como causales de nulidad no es extraña a nuestro ordenamiento jurídico. Emplea dichas voces, como sinónimas, el inciso segundo del art. 923 del CC, sobre juicios posesorios; por su parte, el art. 1073 del mismo cuerpo legal alude al "defecto en su forma" como causal de nulidad de un testamento; a su turno, en el art. 13 del Reglamento del Registro Conservatorio de Bienes Raíces del año 1857 (dictado por disposición del art. 695 del CC), se alude a "algún vicio o defecto que lo anule absolutamente [al título que se pretende inscribir]".

152 Es bien conocido el debate y fundamentos con base en los cuales se discute acerca de si el Código Civil reconoce o no a la inexistencia jurídica como una sanción de ineficacia con características propias (entre otras, que opera de pleno derecho, de carácter insanable e imprescriptible), todo lo cual se encuentra debidamente tratado en VIAL DEL RÍO, Víctor, *Teoría General del Acto Jurídico*, Editorial Jurídica de Chile. Quinta Edición, 2007, pp. 164 y ss. Un tratamiento distinto al sustentado por la doctrina tradicional se encuentra en RODRÍGUEZ GREZ, Pablo, *Inexistencia y nulidad en el Código Civil chileno. Teoría Bimembre de la nulidad*, Editorial Jurídica de Chile, 1995, siendo un reciente y novedoso aporte el desarrollado por Jorge BARAONA GONZÁLEZ en su obra *La Nulidad de los Actos Jurídicos* (Ed. Universidad Javeriana, Bogotá, 2012). En relación con este interesante debate doctrinal, estimamos que la historia fidedigna de las normas sobre nulidad permite aclarar la materia,

o relativa del actos en los términos de los arts. 1681 y siguientes del CC, sin perjuicio de que sea posible la aplicación de otra sanción de ineficacia, como lo es la inoponibilidad en sus más variadas especies.

---

en orden a que en nuestro ordenamiento nulidad absoluta e inexistencia son lo mismo y se rigen por las mismas reglas. Al respecto, es primeramente pertinente considerar que el Código Civil francés, principal modelo seguido por Bello, reconoce una sola clase de nulidad, denominada comúnmente anulabilidad, cuyas principales causales son el error, la fuerza, el dolo y la lesión, y que por tanto corresponde a nuestra nulidad relativa, al punto que, al igual que ella, es susceptible de sanearse por ratificación y por el lapso del tiempo, y solo puede ser demandada por determinadas personas. Frente a la ausencia de otro régimen de nulidad para casos más extremos o radicales (*v. gr.* por actos contrarios al orden público y a las buenas costumbres, o bien de absolutamente incapaces), la doctrina francesa elaboró otra sanción de ineficacia más radical y que operase sin texto expreso: a ello le denominaron inexistencia, nulidad radical, nulidad de pleno derecho o nulidad absoluta, todos términos sinónimos. Así, evidentemente Bello se apartó del *Code* en esta materia, pues a diferencia de él reguló dos clases de nulidad: la absoluta y la relativa (anulabilidad), cuidando de establecer respecto de la primera las mismas causales contempladas por la doctrina francesa como casos de inexistencia, nulidad de pleno derecho, nulidad radical o nulidad absoluta. Por ende, si bien la nulidad absoluta (o inexistencia, como la denomina la doctrina francesa) es la misma en los Códigos Civiles chileno y francés en lo que toca a sus causales, es diametralmente opuesta en lo que respecta a sus efectos, atendido que en definitiva en el Código de Bello se dispuso expresamente en el artículo 1683 que la nulidad absoluta se podría sanear por el transcurso de 10 años. Lo recién expuesto –en orden a que en nuestro ordenamiento nulidad absoluta e inexistencia son lo mismo– se ve refrendado por la historia fidedigna del establecimiento del art. 1683 dicha disposición. En efecto, originalmente en el Proyecto de 1842 se establecía, siguiendo al efecto la doctrina francesa, que "*La nulidad absoluta [...] no puede sanearse ni por el lapso del tiempo ni por la ratificación de las partes*"; luego, en el Proyecto de 1853 se mantuvo la misma disposición, pero se agregó un segundo inciso, que disponía que "*No podrá, sin embargo, alegarse [la nulidad absoluta] contra una posesión pacífica que haya durado treinta años*". Sin embargo, esta norma sufrió una modificación radical en el denominado Proyecto Inédito, pues en él, además de eliminarse el inciso segundo incorporado por el Proyecto de 1853, modificó el primer inciso, indicándose en lo que interesa que "*La nulidad absoluta [...] no puede sanearse por la ratificación de las partes, ni por un lapso de tiempo que no pase de treinta años*". Esta fue la disposición que en definitiva quedó plasmada en el Código Civil, y que se mantiene inalterada hasta nuestros días, salvo la reducción del plazo (de 30 años a 10 años) dispuesta por la Ley N° 16.952 de 1968. Por ende, es de toda evidencia que en una decisión consciente del codificador, nuestro ordenamiento se apartó del modelo francés y, en consecuencia estableció que la nulidad absoluta (inexistencia para la doctrina francesa) no podría ser alegada transcurrido un determinado plazo (primero de treinta años, y después de diez años). Si bien se ha discutido en la doctrina nacional si el plazo de diez años del artículo 1683 debe ser entendido como uno de saneamiento, de prescripción o de caducidad de la acción, para todos los efectos prácticos ello es manifiestamente indiferente, pues siempre se concluirá que la inexistencia y la nulidad absoluta no pueden ser alegadas transcurridos diez años. Cabe hacer presente que este ha sido, en general, el entendimiento de la materia por parte de la jurisprudencia nacional sobre la materia, en

En este contexto, el sentido de esta frase del art. 4 bis no parece ser otro que, en el respectivo juicio de declaración de abuso o simulación, los contribuyentes puedan oponer una excepción de nulidad[153] del hecho, acto o negocio, a fin de salvar su responsabilidad tributaria.

Ahora bien, es importante tener en cuenta que, pese a sus amplios términos, la disposición conforme a la cual para aplicar la ley tributaria –y en particular determinar el nacimiento y exigibilidad de una obligación tributaria– se debe prescindir "de los vicios y defectos que pudieren afectarle [al hecho, acto o negocio]" requiere ser matizada en razón de diversos motivos:

i. Un primer matiz o limitación de la referida prescindencia es del todo evidente: para dar aplicación a la Norma General Anti Elusión resulta ineludible que el acto o contrato no solo se haya celebrado, sino que, además, se debe haber ejecutado en los hechos, produciendo efectivamente los efectos elusivos.
   En efecto, la normativa en análisis es sumamente clara al establecer que el abuso y la simulación son "tipos de resultado", esto es, para dar lugar a la correspondiente responsabilidad tributaria resulta imprescindible, en general, que los hechos, actos o negocios se hayan realizado, o lo que es lo mismo, ejecutado (art. 4 bis); y en particular, es ineludible que efectivamente se haya evitado total o parcialmente la realización del hecho gravado, o se haya disminuido la base imponible o la obligación tributaria, o se haya realmente postergado o diferido su nacimiento (art. 4 ter del CT, que regula la hipótesis de elusión por abuso); o bien que realmente se haya disimulado la configuración del hecho gravado del impuesto o la naturaleza de los elementos constitutivos de la obligación tributaria (art. 4 quáter del CT, que regula la hipótesis de elusión por simulación)[154].

---

cuanto ha resuelto, por ejemplo, que "en el Código Civil se confunden ambos efectos de la carencia de requisitos de existencia y de validez, de manera que no hay inconveniente para denominar nulidad absoluta a la inexistencia" (Corte Suprema, *RDJ*, t. LI, segunda parte, sec. 1°, p. 483).

153 Vid. ALESSANDRI BESA, Arturo, *La nulidad y la Rescisión en el Derecho Civil chileno*, tercera edición actualizada, Editorial Jurídica de Chile, 2010, pp. 592 y ss.

154 En igual sentido se pronuncia MASSONE, quien afirma que "La elusión tributaria no constituye un problema de *trayectos* sino de *resultados*" (*Op. Cit.*, t. I, p. 566). Este autor agrega que de conformidad a lo dispuesto en el art. 4 ter del CT, "para que exista abuso, debe haber efectos tributarios para el contribuyente o un tercero. Esos efectos deben ser favorables para alguna de las dos personas indicadas (el contribuyente o un tercero), sin que sea concebible que

ii. En línea con lo anterior, un segundo matiz o limitación de la "prescindencia de vicios o defectos" está dada por el hecho de que, con posterioridad a su ejecución, el acto o contrato mediante el cual se concretó la elusión sea declarado nulo por sentencia judicial firme. En efecto, el principal efecto de la nulidad –sea esta absoluta o relativa– se encuentra consagrado en el art. 1687 del CC, norma que dispone en su inciso primero que "[l]a nulidad pronunciada en sentencia que tiene la fuerza de cosa juzgada, da a las partes derecho para ser restituidas al mismo estado en que se hallarían si no hubiese existido el acto o contrato nulo [...]"; y consecuencial a ello es que, en tal sentido, el art. 1567, inciso segundo, N° 8 señala que "[l]as obligaciones se extinguen además en todo o parte: [...] 8.° Por la declaración de nulidad o por la rescisión".

Como bien observa González, esta limitación no es extraña en la legislación tributaria, como lo comprueba, por ejemplo el art. 21 N° 2 de la Ley sobre Impuestos a las Ventas y Servicios (D.L. N° 825 de 1974), en cuanto autoriza a deducir del débito fiscal determinado en el IVA, las cantidades restituidas al comprador cuando una venta o promesa de venta de bienes corporales inmuebles "queden sin efecto por resolución, resciliación, *nulidad* u otra causa [...]"[155].

En consecuencia, pronunciada judicialmente la nulidad del acto o contrato con base en el cual se declaró el abuso o la simulación, se entiende que tal acto o contrato jamás tuvo existencia, con lo cual evidentemente desaparece el acto elusivo[156]. En tal hipótesis tampoco existió ni nació ninguna obligación tributaria, razón por la cual el contribuyente tiene derecho a obtener el reembolso de los tributos pagados a causa de una condena por abuso o

haya un abuso que no los produzca o que produzca un efecto favorable al fisco. Incluso, esos efectos favorables para el particular, pierden relevancia para configurar el abuso, si los actos o negocios jurídicos producen resultados o efectos jurídicos o económicos no tributarios relevantes para el contribuyente o un tercero" (*Op. Cit.*, t. I, p. 567).

155 González, *Reflexiones ..*, *Op. Cit.*, p. 238. Este autor afirma que los actos o negocios jurídicos gravados "tributarán incluso cuando frente al derecho civil resulten ineficaces y siempre en la medida, claro está, de que los tribunales competentes no hubieren declarado tal ineficacia, en cuyo caso la Administración fiscal deberá reconocer las consecuencias jurídico-tributarias que de ello se derivan".

156 En el mismo sentido, Yáñez expresa: "En cualquier caso, la posterior declaración de nulidad en sede judicial de un acto viciado o defectuoso debiera primar, a nuestro entender, sobre lo dispuesto en este artículo, en la medida que una declaración de nulidad tiene efectos en todos los ámbitos del derecho, incluido el tributario" (Yáñez, *Análisis de la nueva Cláusula General Antielusiva*, *Op. Cit.*, p. 237). En términos idénticos se pronuncia Massone (*Op. Cit.*, t. I, p. 622).

simulación, ya que ello configuraría un pago de lo no debido al Fisco, siendo aplicables las disposiciones contenidas sobre la materia en los arts. 2295 y siguientes del CC (y en especial el art. 2297, conforme al cual "[s]e podrá repetir aun lo que se ha pagado por error de derecho, cuando el pago no tenía por fundamento ni aun una obligación puramente natural").

Avanzando un paso en el análisis, se debe recordar que por operar con efecto retroactivo la nulidad judicialmente declarada da acción en contra de terceros, en los términos del art. 1689 del CC: "La nulidad judicialmente pronunciada da acción reivindicatoria contra terceros poseedores; sin perjuicio de las excepciones legales". Si bien la norma se centra en la acción de dominio que se puede dirigir contra los poseedores, lo cierto es que ella encierra un principio de aplicación general, como es que todo quien recibió algo a título de –o fundado en– el acto o contrato nulo tiene el deber de restituirlo; y ese sería precisamente el caso del Fisco respecto de los tributos pagados a causa de una elusión declarada con base en un acto cuya nulidad fue pronunciada judicialmente.

A fin de hacer efectiva dicha restitución en la práctica, resulta pertinente considerar que la misma requiere ser judicialmente pronunciada también[157]. Por esta razón, conforme lo habilita el art. 18 del Código de Procedimiento Civil, resulta conveniente demandar la restitución al Fisco en la misma demanda en la que se ejerza la acción de nulidad[158].

En el evento de que en el mismo juicio de nulidad no se hubiere demandado el reembolso al Fisco deberá iniciarse un nuevo proceso judicial a tal efecto. En este el contribuyente debería ejercer la acción que emana del principio consagrado en el art. 1689 del CC o bien –o subsidiariamente, en los términos del art. 17 del Código de Procedimiento Civil–, la acción *in rem verso* a fin de eliminar el enriquecimiento sin causa por parte del Estado[159].

---

157 Vid. Alessandri Besa, *Op. Cit.*, p. 352. Este autor observa que la necesidad de declaración judicial para proceder a la reivindicación (o en general, a la restitución o reembolso) se encuentra en el efecto relativo de las sentencias judiciales consagrado en el inciso 2° del art. 3 del CC, y cita fallos de la Corte Suprema en tal sentido (vid. *RDJ*, t. XXII, segunda parte, sec. Primera, p. 447).

158 Se debe observar que algunos autores, centrando eso sí el análisis en la acción reivindicatoria y no en una acción restitutoria o de reembolso, afirman que no solo se puede, sino que se debe demandar en el mismo juicio de nulidad al terceros (vid. Romero Seguel, Alejandro, *Curso de Derecho Procesal Civil*, Editorial Jurídica de Chile, t. I, 2006, pp. 115 y ss.

159 Uno de los principios generales más relevantes del derecho es el que prohíbe el enriquecimiento sin causa (también denominado enriquecimiento injusto o enriquecimiento

Finalmente, se podría sostener que todo lo recién dicho es plenamente aplicable al caso de que las partes hayan convenido resciliar el acto o contrato, pues el mutuo disenso tiene, precisamente, por objeto "dar por nula" las obligaciones, conforme a lo dispuesto en el art. 1567 del CC. Desde luego, una resciliación previa a la declaración de abuso o simulación impide un pronunciamiento de existencia de elusión. Con todo, no acontecerá lo mismo con una resciliación posterior a la declaración judicial de abuso o simulación, atendido que, a diferencia de la nulidad, la resciliación únicamente opera hacia el futuro y no con efecto retroactivo[160].

iii. Por último, es importante considerar que existe un vicio o defecto del cual no puede "prescindirse", como es la omisión de una "solemnidad prevista por la ley"[161]. Ello es así por disponerlo expresamente el inciso 15° del art. 132 del CT (norma plenamente aplicable a los juicios de declaración de existencia de abuso o simulación, conforme lo señala el inciso final del art. 160 bis). Dicha norma señala que "[n]o obstante lo anterior [apreciación de la prueba conforme a las reglas de la sana crítica], los actos o contratos solemnes *sólo podrán ser acreditados por medio de la solemnidad prevista por la ley* [...]". Así, un nuevo límite a la prescindencia a la que se refiere el art. 4 bis se encuentra en los actos y contratos en que, siendo solemnes en los términos del art. 1443 del CC[162], la solemnidad ha sido omitida dando lugar a una nulidad absoluta conforme al art. 1682 del mismo cuerpo normativo[163]. Lo anterior se traduce en que si el acto o contrato

---

indebido), que en síntesis consiste en una atribución patrimonial sin una justificación que la explique, de modo que, constatado, se impone la obligación de restituir. Para reparar esta injusta lesión solo cabe un remedio: dotar a la víctima de una acción para obtener la reparación contra el injustamente enriquecido y reputar el enriquecimiento sin causa como una fuente de obligaciones. Esta acción se denomina *in rem verso* (Vid. PEÑAILILLO ARÉVALO, Daniel, *Obligaciones*, Editorial Jurídica de Chile, 2006, pp. 102 y ss.).

160 ABELIUK MANASEVICH, *Las Obligaciones*, cuarta edición actualizada y aumentada, Editorial Jurídica de Chile, 2003, p. 1044.

161 Lo que se dirá a continuación únicamente rige respecto de las solemnidades cuya fuente directa es la ley, y por tanto no resulta aplicable a las solemnidades convencionales, cuyo ejemplo arquetípico se encuentra en el art. 1802 del CC, sobre compraventa.

162 El art. 1443 del CC dispone que un contrato "es solemne cuando está sujeto a la observancia de ciertas formalidades especiales, de manera que sin ellas no produce ningún efecto civil".

163 El art. 1682 del CC dispone que "[l]a nulidad producida [...] por la omisión de algún requisito o formalidad que las leyes prescriban para el valor de ciertos actos o contratos

por medio del cual el SII pretende demostrar la existencia de un abuso o simulación es de naturaleza solemne (*v. gr.* la venta de bienes raíces o de una sucesión hereditaria conforme al art. 1801, inciso 2° del CC), pero se omitió la solemnidad prevista por la ley (en el ejemplo, el otorgamiento de la venta por escritura pública), el juez no podrá declarar el abuso o la simulación, ya que se encuentra impedido de tener por acreditado el acto que sería la base de la elusión.
Se debe destacar que la limitación consagrada en el inciso 15° del art. 132 del CT no es de carácter meramente adjetiva, en cuanto, a nuestro entender, la misma encuentra en una norma probatoria sustantiva (*decisorio litis*) de aplicación más general, como es el art. 1701 del CC, cuyo inciso primero dispone que "[l]a falta de instrumento público no puede suplirse por otra prueba en los actos y contratos en que la ley requiere esa solemnidad; y se mirarán como no ejecutados o celebrados aun cuando en ellos se prometa reducirlos a instrumento público dentro de cierto plazo, bajo una cláusula penal: esta cláusula no tendrá efecto alguno".

Por todo lo anteriormente expuesto, se concluye que, al sostener la ley que las obligaciones tributarias nacerán y se harán exigibles "prescindiendo de los vicios y defectos que pudieren afectarle [al hecho, acto o negocio]", ello debe ser bajo el entendido de que el acto o contrato se haya ejecutado efectivamente, que el mismo no haya sido declarado nulo por sentencia judicial, y que el vicio o defecto no sea la omisión de una solemnidad prevista por la ley. De lo contrario, no cabe prescindencia alguna de los vicios o defectos.

---

en consideración a la naturaleza de ellos, y no a la calidad o estado de las personas que los ejecutan o acuerdan, son nulidades absolutas".

5. BUENA FE DEL CONTRIBUYENTE. DEBER DE SU RECONOCIMIENTO POR PARTE DEL SII. LA ELUSIÓN COMO LÍMITE A LA BUENA FE

En sus incisos segundo y tercero el art. 4 bis del CT trata de manera expresa el principio de la buena fe del contribuyente, y el deber del SII de tener que reconocer dicha buena fe. Establece, además, el límite a la buena fe (o si se quiere, lo que constituye mala fe): la elusión. Dichas disposiciones señalan expresamente lo siguiente:

> "El Servicio deberá reconocer la buena fe de los contribuyentes. La buena fe en materia tributaria supone reconocer los efectos que se desprendan de los actos o negocios jurídicos o de un conjunto o serie de ellos, según la forma en que estos se hayan celebrado por los contribuyentes.
> No hay buena fe si mediante dichos actos o negocios jurídicos o conjunto o serie de ellos, se eluden los hechos imponibles establecidos en las disposiciones legales tributarias correspondientes. Se entenderá que existe elusión de los hechos imponibles en los casos de abuso o simulación establecidos en los artículos 4° ter y 4° quáter, respectivamente".

Son varios los comentarios que se deben realizar respecto de estas disposiciones, los que pasamos a desarrollar a continuación.

5.1. Consideraciones generales

Como se sabe, y por lo demás como expresamente lo indica el SII en su Circular 65, la protección de la buena fe constituye un principio general del derecho[164], al cual incluso se le reconoce una jerarquía superior por sobre otros principios[165].

---

164 En particular, la Circular 65 expresa que "[e]l principio de la buena fe irradia en todo el Derecho, pues constituye un supuesto del ordenamiento jurídico y se manifiesta de distintas maneras dependiendo del área del derecho de que se trate" (p. 7).

165 En este sentido, Fueyo afirma que "[e]n síntesis, tratándose de la buena fe no sólo estamos frente a un principio general de aplicación amplia o extendida, sino que ante algo con capacidad potencial para introducirse en importantes figuras jurídicas y aportar en ellas un elemento estructural trascendente. Esto confiere, notablemente, fuerza y jerarquía al principio general de la buena fe, colocándolo por encima de otros principios generales y haciéndole merecedor del más alto nivel entre los órdenes jurídicos generales. Por lo mismo, se merece el nombre de *principio general superior*" (Fueyo Laneri, Fernando, *Instituciones de Derecho Civil Moderno*, Editorial Jurídica de Chile, Santiago, 1990, p. 160).

En cuanto principio general, la buena fe cumple con la función informadora del ordenamiento jurídico[166], integradora del mismo[167] e interpretativa de las normas legales[168].

Adicionalmente, y sin perjuicio de lo que se dirá más adelante, la buena fe cumple una serie de funciones particulares, entre las que cabe destacar el operar como un límite al ejercicio de los derechos subjetivos (lo que da lugar a la doctrina del abuso del derecho), como prohibición de contravenir los propios actos, como protección del error excusable, como protección de la apariencia, y como patrón de conducta exigible[169].

Atendidas las múltiples funciones que la buena fe cumple en todos los campos del ordenamiento jurídico, constituye un concepto que no resulta recomendable que sea definido –pues ello podría implicar limitar su inmenso ámbito de aplicación, contraviniendo así su propia naturaleza–, aunque existe pleno consenso en que se trata de un principio que evoca y se vincula con una serie de valores, como lo son la honradez, la corrección, la rectitud, la veracidad, la confianza legítima, la coherencia y la racionalidad.

Sin perjuicio de ello, la Ley de Reforma Tributaria intentó un concepto de la buena fe para efectos de consagrar la Norma General Anti Elusión, empleando al respecto una definición positiva y otra negativa.

166 En palabras de FERREIRA RUBIO, "la buena fe, por su contenido valioso, por su profunda conexión con la realidad de la sociedad, por encarnar las ideas morales básicas respetadas por el grupo, desempeña un papel importantísimo como principio rector de la conducta compartida. Encarnando esta significación actúa respecto al Derecho como principio informador de lo jurídico, en general, y de las normas concretas, en particular" (FERREIRA RUBIO, Delia Matilde, *La Buena fe. El principio general en el Derecho Civil*, Editorial Montecorvo, 1984, p. 181).

167 La función integradora de la buena fe, conforme apunta BETTI, se manifestará tanto en un aspecto negativo como positivo. Bajo un aspecto puramente negativo, la buena fe se presenta como una obligación de respeto, de conservación de la esfera de los intereses ajenos. Por su parte, desde una perspectiva positiva, la buena fe impondrá una activa colaboración encaminada a promover los intereses del cocontratante, de lo cual surgirán deberes jurídicos para los sujetos (BETTI, Emilio, *Teoría general de las obligaciones*, Tomo I, Editorial Revista de Derecho Privado, Madrid, 1969, pp. 71 y ss.).

168 Como expresa FUEYO, "[l]os valores de corrección, honestidad, lealtad y justicia que orienta e impulsa el principio general de la buena fe, permiten al juez, con flexibilidad, creatividad y sano espíritu, la fijación del genuino sentido que ha de darse a la norma positiva en definitiva" (*Instituciones...*, *Op. Cit.*, p. 161).

169 Vid. BOETSCH GILLET, Cristián, *La Buena Fe Contractual*, Editorial Jurídica de Chile, 2014, pp. 64 y ss.

En su definición positiva el art. 4 bis señala en su inciso segundo que "[l]a buena fe en materia tributaria supone reconocer los efectos que se desprendan de los actos o negocios jurídicos o de un conjunto o serie de ellos, según la forma en que estos se hayan celebrado por los contribuyentes". Ello se traduce, empleando los ya analizados términos del inciso primero de la misma disposición, que la buena fe impone partir de la base de que en los hechos, actos y negocios de los contribuyentes existe una plena coincidencia entre su naturaleza jurídica y su forma.

A su turno, desde una perspectiva negativa –que vale como concepto de mala fe en materia tributaria–, el mismo art. 4 bis dispone en su inciso tercero que "[n]o hay buena fe si mediante dichos actos o negocios jurídicos o conjunto o serie de ellos, se eluden los hechos imponibles establecidos en las disposiciones legales tributarias correspondientes. Se entenderá que existe elusión de los hechos imponibles en los casos de abuso o simulación establecidos en los artículos 4° ter y 4° quáter, respectivamente".

Como es claro, existe una evidente conexión entre uno y otro concepto. Por ahora, lo que interesa destacar es que, en materia tributaria, la buena fe del contribuyente da cuenta de un obrar lícito, que no da lugar a responsabilidad tributaria ni es susceptible de ser revisado administrativa ni judicialmente. Así, la buena fe se nos presenta como la regla general, que posee un amplio y basto contenido.

Por el contrario, en materia tributaria la mala fe constituye un concepto restringido y excepcional, en cuanto ella únicamente se configura en la medida de que se concrete una elusión, acto ilícito, y que exclusivamente puede existir en la medida que se declare judicialmente una hipótesis de abuso o de simulación, en los términos que expresamente disponen las normas que regulan dichas figuras.

Por tanto, no habiendo elusión, necesariamente hay un obrar de buena fe y lícito, y así lo debe reconocer el SII.

5.2. Deber de reconocimiento de la buena fe del contribuyente y sus implicancias

Una lectura superficial del art. 4 bis del CT podría llevar a concluir que es redundante, en cuanto su inciso segundo sostiene que "[e]l Servicio deberá reconocer la buena fe de los contribuyentes"[170], para luego disponer, en su inciso final, que

170 Yáñez critica la ubicación de esta norma por los siguientes motivos: "Aun cuando la ubicación de esta norma se explica por su posterior vinculación con la elusión tributaria, creemos que el lugar más apropiado para esta normativa debió ser el estatuto de derechos o garantías

"[c]orresponderá al Servicio probar la existencia de abuso o simulación en los términos de los artículos 4° ter y 4° quáter, respectivamente".

Si bien existe una evidente vinculación entre los preceptos recién señalados –en cuanto el deber de probar por el SII la elusión (o mala fe) es una clara consecuencia del deber de reconocer la buena fe– la verdad es que sus ámbitos de aplicación son diversos.

En efecto, las presunciones legales tienen importancia en el campo probatorio, en cuanto constituyen normas que establecen qué parte de un juicio deberá acreditar un determinado hecho. En este sentido, se debe recordar que el art. 47 del CC dispone que "[s]e dice presumirse el hecho que se deduce de ciertos antecedentes o circunstancias conocidas. Si estos antecedentes o circunstancias que dan motivo a la presunción son determinados por la ley, la presunción se llama legal" (inciso primero). "Se permitirá probar la no existencia del hecho que legalmente se presume, aunque sean ciertos los antecedentes o circunstancias de que lo infiere la ley; a menos que la ley misma rechace expresamente esta prueba, supuestos los antecedentes o circunstancias" (inciso segundo). Como es claro, en materia tributaria la ley presume la buena fe del contribuyente, y precisamente por ello es que el inciso final del art. 4 bis del CT pone de cargo del SII acreditar la elusión o mala fe.

Por su lado, y sin perjuicio de que la legislación común emplea el término reconocimiento para las más variadas materias y efectos[171], siempre y en todo

---

del contribuyente (artículo 8 bis), lo cual permitiría –de paso– tutelarlo adecuadamente" (YÁÑEZ, *Análisis de la nueva Cláusula General Antielusiva*, *Op. Cit.*, p. 238).

171 Así lo demuestran las más variadas disposiciones del Código Civil. Sin duda alguna, es en materia de determinación de la filiación donde el reconocimiento tiene una mayor regulación (vid. arts. 180 y 183 a 194, entre muchos otros). Sin perjuicio de ello, el término se emplea para las más variadas materias, como lo son el derecho de bienes (*v. gr.* el art. 689 se refiere al caso que "por una sentencia ejecutoriada *se reconociere*, como adquirido por prescripción, el dominio [...]"; el inciso final del art. 703, en cuanto alude a "[l]as transacciones en cuanto se limitan a *reconocer* o declarar derechos preexistentes [...]"; o el inciso segundo del art. 714, que luego de definir la mera tenencia dispone que "[l]o dicho se aplica generalmente a todo el que tiene una cosa *reconociendo* dominio ajeno"), en materia sucesoria (*v. gr.* el art. 1380, sobre beneficio de separación, señala que el mismo no tiene lugar "[c]uando el acreedor *ha reconocido* al heredero por deudor [...]"), en materia de prueba de las obligaciones (el art. 1702 le otorga valor al instrumento privado "*reconocido* o mandado tener por reconocido"); y en materia de prescripción (el art. 2494 señala que la prescripción se renuncia tácitamente "cuando el que puede alegarla manifiesta por un hecho suyo que *reconoce* el derecho del dueño o del acreedor"); etc. Cabe asimismo observar que el término también se emplea en su aspecto negativo en diversas disposiciones, como lo son el art. 57 ("La ley *no reconoce* diferencias entre el chileno y el extranjero en cuanto

caso su uso se adecúa al sentido natural y obvio de la palabra, entendida en su acepción de consistir en "admitir y manifestar que es cierto lo que otra dice o que está de acuerdo con ello", como la define el Diccionario de la Real Academia de la Lengua Española.

En consecuencia, el establecimiento de un deber de reconocimiento de la buena fe excede con mucho el ámbito probatorio de las presunciones, en cuanto impone al SII una obligación positiva de conducirse admitiendo y partiendo de la base que el obrar del contribuyente fue guiado por la buena fe.

Lo dicho es de la mayor trascendencia a la hora de interpretar la normativa sobre elusión, pues corolario del deber del reconocimiento de la buena fe del contribuyente es que tal buena fe es la regla general, siendo la elusión la excepción. Al efecto acertadamente el SII en la Circular 65 afirma que "[s]i bien la mayoría de los contribuyentes cumplen cabal, oportunamente y de buena fe sus obligaciones tributarias, existen *casos excepcionales* en que ello no ocurre", para lo cual la legislación otorga "facultades *excepcionales*", y concluye que "la nueva NGA constituye una herramienta de uso *excepcional*".

En consecuencia, debiendo reconocerse la buena fe, resulta ineludible concluir que la elusión (sea por abuso o simulación) constituye situaciones de excepción, y en cuanto tal impone al intérprete darle una aplicación restrictiva, y jamás susceptible de aplicación por analogía.

5.3. Casos en que el reconocimiento de la buena fe pasa a ser un deber absoluto para el SII

Conforme a lo que se ha expuesto con anterioridad, de conformidad al art. 4 bis el reconocimiento de la buena fe constituye un principio general que admite una excepción; en el caso en que se comprobare un obrar elusivo (vía abuso o simulación) por parte del contribuyente. En consecuencia, el deber de reconocimiento de la buena fe que la norma impone al Servicio no es en principio absoluto, en cuanto reconoce un límite en la elusión.

---

a la adquisición y goce de los derechos civiles que regla este Código"); el art. 744 ("*No se reconocerán* otros substitutos que los designados expresamente en el respectivo acto entre vivos o testamento), el art. 1462 ("la promesa de someterse en Chile a una jurisdicción *no reconocida* por las leyes chilenas, es nula por el vicio del objeto"); el art. 1470 N° 4 (conforme al cual son obligaciones naturales "[l]as que *no han sido reconocidas* en juicio por falta de prueba"); etc.

Con todo, es posible observar que existen a lo menos dos casos en los cuales el deber del Servicio de reconocer la buena fe adquiere la calidad de absoluto, a saber, cuando el contribuyente obró conforme a lo dispuesto en la legislación, o bien cuando este celebró y ejecutó el hecho, acto o negocio amparado en una aprobación previa por parte de la autoridad.

5.3.1. *Primer caso de deber absoluto de reconocimiento de la buena fe del contribuyente: obrar conforme a lo dispuesto en la legislación*

El primero y más evidente de dichos casos está dado por el hecho de que el contribuyente hubiere obrado con base en lo dispuesto por la ley tributaria.

Este primer caso –constitutivo de una planificación reglada en los términos que se desarrollarán más adelante– no requiere de mayor desarrollo no solo por su obviedad, sino por el hecho de encontrarse expresamente reconocido en el inciso segundo del art. 4 ter del CT, que dispone que "[e]s *legítima* la razonable opción de conductas y alternativas contempladas en la *legislación tributaria*. En consecuencia, *no constituirá abuso* la sola circunstancia que el mismo resultado económico o jurídico se pueda obtener con otro u otros actos jurídicos que se derivarían en una mayor carga tributaria; o que el acto jurídico escogido, o conjunto de ellos, no genere efecto tributario alguno, o bien los genere de manera reducida o diferida en el tiempo o en menor cuantía, *siempre que éstos efectos sean consecuencia de la ley tributaria*".

5.3.2. *Segundo caso de deber absoluto de reconocimiento de la buena fe del contribuyente: obrar amparado en aprobación previa de una autoridad competente*

Un segundo caso de deber absoluto de reconocimiento de la buena fe del contribuyente, que impide poder cuestionar su obrar y alegar que el mismo sea elusivo, está dado por las hipótesis en las cuales un contribuyente hubiere celebrado o ejecutado un hecho, acto o negocio al amparo de una autorización previa proveniente de un órgano de la Administración del Estado con competencia en una determinada materia (*v. gr.* una Superintendencia), sea que dicha autorización hubiere o no sido exigida por el legislador.

Si bien, a diferencia del anterior, este segundo caso no se encuentra expresamente en la normativa antielusión, su pleno vigor nos parece incuestionable a la luz de los principios que inspiran nuestro ordenamiento jurídico y que reglan el obrar de la Administración del Estado, todo lo cual cuenta con pleno reconocimiento de la jurisprudencia judicial y administrativa.

En particular, los hechos, actos y negocios del contribuyente adquieren el carácter de tributariamente intangibles (y por lo mismo no pueden ser declarados de abusivos o simulados) cuando hubieren contado con la aprobación de la autoridad competente; y ello es así aún en el evento de que en algún aspecto tal obrar aprobado no se hubiere adecuado plenamente a la legislación.

En efecto, nuestro ordenamiento jurídico protege de manera transversal a quien actúa en la legítima creencia de que está obrando bien, cuestión especialmente relevante cuando el particular ha contado con la autorización y aprobación expresa de la autoridad. De ahí que se ha señalado que la buena fe opera como "el principio en virtud del cual quien actúa guiándose por las situaciones que contempla a su alrededor debe ser protegido si posteriormente se pretenden que esas situaciones no existen o tienen características distintas a las ostensibles"[172].

El principio de buena fe como justificación de la apariencia tiene una expresión específica en materia administrativa, en la cual se ve aún más acentuada la necesidad de proteger al tercero frente a la Administración del Estado, sobre todo teniendo en consideración las facultades extraordinarias que la legislación confiere a esta última[173]. La doctrina nacional señala respecto de este principio: "la protección de la confianza, en un sentido jurídico, significa una *garantía en el ámbito público*, consistente en la defensa de los derechos del ciudadano frente al Estado y en la adecuada retribución a sus esperanzas en la actuación acertada de éste. De esta forma, su ámbito de actuación se extiende tanto al campo de la Administración como de la legislación y de la jurisprudencia"[174].

Dicho principio se deriva en nuestra legislación no solo del principio de buena fe que inspira transversalmente a nuestro ordenamiento jurídico, sino

---

172 Peñailillo, *Op. Cit.*, p. 54.

173 En general, se señala que el principio en comento tuvo su origen en el derecho alemán, en el cual se consagró en la figura conocida como *vertrauenschutz*, que se traduce como "protección de confianza", siendo luego recogido por el derecho italiano, español, comunitario, anglosajón (en este último bajo el concepto de *legitimate expectations*), etc. En la doctrina alemana se le ha conceptualizado como: "aquel que exige que la protección de la confianza del ciudadano que confió y que se dispuso correspondientemente a la existencia de determinadas regulaciones estatales y a otras medidas proferidas por el Estado. La figura persigue, en consecuencia, la conservación de las situaciones adquiridas y se dirige contra la modificación jurídica posterior" (Hartmut, Maurer, *Introducción al derecho administrativo alemán*, Universidad Santo Tomás, Bogotá, 2008, p. 56).

174 Bermúdez Soto, Jorge, *El principio de confianza legítima en la actuación de la Administración como límite a la potestad invalidatoria*, en Revista de Derecho (Valdivia), vol. 18, N° 2, 2005, p. 89.

del propio concepto de Estado de Derecho[175], como lo ha señalado el Tribunal Constitucional[176].

En efecto, el principio de la protección de la confianza legítima ha sido recogido de forma mayoritaria por nuestra jurisprudencia administrativa y judicial, en general como limitante de los efectos de la nulidad de actos administrativos o de invalidación de los mismos. Así protege a los terceros de buena fe de manera que la nulidad no afecte sus derechos adquiridos y/o las situaciones consolidadas con base en el acto administrativo cuya nulidad se declara. Al respecto, en variadas ocasiones la Contraloría General de la República ha sostenido que "[l] os principios de la buena fe y de la confianza legítima inspiran el ordenamiento jurídico"[177], siendo innumerables los dictámenes en los cuales se hace mención al principio de legítima confianza como límite a la invalidación o como principio inspirador del ordenamiento jurídico en virtud del cual se debe proteger a terceros de buena fe[178].

---

175 En este sentido don Jorge Bermúdez Soto, contralor general de la República a contar del 17 de diciembre de 2015, señala: "El principio de confianza legítima se deduce desde los principios constitucionales de Estado de Derecho (arts. 5, 6 y 7 CPR) y de seguridad jurídica (art. 19 N° 26 CPR). En virtud de él se entiende que existirá una permanencia en la regulación y aplicación del ordenamiento jurídico. Se encuentra muy vinculado a la doctrina iusprivatista de los actos propios, de alcance más bien procesal, y aplicable a las partes del pleito, sean estas públicas o privadas. Por su parte, el principio de protección de la confianza legítima (*Vertrauenschutz*) supone el amparo que debe dar el juez al ciudadano frente a la Administración Pública, la que ha venido actuando de una determinada manera, en cuanto ésta lo seguirá haciendo de esa misma manera en lo sucesivo y bajo circunstancias (políticas, sociales, económicas) similares" (*Op. Cit.*, p. 83.).

176 "[...] entre los elementos propios del Estado de Derecho, se encuentra la seguridad jurídica, la certeza del derecho y la *protección de la confianza* de quienes desarrollan su actividad con sujeción a sus principios y normas positivas". Tribunal Constitucional, sentencia de fecha 10 de febrero de 1995, Rol 207-95.

177 Vid., Dictámenes N° 35.397-2007 y N° 61.817-2006.

178 Así, por ejemplo, la Contraloría ha sostenido: "A su vez, la *jurisprudencia administrativa* emanada de esta Entidad de Control ha manifestado *reiteradamente* que debe tenerse presente que *la invalidación tiene como límite aquellas situaciones jurídicas consolidadas sobre la base de la confianza de los particulares en la Administración*, puesto que la seguridad jurídica de tal relación amerita su amparo. *De otro modo, podría presentarse el caos y daños irreparables e injustos*, al margen de que por haber producido sus efectos, la nulidad del acto írrito afectaría derechos de terceros, quienes legítimamente los han incorporado a sus patrimonios. Tal criterio se ha manifestado, entre otros, en los dictámenes N° 21393, de 1974; 5019 y 17799, de 1990; 24087, de 1991; 15194, de 1995; 44492, de 2000; y 7742, de 2000". Vid. Dictamen N° 24.337-2002. En el mismo sentido dictámenes 16.238-2007 y N° 17.545-2001. En otra formulación del mismo principio, la Contraloría ha sostenido que las personas que actúan con el convencimiento de obrar ajustadas a derecho no pueden

En lo que respecta a la jurisprudencia judicial, la Corte Suprema ha considerado que los terceros de buena fe no pueden verse perjudicados por errores de la Administración del Estado[179].

El principio de la protección de la confianza, lejos de ser extraño al Derecho Tributario, se encuentra expresamente reconocido en el Código del ramo, en particular en el inciso primero del art. 26 del CT, que dispone que "[n]o procederá el cobro con efecto retroactivo cuando el contribuyente se haya ajustado de buena fe a una determinada interpretación de las leyes tributarias sustentada por la Dirección o por las Direcciones Regionales en circulares, dictámenes, informes u otros documentos oficiales destinados a impartir instrucciones a los funcionarios del Servicio o a ser conocidos de los contribuyentes en general o de uno o más de éstos en particular". Como bien apunta González, en esta norma "la buena fe aparece ligada a un estado de ignorancia y de error excusable del contribuyente, quien adecuó su conducta a una determinada interpretación de las leyes tributarias formulada por la administración tributaria, pero que ya no se encuentra vigente. Y es precisamente esta particularidad la que permite afirmar que la actuación del contribuyente, aunque generadora de impuestos, ha sido

---

verse perjudicadas por un error de la administración del Estado, toda vez que los errores de la administración del Estado deben ser soportados por ella y jamás cargados a quienes son ajenos a su torpeza (*Nemo auditur propriam turpitudinem allegans*) (Vid. Dictámenes 52.151-2002, 10.633-2006, 56.143- 2007, 41.123-2008, etc.). Adicionalmente respecto del principio de legítima confianza la Contraloría ha estimado que "los fundamentos de la teoría de los actos irregulares pero válidos se dan tratándose de terceros beneficiarios del acto o de otros terceros, puesto que el tercero beneficiario también puede actuar de buena fe también necesita certeza o seguridad jurídica y actuar en la creencia de la actuación legítima de la Administración" (Dictámenes N° 2.936-2001 y 31.636-2001). En la misma línea se encuentran los dictámenes N° 77.184-2010, 59.072-2010, 18.662-2010, 61.496-2009, 43.883-2009, 35.906-2009, 8.665-2009, 8.617-2008, 38.064-2006, 21.955-2010, etc.

179 "Sin embargo, en lo que dice relación tanto con los interesados, como respecto de terceros, estos no se verán lesionados en sus derechos, en tanto cuanto el acto anulado les genera consecuencias desfavorables, como ha sucedido en la especie con el recurrente [...] Que sobre la base de los razonamientos anteriores, la presunción de legalidad que ampara el proceder de la Administración y de sus órganos, el ordenamiento jurídico lo dota de inmediata ejecutoriedad y en el caso de requerir aprobación desde su notificación, todo lo cual se cumplió en el caso que se analiza, por lo que el interesado tenía título suficiente para llevar adelante el negocio licitado, transcurriendo un plazo razonable desde el 9 de marzo al 7 de septiembre para comunicar cualquier duda sobre la legalidad del proceso y permitir la suspensión de su ejecución, circunstancia que habilita reconocer la existencia de un derecho legalmente adquirido por haber cumplido con todos los pasos dispuestos por la Administración [...]". Excma. Corte Suprema, sentencia de fecha 28 de febrero de 2006, N° de Ingreso 239-06.

ejecutada de manera recta y racional, lo que justifica que los efectos en la imposición que la misma genera solo se proyecten hacia el futuro, impidiendo que el SII pueda efectuar un cobro retroactivo de impuestos"[180]. En la misma línea se ha pronunciado la jurisprudencia, especialmente en relación con el propósito de liquidaciones relativas al impuesto territorial[181].

Por último, se debe observar que el deber del SII de tener que respectar el obrar del contribuyente amparado en la aprobación de otra autoridad emana del principio de coordinación que rige el obrar de la Administración conforme al inciso segundo del artículo 5 de la Ley de Bases de Administración del Estado, norma que expresamente dispone que "[l]os órganos de la Administración del Estado deberán cumplir sus cometidos coordinadamente y propender a la unidad de acción, evitando la duplicación o interferencia de funciones"[182].

6. ASPECTOS GENERALES DE UN NUEVO CONCEPTO DE "ELUSIÓN" EN NUESTRO ORDENAMIENTO JURÍDICO. UNA CUESTIÓN TERMINOLÓGICA CON CONSECUENCIAS SUSTANTIVAS

Como se indicó en el capítulo anterior, previo a la dictación de la Ley de Reforma Tributaria era posible distinguir tres conceptos relativos a la reacción del contribuyente frente a la normativa tributaria: la planificación tributaria, conducta lícita y previa a la verificación del hecho imponible, consistente en el empleo de mecanismos establecidos por el legislador para obtener un ahorro tributario; la evasión, conducta ilícita y posterior a la verificación del hecho imponible,

---

180 GONZÁLEZ, *Reflexiones...*, *Op. Cit.*, p. 240.

181 Vid. Corte Suprema, Rol N° 734-2013, sentencia de fecha 1° de octubre de 2013; Corte de Apelaciones de Valparaíso, Rol N° 775-2013, sentencia de fecha 2 de septiembre de 2013; Corte de Apelaciones de Valparaíso, Rol N° 354-2012, sentencia de fecha 11 de julio de 2012. Todas comentadas en SAN MARTÍN NEIRA, Lilian (Editora), RETAMALES M., Silvia y GUEVARA P., Valentina (Coordinadoras), *La buena fe en la jurisprudencia. Comentarios y análisis de sentencias*, Thomson Reuters, 2015.

182 En una reciente publicación, OSORIO afirma que "[e]l principio de coordinación es aquel que propone a la unidad de acción de la autoridad administrativa, relacionando todos los esfuerzos de los órganos públicos en miras a satisfacer el bien común. Lo anterior, para evitar la duplicidad de funciones, la interferencia de competencias, y el mal uso de los bienes públicos, al ejercerse las competencias sin criterios de eficiencia y eficacia (OSORIO VARGAS, Cristóbal Salvador, *Manual de Procedimiento Administrativo Sancionador. Parte General*, Thomson Reuters - La Ley, 2016, p. 146).

consistente en incumplir la obligación tributaria; y la elusión, conducta calificada mayoritariamente como lícita y previa a la verificación del hecho imponible, consistente en el empleo de mecanismos no previstos (de forma permisiva ni prohibitiva) por el legislador para obtener un ahorro tributario.

Tales distinciones han desaparecido evidentemente con la incorporación de la Norma General Anti Elusión, cuya norma base se encuentra contenida en el art. 4 bis del CT. En efecto, conforme a la nueva normativa la elusión es *per se* ilícita, antijurídica o contraria a derecho.

Ahora bien, es pertinente anotar que no todo acto que previo a la LRT denominábamos elusivo constituye, conforme a la actual normativa del CT, una elusión. En efecto, como expresamente dispone el art. 4 bis, "[s]e entenderá que existe elusión de los hechos imponibles en los casos de abuso o simulación establecidos en los artículos 4° ter y 4° quáter, respectivamente". Esta constituye una definición legal, por lo que conforme lo ordena el art. 20 del CC, al término elusión se le debe dar su significado legal. Por tanto solo existirá elusión en la medida que se verifique una hipótesis de abuso o de simulación, lo que impone que concurran todos y cada uno de los requisitos y presupuestos establecidos en los arts. 4 ter y 4 quáter, respectivamente.

Así las cosas, el concepto de elusión introducido en nuestro ordenamiento por la Ley de Reforma Tributaria es más acotado (a las hipótesis de abuso y simulación) que el que existía previo a tal modificación normativa, existiendo entre ambos una relación de especie a género, respectivamente.

De lo que se viene diciendo, surge que, para efectos terminológicos, en la actualidad es pertinente considerar cuatro hipótesis de reacción del contribuyente frente a la legislación tributaria:

6.1. Planificación tributaria reglada

En primer lugar se encuentra lo que denominaremos la planificación tributaria reglada, y que es plenamente coincidente con el concepto de planificación tributaria previo a la dictación de la LRT. En consecuencia, la planificación tributaria reglada debe ser entendida como una conducta lícita del contribuyente, que tiene lugar previo a la verificación del hecho imponible y que consiste en el empleo de mecanismos establecidos por el legislador para obtener un ahorro tributario.

Como se indicó con anterioridad, esta planificación reglada impide en términos absolutos al SII controvertir la buena fe del contribuyente (en cuanto constituye un caso de deber absoluto del Servicio de reconocer tal buena fe), y la misma se encuentra reconocida en el inciso segundo del art. 4 ter del CT, que dispone expresamente: "Es *legítima* la razonable opción de conductas y alternativas contempladas en la *legislación tributaria*. En consecuencia, *no constituirá abuso* la sola circunstancia que el mismo resultado económico o jurídico se pueda obtener con otro u otros actos jurídicos que se derivarían en una mayor carga tributaria; o que el acto jurídico escogido, o conjunto de ellos, no genere efecto tributario alguno, o bien los genere de manera reducida o diferida en el tiempo o en menor cuantía, *siempre que éstos efectos sean consecuencia de la ley tributaria*".

Lo anterior se encuentra recogido en buena medida por el Servicio en la Circular 65, en cuanto expresa lo siguiente: "Se debe tener especialmente presente que la sola elección por parte de los contribuyentes, de entre las distintas formas jurídicas disponibles en el ordenamiento jurídico, no importa necesariamente la consecución de actos elusivos de las obligaciones tributarias, aun cuando de dicha elección se derive la aplicación de un tratamiento impositivo preferencial o más favorable. Por ejemplo, un contribuyente podría perfectamente elegir llevar a cabo sus actividades de transporte, mineras o agrícolas a través de entidades que le permitan acogerse a los regímenes de renta presunta, a pesar de que la elección de alguna otra alternativa podría haberle acarreado una carga tributaria superior a la que debe soportar conforme al comentado régimen de renta presunta. Lo mismo ocurre cuando un contribuyente haya optado en llevar a cabo sus inversiones en el mercado de capitales, inmobiliarias, etc., a través de alguna entidad legal de la que es propietario, socio o accionista, en vez de hacerlo directamente como persona natural. En ambos casos, *la legislación tributaria regula expresamente el régimen tributario de las distintas formas de organización, de este modo si aquellas formas de organización no se han utilizado con abuso o simulación, no procede aplicar la legislación anti elusión comentada*".

6.2. Evasión

En segundo lugar, se observa que con la LRT el concepto de evasión no sufrió ninguna alteración. Por tanto, se trata de una conducta ilícita, llevada a cabo con posterioridad a la verificación del hecho imponible y que consiste en incumplir la obligación tributaria ya nacida.

Sobre la materia, la Circular 65 afirma que las conductas evasivas –en oposición a las elusivas– "son aquellas constitutivas de *delitos tributarios*", agregando que "los procesos por delito tributario son materia de investigación por parte del Ministerio Público y de conocimiento de los juzgados de Garantía, de los Tribunales Orales en lo Penal y de los Tribunales Superiores de Justicia, según corresponda".

6.3. Elusión

En tercer lugar, nos encontramos con el nuevo concepto de elusión, introducido por la LRT, la que ahora es ilícita[183]. Como se ha visto, la elusión ha sido definida por el legislador en el art. 4 bis del CT, conforme al cual "[s]e entenderá que existe elusión de los hechos imponibles en los casos de abuso o simulación establecidos en los artículos 4° ter y 4° quáter, respectivamente".

Con base en dicha disposición, el SII expresa en su Circular 65 que "la elusión se puede definir como aquella conducta que busca dejar sin aplicación la ley tributaria a través del abuso de las formas jurídicas o la simulación".

En este punto, se debe observar que durante la tramitación de la LRT en el Congreso Nacional, el concepto de elusión sufrió un cambio de gran envergadura, pues en el proyecto original únicamente se consideraba como elusión "el abuso de las posibilidades de configuración jurídica"[184]. El mismo proyecto también incorporaba una norma sobre simulación[185], pero no le atribuía el carácter de

---

183 De conformidad a lo expuesto por el SII en la Circular 65, "[e]l diagnóstico común es que *la elusión tributaria es negativa* porque: a) Viola los principios de equidad tributaria al desplazar la carga tributaria hacia los contribuyentes que actúan correctamente. b) Afecta la libre competencia, en cuanto el elusor obtiene ventajas económicas frente al no elusor. c) Incrementa los costos de la administración y fiscalización de los tributos, en cuanto reduce la predisposición de los buenos contribuyentes a declarar correctamente. d) Afecta la recaudación tributaria, privando al Estado de los recursos que, conforme al procedimiento democrático de formación de ley, le corresponden". Más adelante agrega que "[e]n tal sentido, se concluía que la elusión (y la evasión) hacen que nuestro sistema sea inequitativo y que quienes tienen los recursos para financiar planificaciones tributarias elusivas (basadas en el abuso de las formas jurídicas o la simulación), terminen pagando menos impuesto del que le corresponde según lo establecido en la ley. Por tanto, la elusión (y la evasión) no contribuyen a mejorar la distribución del ingreso, sino que aumentan la desigualdad, ya que no se paga lo que en derecho procede, conclusión que ha sido refrendada por diversos organismos multilaterales, tales como la OCDE".

184 En efecto, en el proyecto original el art. 4 ter del CT disponía, en su inciso primero, que "Las leyes tributarias no podrán ser eludidas mediante el abuso de las posibilidades de configuración jurídica. En caso de abuso nacerá la obligación tributaria correspondiente a la configuración jurídica adecuada a los hechos económicos".

185 En particular, el art. 4 quáter del proyecto original disponía lo siguiente: "En los actos o negocios en los que exista simulación, el hecho gravado con los impuestos será el efectivamente realizado por las partes, con independencia de los actos o negocios simulados. El Servicio desestimará y no le serán oponibles los actos y negocios jurídicos practicados con la finalidad de disimular la configuración del hecho gravado del impuesto o la naturaleza de los elementos constitutivos de la obligación tributaria, o su verdadero monto o data de nacimiento, con arreglo al artículo siguiente".

elusión[186], siguiendo al efecto la legislación española[187]. Con todo, la LRT definitiva incluyó como hipótesis particular de elusión a la simulación, concediéndole igual naturaleza que al abuso, cuestión que ha sido objeto de críticas por parte de la doctrina nacional, en el sentido que tal equiparación sería incorrecta pues la simulación constituye una conducta que requiere de un mayor reproche jurídico que el abuso[188].

---

186 Con todo, el proyecto original le otorgaba al abuso y a la simulación el mismo tratamiento tanto en el aspecto procesal administrativo (art. 4 quinquies), como en la sanción al asesor tributario (art. 100 bis).

187 Como se indicó en el Capítulo II de este trabajo, la norma antiabuso de la legislación española se encuentra contenida en el art. 15 de la LGT. A su turno, el art. 16 de la LGT regula la simulación como una cuestión de naturaleza y efectos distintos, disponiendo al efecto lo siguiente: "1. En los actos o negocios en los que exista simulación, el hecho imponible gravado será el efectivamente realizado por las partes. 2. La existencia de simulación será declarada por la Administración tributaria en el correspondiente acto de liquidación, sin que dicha calificación produzca otros efectos que los exclusivamente tributarios. 3. En la regularización que proceda como consecuencia de la existencia de simulación se exigirán los intereses de demora y, en su caso, la sanción pertinente".

188 En este sentido, YÁÑEZ –quien en este punto es seguido prácticamente a la letra por MASSONE– expresa lo siguiente acerca de la modificación del proyecto original en lo relativo a la simulación: "Esta innovación de la versión aprobada por el Congreso Nacional posiciona al ordenamiento tributario chileno dentro de aquéllos que adhieren a un concepto amplio de elusión, con el agravante de que todas las modalidades elusivas reciben el mismo reproche jurídico. En efecto, si bien es frecuente que legisladores y autores conciban a la elusión como un concepto 'continente', esto es, que incluye diversas conductas de escape a la obligación tributaria, lo usual es que bajo dicho contexto tales legisladores y autores distingan igualmente entre conductas que merecen reproche jurídico y otras que no, bajo el binomio 'elusión lícita' y 'elusión ilícita'. Sin embargo, en este punto, el legislador chileno ha asumido una posición extrema, no sólo calificando a toda forma de elusión como ilícita, sino que dando igual tratamiento y estatus a las figuras de la simulación y del 'abuso de las formas jurídicas', que corresponde a lo que normalmente se concibe como el concepto restringido de elusión. Esta última innovación merece una especial atención, en la medida que nos parece un grave error dogmático. Se trata, pues, de conductas completamente disímiles en la teoría, aun cuando en la práctica puedan generar confusiones, como lo demuestra la propia experiencia española. En efecto, bajo la figura de la simulación, no estamos en presencia de una actuación que sólo carece de sustancia (cuestión de suyo difícil de determinar), sino que nos encontramos frente a completa farsa: el contribuyente declara públicamente haber celebrado un acto, en circunstancias que de manera clandestina ha ejecutado otro. La completa falsedad de lo declarado no puede ser sino el resultado del ánimo deliberado del contribuyente de evitar el cumplimiento de una obligación tributaria y, consecuentemente, de una actuación premeditada encaminada a dicho fin. Esto explica que este tipo de conducta reciba el mayor de los reproches jurídicos concebible: su calificación como conducta de mala fe o dolosa. No sucede lo mismo con la figura del abuso de las formas jurídicas. En este último caso, el contribuyente no ejecuta una farsa, sino que celebra en público lo mismo que ejecuta en privado: actos o negocios

Como sea, resulta evidente que para darle una debida configuración al actual concepto de elusión (comprensivo del abuso y de la simulación) es indispensable analizar qué conducta constituye un abuso tributario o una simulación tributaria, cuestión a la que nos abocaremos en capítulos posteriores.

6.4. Planificación tributaria no reglada

Finalmente, se ha señalado que el antedicho concepto de elusión introducido a la legislación por la LRT se caracteriza, primero, por ser de connotación esencialmente negativa e ilícita; y, segundo, porque abarca tan solo un aspecto (también negativo: del abuso y de la simulación) de lo que previo a la LRT denominábamos elusión. De tales dos características se siguen dos consecuencias: primero, que a partir de la LRT constituye una impropiedad hablar de una "elusión lícita", término que antes era usualmente utilizado, ya que por definición la elusión hoy es siempre ilícita; y segundo, que existe un obrar (dentro del cual pueden existir una infinidad de conductas) que no se ajusta a lo que es una planificación tributaria reglada, a una evasión ni a una elusión.

A esta cuarta categoría, distinta de las anteriores, la denominaremos planificación tributaria no reglada, la que, en esencia, es aquella conducta que tiene lugar en forma previa a la verificación del hecho imponible (y por tanto antes del nacimiento de la obligación tributaria), y que consiste en el empleo de mecanismos no previstos (de forma permisiva ni prohibitiva) por el legislador para obtener un ahorro tributario, sin constituir un abuso tributario ni una simulación tributaria de conformidad a los artículos 4 ter y 4 quáter del CT, respectivamente.

---

reales, dando cumplimiento a todos los requisitos formales y materiales que dichos actos o negocios requieren. La controversia se centra en este caso en otro aspecto de los actos o negocios: su sustancia. Las normas que reprochan este tipo de conductas no se concentran en la validez formal de los actos, como lo hacen las normas que combaten la evasión, sino que lo hacen afirmando que los actos válidamente celebrados resultan artificiosos o impropios y carentes de efectos jurídicos relevantes. Esta calificación requiere de un análisis normalmente centrado en los efectos de dichos actos y, por ende, supone usualmente calificar la intención de las partes, lo que dota al reproche de una cuota de subjetividad que termina aminorando su gravedad. Por este motivo, resulta impropio castigar a los actos abusivos en pie de igualdad con los actos elusivos, por tratarse de formas completamente disímiles de escape a las obligaciones tributarias. Esta distinción es precisamente la que ha ignorado el legislador chileno, al igualar el tratamiento del abuso de las formas jurídicas y de la simulación en materia tributaria. El efecto de esta omisión es que el ordenamiento chileno acabará castigando a actos abusivos –que normalmente sólo reciben un reproche patrimonial (v.gr. pago de impuestos eludidos y multas)– con la severidad correspondiente de la simulación, que también incluye sanciones penales" (Yáñez, *Op. Cit.*, pp. 244 y ss.).

Como es claro, para estar en presencia de una planificación, sea esta reglada o no reglada, no es indispensable ni necesario que la misma haya sido diseñada por un asesor tributario (ni "planificador" en los términos del art. 100 bis del CT), ya que evidentemente la misma puede obedecer a actos decididos, elaborados, celebrados y ejecutados directamente por el contribuyente.

En nuestro concepto, la planificación tributaria no reglada es plenamente lícita y por tanto no puede ser objeto de reproche jurídico alguno. Arribamos a esta conclusión, por de pronto, por las ya expuestas consideraciones en torno a que estamos frente a la concreción de la garantía consagrada en el art. 19 N° 21 de la Constitución Política. En este sentido, la Circular 65 expresa que "[n]o cabe duda que los contribuyentes pueden llevar a cabo sus actividades conforme a las amplias garantías que establece nuestro derecho, organizándolas de las formas que estimen conveniente sobre la base de la autonomía de la voluntad y la libertad contractual que constituyen ejes esenciales del sistema jurídico chileno".

Adicionalmente, los propios términos de la Ley de Reforma Tributaria dan cuenta de la recepción de esta planificación no reglada. En efecto, el art. 4 bis del CT parte de una premisa básica e ineludible, como es que el SII no solo debe presumir, sino derechamente "*reconocer* la buena fe de los contribuyentes". Como se ha señalado, la buena fe, en sus más diversas acepciones y funciones, evoca la idea de un obrar guiado por la honradez, lealtad y rectitud, etc., y por tanto una conducta inspirada en la buena fe siempre y en todo caso será un acto lícito, o que, a lo menos, se le debe tener por lícito. Es la idea que emana, por ejemplo, del art. 706 del CC, el cual al definir la buena fe posesoria declara que constituye la conciencia de haber obrado "por medios legítimos". Por tanto, y siendo la regla general –establecida por el art. 4 bis del CT– el reconocimiento de la buena fe (y por tanto, de la licitud de la conducta de los contribuyentes), los actos contrarios a ella (la elusión) deben ser necesariamente interpretados de forma restrictiva, estando impedido llevar a cabo una aplicación por analogía.

Avanzando un paso en el análisis, el mismo art. 4 bis agrega, en su inciso tercero, que la buena fe desaparece en un solo gran caso: en la medida que haya elusión. En efecto, señala esta disposición que "*[n]o hay buena fe* si mediante dichos actos o negocios jurídicos o conjunto o serie de ellos, se *eluden* los hechos imponibles establecidos en las disposiciones legales tributarias correspondientes". En simple: no hay buena fe en la medida que haya elusión; o, lo que es lo mismo, hay buena fe (y por ende licitud) si no existe una conducta elusiva.

Pues bien –y en esto está la clave–, el legislador no estableció un concepto abierto de elusión, sino que, como hemos visto, lo conceptualizó, vía una definición legal obligatoria, como el abuso y la simulación (ambas figuras a su turno descritas por la propia ley). Por ende, no existiendo abuso o simulación no hay elusión; y no habiendo elusión necesariamente se debe reconocer la buena fe, o lo que es lo mismo, un obrar lícito del contribuyente.

En línea con lo anterior, se debe subrayar el hecho de que el legislador no se limitó a presumir la buena fe, sino que derechamente le impuso a la autoridad tributaria reconocer la buena fe (y por tanto el obrar lícito) del contribuyente. Ello significa que, salvo una hipótesis judicialmente declarada de abuso o de simulación, en todos los demás casos (en particular, tratándose de una planificación tributaria no reglada), por mandato legal al SII le está vedado poner en duda la licitud del obrar del contribuyente, aun cuando haya empleado mecanismos o medios no expresamente establecidos por el legislador.

Por lo expuesto, existiendo hipótesis de mecanismos no contemplados en la ley que, no constituyendo un abuso ni una simulación, habilitan a obtener un ahorro tributario por un medio no expresa o especialmente previsto por el legislador, entonces necesariamente se debe reconocer la buena fe del contribuyente. Por tanto, lo que hemos denominado planificación tributaria no reglada constituye ineludiblemente un obrar lícito.

7. RECONOCIMIENTO DEL PRINCIPIO DE ESPECIALIDAD

El inciso cuarto del art. 4 bis del CT expresa lo siguiente:

> "En los casos en que sea aplicable una norma especial para evitar la elusión, las consecuencias jurídicas se regirán por dicha disposición y no por los artículos 4° ter y 4° quáter".

Como es claro, esta disposición no es más que una expresión del principio de especialidad consagrado en el art. 13 del CC, que a la letra señala: "Las disposiciones de una ley, relativas a cosas o negocios particulares, prevalecerán sobre las disposiciones generales de la misma ley, cuando entre unas y las otras hubiere oposición".

Al efecto, ya en los primeros párrafos de la Circular 65 el Servicio alude a "las normas especiales anti elusión que establece el sistema tributario chileno, como por ejemplo aquellas que establecen limitaciones o prohibiciones para la deducción de ciertos gastos, las que permiten la tasación de precios o valores, las normas sobre precios de transferencia o las que reglan los efectos del exceso de endeudamiento, entre otras [...]".

Más adelante, la misma Circular 65 señala los siguientes casos de "normas especiales anti elusión": *(i)* las disposiciones sobre tasación del art. 64 del CT; *(ii)* las normas sobre "gastos rechazados" del artículo 21 de la Ley sobre Impuesto a la Renta; *(iii)* los preceptos sobre "justificación de inversiones" de los artículos 70 y 71 de la Ley sobre Impuesto a la Renta; *(iv)* el N° 8 del artículo 17 de la Ley sobre Impuesto a la Renta; *(v)* el artículo 41 E de la Ley sobre Impuesto a la Renta; *(vi)* las normas del artículo 41 F de la Ley sobre Impuesto a la Renta; *(vii)* el artículo 63 de la Ley N° 16.271, sobre Impuesto a las Herencias y Donaciones[189].

En todos estos casos, como bien afirma la Circular 65, no tendrá aplicación la Norma General Anti Elusión, con lo cual se evita una suerte de *non bis in ídem* respecto de una misma situación[190]. Consecuencia de ello es que si en una determinada fiscalización el SII opta perseguir la responsabilidad tributaria del contribuyente con base en una norma especial, y no tiene finalmente éxito en tal cometido, le está vedado intentar con posterioridad la declaración de abuso o

189 Un detallado análisis de los diversos casos de prohibición y sanción legal de casos específicos de elusión (previo a la dictación de la LRT) se puede encontrar en Walker Mena, Ricardo, *Los contratos y su tributación*, LexisNexis, 2005.

190 Se ha sostenido que la existencia en nuestro ordenamiento jurídico de una serie de normas específicas antielusión darían cuenta de la falta de necesidad y pertinencia del establecimiento de la Norma General Anti Elusión: "una norma antielusiva general –la cual busca prohibir de antemano que cualquier contribuyente pueda incurrir en una conducta elusiva de aquellas sancionadas en la ley– es necesaria sólo en ausencia de normas antielusivas específicas, o cuando estas últimas son notablemente escasas, de manera que el contribuyente puede aprovechar vacíos legislativos o ambigüedades normativas para eludir impuestos. Sin embargo, nuestro ordenamiento jurídico actual contiene una gran cantidad de normas antielusivas específicas, las cuales se han ido incorporando a lo largo de los últimos años y que, particularmente, se han intensificado con las últimas dos reformas tributarias. [...] En consecuencia, si la legislación ya contempla suficientes normas antielusivas específicas, ¿para qué desgastarse en la discusión de la implementación de una norma antielusiva general que poco y nada aportará a prevenir la elusión bajo el escenario actual? Implementar una norma antielusiva que prohíba en forma genérica toda conducta elusiva abusiva por parte de los contribuyentes, sin pasar a llevar al mismo tiempo el principio de seguridad jurídica o de legalidad es altamente complejo o inviable, puesto que exige definir en forma precisa el concepto elusivo que se intenta prevenir, lo cual es propio más bien de una norma antielusiva específica y no de una norma general. No basta, para alcanzar ese objetivo, ampararse en conceptos como los de "abuso del derecho" o "simulación", puesto que estas últimas son categorías extremadamente difíciles de definir y aplicar en nuestro Derecho. Bajo dicho contexto, una norma antielusiva general muy probablemente incrementará en forma relevante la judicialización de casos en materia tributaria, y causará mayor inseguridad jurídica a los contribuyentes" (Bustos Alvarado, Claudio, *Norma antielusiva General: ¿necesidad o capricho?*, columna de opinión publicada por el sitio de Internet "El Mercurio Legal" el día 2 de noviembre de 2015).

simulación en base a la norma general. Así se lo impide tanto el inciso 4° del art. 4 bis del CT como la doctrina de los actos propios, la cual tiene amplia acogida en el Derecho Administrativo[191].

8. PRINCIPIOS PROCESALES QUE RIGEN LA DECLARACIÓN Y PRUEBA DE LA ELUSIÓN

Por último, el inciso final del art. 4 bis del CT consagró los principios básicos que rigen los aspectos procesales de la Norma General Anti Elusión, disponiéndose lo siguiente:

> "Corresponderá al Servicio probar la existencia de abuso o simulación en los términos de los artículos 4° ter y 4° quáter, respectivamente. Para la determinación del abuso o la simulación deberán seguirse los procedimientos establecidos en los artículos 4° quinquies y 160 bis".

Así, un primer principio básico que rige la materia es que la determinación de la elusión, sea por abuso o simulación, requiere de una declaración judicial dictada por los tribunales de justicia luego de un proceso previo y legalmente tramitado. Esta es, sin duda alguna, una de las más fundamentales modificaciones que sufrió el proyecto original de LRT, en el cual se establecía que la determinación de la existencia de elusión se realizaría en sede administrativa por el propio SII, principal interesado en tal declaración. Afortunadamente, tal normativa fue enmendada en la tramitación del proyecto de ley, pues efectivamente la misma constituía una vulneración al debido proceso garantizado tanto por la Constitución como por Tratados Internacionales. Los aspectos procesales de la Norma General Anti Elusión serán detenidamente examinados en un capítulo posterior de este trabajo.

El segundo gran principio consagrado por la norma base se refiere a la carga de la prueba, estableciéndose que es el SII quien, en su calidad de parte en el respectivo juicio, deberá acreditar por los medios de prueba reconocidos por el CT, la existencia del abuso o simulación. Al efecto, Aste sostiene que "[l]e compete al SII acreditar las imputaciones elusivas, con pruebas reales del hecho y no con

---

191 Vid. Marial, Héctor, *La doctrina de los actos propios y la Administración Pública*, Ediciones Depalma, Buenos Aires, 1994; Borda, Alejandro, *La teoría de los actos propios*, Ed. Abeledo-Perrot, Buenos Aires, 2000; Ekdahl Escobar, María Fernanda, *La doctrina de los actos propios*, Ed. Jurídica de Chile, Santiago, 1989.

meros indicios, toda vez que tanto la existencia del abuso como la simulación deben ser declaradas, a requerimiento del Director, por el Tribunal Tributario y Aduanero competente, aplicando el procedimiento legal"[192].

Como es claro, esto viene a ser un corolario del principio consagrado en el inciso segundo del mismo art. 4 bis, en cuanto impone al Servicio el deber de reconocer la buena fe de los contribuyentes. En efecto, la buena fe de los contribuyentes termina con la elusión, y esta se concreta por abuso o simulación; por ende, la buena fe del contribuyente se presume, siendo de cargo del SII el tener que demostrar en juicio su mala fe.

En relación con este punto se debe recordar que el art. 707 del CC dispone en su inciso primero que "[l]a buena fe se presume, excepto en los casos en que la ley establece presunción contraria"; agregando su inciso segundo que "[e]n todos los otros la mala fe deberá probarse". Si bien esta norma se encuentra inserta en las normas relativas a la posesión, la doctrina y jurisprudencia mayoritaria afirman que la presunción de la buena fe constituye un principio general aplicable a toda clase de materias[193]. Lo anterior, muy en síntesis, por los siguientes motivos: *(i)* porque es necesario y lógico que nuestro ordenamiento presuma que la generalidad del actuar humano se ajusta a la buena fe, siendo absurdo suponer que el legislador cree todo un ordenamiento jurídico sobre la base de la mala fe; *(ii)* así lo entiende el art. 2268 del *Code* Civil francés, fuente inspiradora de nuestro Código; *(iii)* mediante esta interpretación, se logra una debida coherencia entre el artículo 707, que presume la buena fe, y el artículo 1459, que señala que el dolo no se presume; *(iv)* no sería la primera vez que el Código consigna en un título especial una prescripción de carácter general (por ejemplo, la prueba de las obligaciones se aplica a la prueba de toda clase de derechos); *(v)* todo ello lo confirma el claro sentido y tenor de la norma, así como el espíritu general de la legislación y la equidad natural[194].

---

192 Aste, *Curso...*, *Op. Cit.*, t. I, p. 411.

193 La Corte Suprema, pronunciándose acerca de la aplicabilidad del art. 707 en materia de matrimonio putativo, ha señalado que "atendido los términos tan generales y comprensivos del art. 707 del Código Civil, parece incuestionable que debe aplicarse todos los casos de tal exigencia legal aunque se encuentre en el título de la 'posesión' y de sus diferentes calidades título que también alude al justo error en materia de hecho, que es uno de los requisitos del matrimonio putativo".(*RDJ*, T. 33, secc. I, p. 73). Pueden encontrarse otros fallos que hacen aplicable la presunción del art. 707 a la generalidad del ordenamiento, por ejemplo en materia de cerramiento (Libro de Registro de Sentencias Civiles de la Corte Suprema, 1-3, octubre, 1998. 14.10.1998); en materia de mandato (*RDJ*, t. 85, N° 2, secc. 2, p. 61); en materia de compraventa (*RDJ*, t. 74, 1977, N° 1, secc. I, p. 166).

194 Boetsch, *Op. Cit.*, pp. 159 y ss.

Así las cosas, en estricto rigor no resultaba indispensable establecer este principio relativo a la carga de la prueba de la elusión. En todo caso, el que el legislador haya deseado destacar explícitamente la materia imposibilita en términos absolutos el poder poner en duda este principio fundamental.

CAPÍTULO V
EL ABUSO TRIBUTARIO

El abuso tributario, primera hipótesis de elusión establecida por la Ley de Reforma Tributaria, se encuentra regulado en el art. 4 ter del CT, que expresamente dispone lo siguiente:

> "Los hechos imponibles contenidos en las leyes tributarias no podrán ser eludidos mediante el abuso de las formas jurídicas. Se entenderá que existe abuso en materia tributaria cuando se evite total o parcialmente la realización del hecho gravado, o se disminuya la base imponible o la obligación tributaria, o se postergue o difiera el nacimiento de dicha obligación, mediante actos o negocios jurídicos que, individualmente considerados o en su conjunto, no produzcan resultados o efectos jurídicos o económicos relevantes para el contribuyente o un tercero, que sean distintos de los meramente tributarios a que se refiere este inciso.
> Es legítima la razonable opción de conductas y alternativas contempladas en la legislación tributaria. En consecuencia, no constituirá abuso la sola circunstancia que el mismo resultado económico o jurídico se pueda obtener con otro u otros actos jurídicos que derivarían en una mayor carga tributaria; o que el acto jurídico escogido, o conjunto de ellos, no genere efecto tributario alguno, o bien los genere de manera reducida o diferida en el tiempo o en menor cuantía, siempre que estos efectos sean consecuencia de la ley tributaria.
> En caso de abuso se exigirá la obligación tributaria que emana de los hechos imponibles establecidos en la ley".

En este trabajo ya hemos analizado lo dispuesto en el inciso segundo de la norma recién citada a propósito de legitimidad de la "razonable opción de conductas y alternativas contempladas en la legislación tributaria", por lo que en este capítulo nos centraremos en lo dispuesto en los incisos primero y tercero del art. 4 ter, que regula lo que puede denominarse el "abuso tributario".

1. CONSIDERACIONES GENERALES

Siendo la protección de la buena fe un principio general del Derecho que en todos los tiempos ha sido recogido y aplicado para las más diversas áreas del ordenamiento jurídico, resulta de toda lógica que también tenga un inmenso ámbito de aplicación la sanción a la mala fe, en sus más diversas especies, entre las cuales tiene un lugar destacado el abuso. Sin ir más lejos, ya en el primer párrafo del Mensaje del Código Civil se alude a "los abusos que introduce la mala fe, fecunda en arbitrios para eludir las precauciones legales".

De ahí que, como bien anota la doctrina[195], la proscripción del abuso tiene lugar en un sinnúmero de concreciones y expresiones[196]. En efecto, y solo a modo de ejemplo: en el Derecho Público se sanciona con la nulidad especial y responsabilidad del ramo a las autoridades que obran con abuso o desviación de poder[197]; en el Derecho Civil se sanciona, generalmente por medio de la responsabilidad extracontractual, el abuso del derecho en sus más variadas formas, sin perjuicio de que, en términos más generales, se le concibe como un límite al ejercicio de derechos subjetivos[198]; en el Derecho Comercial se prohíbe el abuso de la personalidad jurídica, admitiéndose el levantamiento del velo corporativo[199];

---

195 Vid. Ortúzar Santa María, Álvaro, *El abuso del Derecho ante la Constitución*, en *Estudios sobre reformas al Código Civil y Código de Comercio. Tercera Parte. Fundación Fernando Fueyo Laneri*, Editorial Jurídica de Chile, Primera Edición, 2003.

196 Por ello es que algunos autores, como Rodríguez Grez, afirman que se puede desarrollar una teoría o concepto más amplio, denominado acto abusivo, el que se entiende como "aquel que consiste en ejercer un derecho subjetivo al margen de los intereses jurídicamente protegidos por el derecho objetivo ("Abuso del Derecho"), u obteniendo un provecho que sobrepasa este interés ("Abuso Circunstancial"), sea o no intencionalmente, como consecuencia de romper el equilibrio original que prevalecía entre el sujeto activo y el sujeto pasivo al momento de gestarse la relación jurídica subjetiva y en el cual se fundan los derechos y la obligaciones en que ella se resuelve" (Rodríguez Grez, Pablo, *El abuso del derecho y el abuso circunstancial*, Editorial Jurídica de Chile, 1999, p. 78).

197 Artículo 2 de la Ley N° 18.575 Orgánica Constitucional de Bases Generales de la Administración del Estado ("Todo *abuso o exceso* en el ejercicio de sus potestades dará lugar a las acciones y recursos correspondientes"), en relación con el art. 7 de la Constitución Política de la República. A ello se debe agregar además el resguardo general frente al abuso de autoridades y particulares que concede la acción de protección consagrada en el art. 20 de la Carta Fundamental.

198 Barros Bourie, Enrique, *Tratado de Responsabilidad Extracontractual*, Editorial Jurídica de Chile, 2006, *Op. Cit.*, pp. 611 y ss.

199 Vid. Lyon Puelma, Alberto, *Personas Jurídicas*, Ediciones UC, 2003, pp. 62 y ss.

en materia de libre competencia se sanciona el abuso de posición dominante[200]; en la legislación sobre competencia desleal se otorgan diversas acciones a quien ha sido víctima de un ejercicio abusivo de acciones judiciales[201]; en materia de derecho de consumo, se protege al consumidor frente a las cláusulas abusivas contenidas en los contratos de adhesión[202]; etc.

Por su parte, la doctrina tributaria aludía, previo a la dictación de la LRT, al denominado "abuso de formas jurídicas", como la concreción arquetípica del fraude tributario. Al efecto, RADOVIC exponía que "[e]l fraude de ley presupone un abuso de formas jurídicas que no son adecuadas frente a los procedimientos seguidos y las relaciones económicas, es decir, se utilizan dichas formas con fines distintos a los previstos. Como señala la doctrina alemana, estamos ante un abuso de formas cuando existe una inadecuación entre el resultado económico que se persigue y la forma utilizada para ello, empleándose configuraciones jurídicas inadecuadas que implican rodeos y que son a menudo engorrosas y complicadas. El abuso de formas no está en ellas mismas, sino en el mal empleo que de ellas se hace, deformando su objetivo típico para contener un fin económico distinto al que en virtud de su naturaleza le atribuye el Derecho"[203].

Esta es precisamente la nomenclatura que emplea el art. 4 ter: "Los hechos imponibles contenidos en las leyes tributarias no podrán ser eludidos mediante el *abuso de las formas jurídicas*".

---

200 El inciso segundo del art. 3 del Decreto Ley N° 211 de 1973 dispone que "[s]e considerarán, entre otros, como hechos, actos o convenciones que impiden, restringen o entorpecen la libre competencia o que tienden a producir dichos efectos, los siguientes: [...] b) La explotación *abusiva* por parte de un agente económico, o un conjunto de ellos, de una posición dominante en el mercado, fijando precios de compra o de venta, imponiendo a una venta la de otro producto, asignando zonas o cuotas de mercado o imponiendo a otros *abusos* semejantes".

201 El art. 4 letra g) de la Ley N° 20.169 señala que se considerará un acto de competencia desleal "[e]l ejercicio manifiestamente *abusivo* de acciones judiciales con la finalidad de entorpecer la operación de un agente de mercado".

202 Artículos 16 y siguientes de la Ley N° 19.496.

203 RADOVIC SCHOEPEN, Angela, *Obligación tributaria*, Editorial Jurídica ConoSur, 1998, pp. 22-23. También con anterioridad a la LRT se pueden consultar los trabajos de ROGEL CÉSPEDES, Bárbara, *La elusión tributaria y la teoría del abuso del derecho y el fraude a la ley en el derecho tributario chileno*, Memoria para optar al grado de licenciado en ciencias jurídicas y sociales, Universidad Austral de Chile, 2008; y de MARTÍNEZ COHEN, Rafael, *El error, la simulación, el fraude a la ley y el abuso de un derecho en el Derecho Tributario chileno*, en Revista de Derecho de la Pontificia Universidad Católica de Valparaíso XXIX, 2007, pp. 351-378.

2. ABUSO DEL DERECHO, ABUSO DE FORMAS JURÍDICAS Y FRAUDE A LA LEY

Como se ha expuesto, la proscripción del abuso del derecho tiene un amplísimo ámbito de aplicación, en cuanto constituye una clara manifestación de un principio general como lo es el de la protección de la buena fe.

En tal contexto, y sin perjuicio de las innumerables doctrinas que se han elaborado sobre la materia, en general se estima que la buena fe opera como un límite al ejercicio de los derechos subjetivos, y quien traspasa tal límite obra de modo abusivo, y por tanto ilícito. En este sentido, Ferreira señala que "la buena fe indica un límite, es decir algo que no debe sobrepasarse, sin provocar consecuencias negativas. Ese margen está representado por el respeto a los demás, por el cumplimiento de las normas que impone la buena fe"[204]. Por su parte, Diez-Picazo señala que "el ejercicio de un derecho subjetivo es contrario a la buena fe no sólo cuando no se utiliza para la finalidad objetiva o función económica o social para la cual ha sido atribuido a su titular, sino también cuando se ejercita de una manera o en unas circunstancias que lo hacen desleal, según las reglas que la conciencia social impone en el tráfico jurídico [...] Los derechos subjetivos han de ejercitarse siempre de buena fe. Más allá de la buena fe el acto es inadmisible y se torna antijurídico"[205]. En nuestro medio, Barros afirma que "la buena fe expresa en el derecho aquel núcleo de sentido que subyace a las normas atributivas de derechos, que se muestra en los límites que la norma no expresa, pero da por supuesto"[206].

Existe consenso en concluir que, en sus más diversas hipótesis, para que se configure un abuso del derecho resulta ineludible la concurrencia de un elemento subjetivo, sancionándose el ejercicio doloso o culposo de derechos, y más genéricamente el ejercicio de mala fe de derechos subjetivos.

En este punto, resulta importante anotar que el abuso del derecho en materias tributarias, denominado por la doctrina y hoy por la ley como el "abuso de formas jurídicas", tiene claras conexiones con el fraude a la ley. En una definición clásica, Coviello señala: "El acto es contrario a la ley cuando la voluntad del particular directa y abiertamente se enfrenta con la voluntad de la ley; y es en fraude de la ley cuando la voluntad del particular, respetándola aparentemente, la viola; lo cual ocurre cuando una persona se comporta del modo que el negocio,

---

204 Ferreira Rubio, *Op. Cit.*, p. 230.

205 Diez-Picazo, Luis, *La doctrina de los actos propios. Estudio crítico sobre la jurisprudencia del Tribunal Supremo*, Editorial Bosch, Barcelona, 1963, p. 141.

206 Barros, *Op. Cit.*, p. 629.

respetada la letra de ley, llega a violarla en su espíritu. En tal hipótesis se estima justamente que es nulo el acto realizado en fraude de la ley"[207]. Por su parte, Vial, al tratar de la causa de los actos jurídicos, afirma que el fraude a la ley "consiste en procedimientos en sí lícitos, o en maniobras jurídicas a veces ingeniosas, que tiene la apariencia de legalidad y que, sin embargo, permiten realizar lo que la ley prohíbe o no hacer lo que la ley ordena"[208]. Más recientemente Alcalde ha expresado que "[e]l acto o conducta fraudulenta tienen la apariencia de la licitud, aunque sus resultados sean, en definitiva, antijurídicos y constituyen infracciones (encubiertas, pero, al fin y al cabo, infracciones) del ordenamiento jurídico"[209].

En doctrina se ha debatido intensamente acerca de la relación que existe entre el abuso del derecho y el fraude a la ley[210]: algunos sostienen que son dos figuras similares; otros que entre el abuso y el fraude existe una relación de género a especie, respectivamente; finalmente, hay autores que afirman que se trata de dos institutos distintos, tanto en sus presupuestos como en los bienes jurídicos protegidos[211].

Sobre la materia, se debe observar que existe un amplio catálogo de conductas que la doctrina califica como casos de abuso del derecho, por ejemplo, el ejercicio de un derecho con el solo propósito de causar daño a otra persona, la extrema desproporción entre el interés del titular y el efecto negativo que produce en otra persona el ejercicio del derecho, la conducta contraria a los actos propios, el ejercicio de un derecho adquirido de mala fe, la desviación del fin de un derecho potestativo, o bien el ejercicio doloso o culpable de un derecho[212]. Efectivamente en tales hipótesis el abuso en algo se distancia del fraude a la ley, en cuanto en ellos se está en presencia de un ejercicio indebido de un derecho subjetivo concreto, que perjudica de alguna u otra manera al deudor del mismo o bien a quien tiene la carga de soportar el ejercicio.

---

207 Coviello, Nicolás, *Doctrina General del Derecho Civil*, Editorial Española, p. 453.

208 Vial, *Op. Cit.*, número 139, p. 146.

209 Alcalde Rodríguez, Enrique, *Teoría del fraude a la ley*, en II Curso de Actualización Jurídica "Teorías del Derecho Civil Moderno", Ediciones Universidad del Desarrollo, 2005, p. 93.

210 Acerca del carácter general del fraude a la ley se pude consultar a Fueyo Laneri, Fernando, *El Fraude a la ley*, en Revista de Derecho y Jurisprudencia, tomo LXXXVIII, 1991, pp. 25 y ss.; y a Domínguez Águila, Ramón, *Fraus Omnia Corrumpit. Notas sobre el Fraude en el Derecho Chileno*, Revista de Derecho, Universidad de Concepción, N° 189, año LIX, 1991, pp. 7 y ss.

211 Las diversas posturas doctrinales acerca de esta discusión se encuentran expuestas en Alcalde, *Teoría…*, *Op. Cit.*, pp. 113 y ss.

212 Vid. Barros, *Op. Cit.*, pp. 632 y ss.

Sin embargo, en el abuso de formas jurídicas, al igual que en el fraude a la ley, de lo que se abusa no es propiamente de un derecho subjetivo que se puede ejercer respecto de otra persona concreta, sino que el ejercicio indebido se genera en una cuestión más genérica, como es el abuso del derecho y garantía de la autonomía privada. En este sentido, Barros afirma que "existe *abuso de la autonomía privada* cuando para evitar la aplicación de una norma de orden público se realizan uno o más actos jurídicos que formalmente son lícitos, pero que conducen al efecto económico que la ley pretende impedir. Es el caso del *fraude a la ley*, que constituye un tipo de desviación del fin en el ejercicio de una potestad"[213].

Así las cosas, la abundante doctrina y jurisprudencia que existe en torno al fraude a la ley resulta –al igual que la pronunciada acerca del abuso del derecho– de alto interés para desarrollar debidamente la hipótesis del "abuso de formas jurídicas" que se pasa a analizar a continuación[214].

3. EL ABUSO TRIBUTARIO DEL ART. 4 TER DEL CT

La figura del abuso tributario o de formas jurídicas se encuentra descrito en el primer inciso del art. 4 ter del CT, que dispone lo siguiente: "Los hechos imponibles contenidos en las leyes tributarias no podrán ser eludidos mediante el abuso de las formas jurídicas. Se entenderá que existe abuso en materia tributaria cuando se evite total o parcialmente la realización del hecho gravado, o se disminuya la base imponible o la obligación tributaria, o se postergue o difiera el nacimiento de dicha obligación, mediante actos o negocios jurídicos que, individualmente considerados o en su conjunto, no produzcan resultados o efectos jurídicos o económicos relevantes para el contribuyente o un tercero, que sean distintos de

213 Barros, *Op. Cit.*, p. 650.

214 Siguiendo la exposición de Alcalde, se observa que en general la doctrina exige la concurrencia de los siguientes presupuestos para que se configure un fraude a la ley: *(i)* El acto o actos deben ser en sí mismos lícitos; *(ii)* debe existir una ley defraudada, sea que se trate de un precepto prohibitivo o imperativo; *(iii)* concurrencia de un elemento intencional. Si bien se ha debatido acerca de la necesidad de concurrencia de este último presupuesto –existiendo autores que proclaman una "doctrina objetiva", versus quienes sostienen que es necesaria la concurrencia de dolo–, otro autores adoptan una posición intermedia, pues se indica que "aun cuando no constituiría un requisito del fraude la constancia de un obrar malicioso o intención manifiesta de burlar la ley, siempre será necesario un asiento de culpabilidad ya sea por la presencia de dolo directo, dolo eventual, culpa con previsión e incluso simple culpa" (*Teoría...*, *Op. Cit.*, pp. 96 y ss.).

los meramente tributarios a que se refiere este inciso". Ello, más lo dispuesto en los siguientes incisos de la misma norma, permiten realizar los siguientes comentarios.

i. Como se puede observar, el abuso tributario ha sido descrito por el legislador fundado en los medios a través de los cuales se configura, así como por los resultados obtenidos. Por tanto, necesariamente deben concurrir en el caso unos y otros para que se pueda declarar judicialmente el abuso. Si únicamente se verifica en el caso el empleo de medios que, por cualquier motivo, en definitiva no redunden en el resultado que el legislador busca precaver, no cabe la declaración judicial de abuso. Por tanto, y empleando terminología penal, únicamente se sancionan las conductas abusivas de resultado[215], y jamás las de "mera actividad"[216] ni "de peligro"[217].
A su turno, si el resultado –consistente, en términos genéricos, en alguna forma de ahorro tributario– se obtiene por algún medio distinto al descrito en la norma, tampoco la operación será susceptible de ser judicialmente declarada como abusiva. Ello ya lo reconoce el inciso segundo del art. 4 ter que hemos comentado con anterioridad, en cuanto dispone que "[e]s legítima la razonable opción de conductas y alternativas contempladas en la legislación tributaria. En consecuencia, no constituirá abuso la sola circunstancia que el mismo resultado económico o jurídico se pueda obtener con otro u otros actos jurídicos que derivarían en una mayor carga tributaria; o que el acto jurídico escogido, o conjunto de ellos, no genere

215 Tipo penal de resultado es aquel "cuya consumación exige, junto a la realización de una conducta determinada, la producción de un resultado materia separable espacio-temporalmente de aquélla" (Náquira Riveros, Jaime, *Derecho Penal. Teoría del Delito*, McGraw-Hill, 1998, p. 84). El mismo autor agrega que "[t]ratándose de delitos imprudentes de resultado, la infracción al deber legal-objetivo de cuidado ha de suponer como efecto o consecuencia, junto a la conducta típica, la producción del resultado típico expresamente contemplado por el legislador penal como entidad separada y distinta de aquella. Una vez constatada la existencia del resultado, en los términos antes indicados, es necesario determinar la imputación objetiva del mismo [...]" (p. 182).

216 Tipo de mera actividad es aquel "cuya consumación se logra con la sola realización de una acción determinada y no exige la producción de un resultado material separable espacio-temporalmente de la conducta (Náquira, *Op. Cit.*, p. 84).

217 El tipo de peligro tiene lugar cuando "el legislador se conforma con que la conducta del autor haya puesto en peligro la integridad o seguridad del bien jurídico protegido" (Náquira, *Op. Cit.*, p. 87), distinguiéndose al efecto entre el tipo de peligro concreto y el tipo de peligro abstracto.

efecto tributario alguno, o bien los genere de manera reducida o diferida en el tiempo o en menor cuantía, siempre que estos efectos sean consecuencia de la ley tributaria"[218].

Al efecto, en la Circular 65 el SII expresa lo siguiente: "Consecuente con el principio según el cual resulta legítima la elección entre alternativas contempladas por la legislación tributaria, se debe tener presente que por sí mismo no constituye abuso que el acto o conjunto de actos o negocios jurídicos por los que ha optado el contribuyente no genere efectos tributarios, los genere en forma reducida o diferida en el tiempo, si tales efectos han sido expresamente previstos por el legislador para cada forma de organizar los negocios o actividades. Este podría ser el caso, por ejemplo, de lo dispuesto por los artículos 107 y 17 N° 8, ambos de la Ley sobre Impuesto a la Renta; en las disposiciones que reglan el régimen de tributación de zonas extremas; y, la Ley N° 20.712, que regula la administración de fondos de terceros y carteras individuales, entre otros. Con todo, el contribuyente no podrá impetrar tales efectos si, con abuso o simulación, se ha amparado artificiosa o indebidamente en la norma de cobertura". Agrega el Servicio que "[l]o anterior, resulta lógico, en cuanto supone un respeto por el principio de legalidad de los tributos al recoger las consecuencias tributarias buscadas por el legislador cuando estas suponen un gravamen inferior, o no generen efectos tributarios o los generen pero de manera diferida en el tiempo. De esta forma los contribuyentes pueden obtener ventajas tributarias siempre que éstas sean parte de los propósitos del legislador".

Por último, en esta materia resulta relevante recordar los conceptos de planificación tributaria reglada y no reglada a los que hemos hecho referencia.

ii. En cuanto a los medios necesarios para que se configure el abuso, la norma en análisis dispone que es necesario que se lleve a cabo "mediante actos o negocios jurídicos que, individualmente considerados o en su conjunto, no produzcan resultados o efectos económicos relevantes para el contribuyente o un tercero".

---

218 En opinión de Massone, el inciso segundo del art. 4 ter del CT viene incluso a derogar su inciso primero: "Cuando señala que no constituirá abuso "la sola circunstancia" y luego nombra y describe precisamente los actos y características que están asociados a la elusión, sin mencionar para nada la o las posibles circunstancias adicionales que se requerirían para generar la elusión, no hace sino vaciar de contenido y efectos (vale decir "derogar" o anular) lo que la ley dice en el inciso que lo precede" (*Op. Cit.*, t. I, p. 626).

Así, primeramente es necesario que el abuso se configure "mediante actos o negocios jurídicos". En la Circular 65 el SII expresa lo siguiente: "De esta forma, para la adecuada apreciación de la normativa, se entiende que la expresión "negocio jurídico" alude a un hecho humano, voluntario o consciente y lícito, que tiene por fin inmediato establecer entre las personas relaciones jurídicas, crear, modificar o extinguir derechos y obligaciones cuyos efectos son deseados por las partes y sancionados por la ley. Por su parte, la voz "acto" es un concepto más amplio, que además de comprender a los negocios jurídicos, abarca también los hechos voluntarios (tanto lícitos como ilícitos)".

Si bien en derecho comparado no existe pleno consenso en orden a los conceptos de "acto jurídico" y de "negocio jurídico", en general en Chile se suele estimar que se trata de términos sinónimos, en cuanto ambos se refieren a una declaración de voluntad lícita encaminada a producir efectos jurídicos. Ahora bien, y más allá de tal debate terminológico, conceptualmente resulta cuestionable que el SII entienda que el abuso se pueda verificar mediante "actos ilícitos", ya que ellos, de ser voluntarios, configurarán un delito o cuasidelito civil de conformidad al art. 2284 del CC; por lo demás, siendo el "abuso de formas jurídicas" una forma de fraude a la ley, por definición el mismo se tiene que configurar por medio de actos lícitos.

Por otro lado, agrega la Circular 65 que "la expresión 'conjunto o serie de ellos', hace referencia a negociaciones complejas compuestas por más de un negocio o acto individual. A estos fines, se entiende que un conjunto o serie de actos obedecen a una sola transacción u operación cuando, por ejemplo, se realizan o ejecutan en cumplimiento de un plan establecido en un acuerdo previo; la vinculación se colige a partir del resultado final que subyace tras los hechos, actos o negocios, o conjunto o serie de ellos; o cuando exista una mutua interdependencia entre ellos, de suerte que cada uno aisladamente considerado carece de significación plena por sí mismo. Lo relevante para estos efectos es si uno o más negocios o actos están vinculados en el tiempo, directa o indirectamente, con la aplicación de un determinado hecho imponible, de forma que los negocios o actos que se realizan en el tiempo son antecedentes necesarios para la evitación total o parcial de un determinado hecho imponible, disminuir la base imponible o la obligación tributaria, o postergar o diferir el nacimiento de la misma".

La referencia que el art. 4 ter hace a la consideración individual "o en su conjunto" de los actos y negocios jurídicos da pie para entender que en esta materia el legislador recogió la doctrina de los contratos conexos o interdependientes[219], la cual se refiere al caso en que se celebran varios contratos formalmente distintos y autónomos, que, en su conjunto, tienden a concretar una única operación económica perseguida por las partes. En este sentido, los autores sustentan esta doctrina en atención a que "a menudo los particulares concluyen simultánea o sucesivamente diversos contratos que presentan un vínculo de dependencia, vínculo que les resta autonomía y lleva a diferenciarlos del contrato considerado como figura cerrada, completa y aislada"[220]; en otras palabras, en atención a que "determinadas operaciones económicas, a menudo requieren que sean celebrados varios contratos sucesivos, imbricados o estrechamente vinculados"[221].

Por ende, la teoría de los contratos conexos descansa sobre la base de un supuesto eminentemente extrajurídico, de carácter más bien práctico o económico, que es la particular vinculación que en muchos casos existe

---

219 A nivel nacional el desarrollo doctrinal de la teoría de los contratos conexos ha sido más bien escasa. Un completo análisis de la misma se encuentra en NARANJO ARIAS, Camilo, *Los Contratos Conexos. Análisis de una doctrina en gestación a la luz de los principios y normas del ordenamiento jurídico chileno*, Tesis para optar al grado de Licenciado en Derecho de la Pontificia Universidad Católica de Chile, 2007. Recientemente el legislador ha dado una regulación, para una materia específica, a la doctrina de los contratos conexos, como lo comprueba el art. 140 de la Ley N° 20.720, que sustituyó el Régimen Concursal vigente por una Ley de Reorganización y Liquidación de Empresas y Personas, y perfecciona el rol de la Superintendencia del ramo. Dicha disposición señala en su inciso primero: "La dictación de la Resolución de Liquidación impide toda compensación que no hubiere operado antes por el ministerio de la ley, entre las obligaciones recíprocas del Deudor y los acreedores, salvo que se trate de obligaciones conexas, derivadas de un mismo contrato o de una misma negociación y aunque sean exigibles en diferentes plazos". Su inciso segundo agrega: "Para estos efectos, se entenderá que revisten el carácter de obligaciones conexas aquellas que, aun siendo en distinta moneda, emanen de operaciones de derivados, tales como futuros, opciones, swaps, forwards u otros instrumentos o contratos de derivados suscritos entre las mismas partes, en una o más oportunidades, bajo ley chilena o extranjera, al amparo de un mismo convenio marco de contratación de los reconocidos por el Banco Central y que incluyan un acuerdo de compensación en caso de Liquidación Voluntaria o de Liquidación Forzosa. El Banco Central de Chile podrá determinar los términos y condiciones generales de los convenios marco de contratación referidos en que sea parte una empresa bancaria o cualquier otro inversionista institucional, considerando para ello los convenios de general aceptación en los mercados internacionales". Si bien el término de "obligación conexa" empleada por el legislador es extraordinariamente acotado y específico tanto en su conceptualización como en su ámbito de aplicación, la norma tiene la virtud de constituir un reconocimiento expreso de la doctrina de los contratos conexos.

220 LÓPEZ FRÍAS, Ana, *Los Contratos Conexos. Estudio de Supuestos Concretos y Ensayo de una Construcción Doctrinal*, José María Bosch Editor S.A., Barcelona, 1994, p. 21.

221 LÓPEZ SANTA MARÍA, Jorge, *Las Cadenas de Contratos o Contratos Coligados*, en Revista de Derecho de la Universidad Católica de Valparaíso N° XIX (1998), p. 159.

entre diversos contratos. El principal supuesto de hecho de la teoría es, pues, la unión económica o funcional entre dos o más contratos, cuando estos fueron celebrados en aras de una misma y única finalidad práctica. Y se postula que "el vínculo económico entre los dos contratos [...] se debe duplicar con un vínculo de orden jurídico"[222]. De este modo, se pretende atribuir a esta vinculación económica o funcional que se percibe con frecuencia en el tráfico jurídico, efectos jurídicos relevantísimos[223].

Si bien la doctrina nacional estima que, en general, la doctrina de los contratos conexos resulta aplicable en nuestro ordenamiento jurídico[224],

---

222 Larroumet, Christian, *Teoría General del Contrato*, Editorial Temis, Bogotá, 1993, p. 208.

223 La doctrina afirma que los principales efectos de la teoría de los contratos conexos son dos: (i) las acciones contractuales directas que se conferirían a quien, no siendo parte de un contrato, lo es, empero, de otro contrato conexo con el primero, cuestión de gran relevancia en materia de responsabilidad civil, si se considera que implicaría facultar a quien no es parte de un determinado contrato para ejercer las acciones que derivan del mismo; y (ii) las sanciones ambulatorias, conforme a las cuales la ineficacia de un contrato se propagaría a los demás contratos conexos con él, aun cuando, considerados en sí mismos, no presentasen vicios o causales que exijan tal declaración.

224 Siguiendo a Naranjo, es posible observar que ciertas instituciones del derecho nacional podrían sustentar la aplicación de la teoría de los contratos conexos: *(i)* Si las partes de un contrato estipulan su conexión con otro, aceptando la procedencia de sanciones ambulatorias y/o de acciones contractuales directas, entonces será inequívoca la procedencia de la conexión y de sus efectos, pues, como señala un autor nacional, "enfrentados a un problema de interpretación de la voluntad de las partes, en el sentido de si dos o más contratos han sido queridos como un todo, o por lo menos de manera que uno dependa del otro, debemos recurrir a la 'intención' de las partes". Sin embargo, lo cierto es que en este caso no se estaría aplicando la teoría de los contratos conexos, sino, lisa y llanamente, el principio de la autonomía de la voluntad. *(ii)* La doctrina de la causa podría sustentar la aplicación de los contratos conexos. En efecto, la operación económica global perseguida por las partes de los diversos contratos (conexión económica) será, desde la perspectiva de la teoría del acto jurídico, la causa ocasional o concreta que motivó a las partes a contratar. En definitiva, varios contratos serán conexos cuando compartan una misma y única causa concreta, que solo es posible lograr con la celebración de todos ellos. De esta forma, el vínculo funcional o económico se duplica con otro de naturaleza jurídica, como es la causa. *(iii)* Ciertos autores afirman que la procedencia de las acciones contractuales directas se justificaría por el efecto expansivo, reflejo o indirecto de los contratos, también conocido como el principio de la oponibilidad del contrato. Así, por ejemplo, López Santa María sostiene que "la doctrina y jurisprudencia comparadas admiten, cada vez con menos reservas, que cuando existe un grupo de contratos caben acciones indemnizatorias contractuales dirigidas por un demandante contra un demandado que, entre ellos, no celebraron contrato alguno (...) Es que al lado del efecto relativo existe el efecto expansivo de los contratos". Sin embargo, se ha dicho que la oponibilidad o efecto expansivo del contrato no puede redundar en que un tercero sea considerado parte de una convención que no contribuyó a formar, ni menos que dicho tercero pueda ser considerado acreedor en virtud de la referida convención, ni

no cabe duda de que la misma ha sido plenamente recibida en materia tributaria de conformidad a lo dispuesto en el art. 4 ter del CT.

iii. Despejado lo anterior, y siguiendo en el plano de los medios, resulta conveniente analizar lo que sin duda será el centro del debate en la mayoría de los juicios sobre declaración de abuso, como es la necesidad de un aspecto negativo, como es que los actos o negocios jurídicos no produzcan resultados o efectos jurídicos o económicos relevantes para el contribuyente o un tercero[225].
De conformidad al art. 4 ter lo primero que se debe analizar es si el acto o negocio jurídico produjo "efectos" o "resultados". Por efectos del acto,

---

tampoco que dicho tercero se vea afectado por la ineficacia de la convención. El principio en cuestión solo permite considerar que los contratos forman parte de la realidad social y que, por ello, pueden ser invocados por terceros y en contra de terceros, en tanto hecho integrante de dicha realidad. En cambio, la teoría de los contratos conexos exige que los contratos puedan ser invocados por terceros –acción contractual directa– y en contra de terceros –sanciones ambulatorias–, como acto jurídico creador de derechos y obligaciones. *(vi)* Finalmente, también se ha indicado que el principio de la protección de la buena fe daría lugar a admitir la doctrina de los contratos conexos. Y ello por cuanto, si un sujeto celebra un contrato con miras a una operación económica global que solo es posible lograr con la celebración de otros contratos, sería contrario a la buena fe que dicho sujeto pretendiera luego desconocer el vínculo que une los contratos celebrados. En tal sentido, el principio de la protección de la buena fe servirá para enervar las pretensiones del contratante que quisiera desconocer o desentenderse de la operación económica global perseguida o de la existencia del grupo de contratos celebrados, en aras a ceñirse única y exclusivamente a uno de ellos (Naranjo, *Op. Cit.*, pp. 64 y ss.).

225 Massone afirma que el art. 4 ter, al aludir a los resultados o efectos económicos relevantes, está aceptando que los contribuyentes empleen como defensa lo que en derecho comparado se denomina usualmente la "válida razón de negocios". Señala este autor que "[l]a determinación de esta condición comporta una valoración comparativa, que se cumple entre la función económica, podríamos decir típica o propia de la operación realizada –incluso si la hipótesis ha resultado ventajosa– y las finalidades realmente perseguidas por el contribuyente. Para tal fin, debe estimarse que la determinación de las válidas razones económicas se cumple no ya sobre la base de la reconstrucción del proceso de decisión seguido por el sujeto pasivo, sino de estándares *justificativos generalmente aceptados, por individualizar conforme a determinados parámetros (en la especie sobre la base de parámetros económicos)*; esto es, de criterios que permiten discernir, entre las varias finalidades que la operación realizada puede satisfacer, el objetivo o los objetivos que la conducta adoptada podía razonablemente conseguir, y ello incluso prescindiendo de la individualización de la efectiva voluntad del agente" (*Op. Cit.*, t. I, p. 632). Conforme se expondrá a continuación, en nuestro concepto la defensa que puede emplear el contribuyente es más amplia que la "válida razón de negocios", pues la relevancia a que se refiere el art. 4 ter no se limita a los aspectos puramente económicos, sino que también a los de naturaleza jurídica.

siguiendo la doctrina tradicional sobre la materia, debemos entender que se alude a los derechos y obligaciones que emanan para las partes del negocio jurídico. Ahora bien, para determinar si hubo o no abuso no basta con analizar tales efectos directos, sino que resulta imprescindible establecer si el acto o negocio produjo un determinado resultado, noción mucho más amplia en cuanto no se limita a los derechos y obligaciones que emanan del acto, sino que comprende toda consecuencia casualmente derivada del negocio. Por ende, la alusión a los resultados que se realiza en el art. 4 ter podría estar en alguna medida emparentada con lo que en doctrina se denomina efectos absolutos, indirectos o *erga omnes* de los actos y contratos[226]. Adicionalmente, y en una cuestión que sin duda es de la mayor relevancia, para que tenga lugar el abuso es imprescindible que el o los actos o negocios no produzcan resultados o efectos "jurídicos" o "económicos". Como se indicó con anterioridad en este trabajo, esta parte del art. 4 ter demuestra lo errado del entendimiento contenido en la Circular 65, en orden a que para verificar si hubo o no elusión se debe entender estrictamente a cuestiones de orden económico o patrimonial. Lo cierto es que, como ya hemos expuesto, para analizar si hubo o no abuso se debe realizar un análisis tanto económico como jurídico, siendo en consecuencia ineludible establecer la causa del acto a efectos de verificar si hubo o no elusión en el caso. Por tanto, es perfectamente factible que un determinado acto no produzca

226 Al respecto, la doctrina observa que en ocasiones un acto jurídico podría ser invocado por un tercero al mismo en su favor o puesto contra un tercero en su detrimento; ello atendido que una vez que el contrato se perfecciona pasa a ser un hecho social y, como tal, existe para todos y en sus efectos reflejos alcanza a terceros absolutos, no en cuanto les genera derechos u obligaciones, sino en cuanto es factible traerlo a colación o bien formular una preferencia basada en el contrato ajeno. Entendida así la noción de los efectos absolutos del contrato, se concluye que estos no constituyen una excepción al efecto relativo pues no genera derechos y obligaciones, sino que constituye un hecho social que debe ser reconocido por los terceros. Por tanto, un tercero podría oponer o valerse de la existencia de un contrato celebrado entre otras personas (partes) en materia de responsabilidad civil extracontractual, para efectos de determinar el legitimado pasivo de la acción de indemnización de perjuicios. Esta clase de responsabilidad es lo que da lugar a la teoría de *Interferencia en Contratos Ajenos*, reconocida por la Ley N° 20.169 sobre Competencia Desleal, que sanciona en su art. 4 letra f) "[t]oda conducta que persiga inducir a proveedores, clientes u otros contratantes a infringir los deberes contractuales contraídos con su competidor". Un completo análisis de los efectos absolutos de los contratos, así como de la doctrina de la interferencia en contrato ajeno, se encuentra desarrollado en González Koch, Francisco, *Elementos de la culpabilidad en la interferencia contractual por terceros*, Memoria de Licenciatura, Facultad de Derecho de la Universidad de Chile, 1995. También se refiere a la materia Barros, *Op. Cit.*, pp. 992 y ss.

ningún efecto económico, pero que sí genere consecuencias jurídicas, como sería el caso que en él se contenga una determinada declaración de carácter eminentemente extrapatrimonial, un reconocimiento (*v. gr.* de paternidad en los términos del art. 187 del CC), el otorgamiento de derechos políticos y no económicos en una sociedad, etc.

Asimismo, es igualmente trascendente que para que se configure un abuso es necesario que no se haya producido un resoluta o efecto jurídico o económico "para el contribuyente", o bien para un "tercero". Ello viene a ratificar la aplicación en esta materia de los denominados efectos absolutos, indirectos o *erga omnes* de los actos y contratos a los que ya hemos aludido, sin perjuicio de que con esta frase debemos entender que el art. 4 ter alude a otras figuras, como lo son la estipulación a favor de otro (art. 1449 del CC) y la promesa de hecho ajeno (art. 1450 del CC).

Finalmente, queda por dilucidar la necesidad del carácter "relevante" que debe poseer el resultado o efecto a fin de establecer si se configuró o no un abuso. La relevancia, desde luego, constituye una noción eminentemente relativa; esto es, dependerá de cada caso y de cada contribuyente en particular. Para establecer la relevancia resultará imprescindible, como siempre, analizar y establecer la causa del acto o negocio, en los términos a los que ya hemos aludido en este trabajo. Importante es insistir en que la relevancia no es un concepto de carácter puramente económico o patrimonial, sino también esencialmente jurídico.

iv. Ya analizados los medios a través de los cuales se debe configurar el abuso, resulta pertinente referirnos a los resultados que la operación debe obtener a fin de ser considerada elusiva. Si bien en términos bastante genéricos el art. 4 ter comienza indicando que "[l]os hechos imponibles contenidos en las leyes tributarias no podrán ser eludidos mediante el abuso de las formas jurídicas", la misma disposición establece luego con precisión cuáles son los resultados tributarios susceptibles de configurar un abuso.

En particular, se entiende que el abuso en materia tributaria tiene lugar cuando por medio de la celebración y ejecución de actos o negocios jurídicos –sea considerados individualmente o bien en su conjunto– exclusivamente se obtenga algún ahorro tributario, sin que los mismos actos y negocios produzcan ningún otro resultado o efecto jurídico o económico relevante para el contribuyente o un tercero.

Por tanto, es claro que el abuso tributario existirá cuando el único y exclusivo resultado y efecto del acto(s) o contrato(s) sea un determinado y específico

ahorro tributario, el cual debe consistir en *(i)* evitar total o parcialmente la realización del hecho gravado; *(ii)* la disminución de la base imponible; *(iii)* la disminución de la obligación tributaria; o, *(iv)* la postergación o diferimiento del nacimiento de la obligación tributaria.
Atendido los términos del art. 4 ter, así como el carácter excepcional de las normas sobre elusión –y consecuencialmente del abuso–, si se llegase a obtener cualquier otro ahorro tributario distinto de los recién indicados, la operación no podrá ser catalogada de abuso de formas jurídicas, y por tanto no será aplicable la Norma General Anti Elusión.

v. Finalmente, en cuanto a la sanción al abuso tributario, el inciso final del art. 4 ter dispone: "En caso de abuso se exigirá la obligación tributaria que emana de los hechos imponibles establecidos en la ley"[227]. En consecuencia, el abuso da lugar a una suerte de inoponibilidad del acto, encontrándose habilitado el Servicio, previa declaración judicial del abuso, a obrar –léase liquidar y girar el impuesto– sin consideración del contrato del contribuyente, haciendo directamente aplicable la ley tributaria defraudada.

227 Massone critica la redacción de la norma, pues la misma "contiene un buen grado de vaguedad e imprecisión, sobre todo si consideramos las previsiones que la preceden. Habría sido más acertado decir, por ejemplo: *En caso de elusión se exigirá la obligación tributaria que emana de las disposiciones que se ha tratado de eludir*" (*Op. Cit.*, t. I, p. 628).

CAPÍTULO VI
LA SIMULACIÓN TRIBUTARIA

La simulación tributaria, segunda hipótesis de elusión establecida por la Ley de Reforma Tributaria, se encuentra regulada en el art. 4 quáter del CT, que expresamente dispone lo siguiente:

> "Habrá también elusión en los actos o negocios en los que exista simulación. En estos casos, los impuestos se aplicarán a los hechos efectivamente realizados por las partes, con independencia de los actos o negocios simulados. Se entenderá que existe simulación, para efectos tributarios, cuando los actos y negocios jurídicos de que se trate disimulen la configuración del hecho gravado del impuesto o la naturaleza de los elementos constitutivos de la obligación tributaria, o su verdadero monto o data de nacimiento".

1. CONSIDERACIONES GENERALES

Al igual que el abuso, la simulación ha tenido un gran desarrollo jurisprudencial y doctrinal[228]. En términos muy generales, se entiende que hay simulación en los casos en que la real intención de las partes de un contrato difiere de la voluntad declarada, sea porque no deseaban celebrar contrato alguno (lo que se califica

228 El análisis de la simulación desde la perspectiva del Derecho Civil se puede consultar, entre otras, en las siguientes obras y artículos: Diez Duarte, Raúl, *La Simulación de Contrato en el Código Civil Chileno*, Editorial Jurídica de Chile, 1982, número 35; Diez Duarte, Raúl, *Contrato Simulado. Estructura Civil y Penal. Teoría Jurídica y Práctica Forense*, Editorial Jurídica Cono Sur, 1995; Alcalde Rodríguez, Enrique, *La simulación y los terceros: consideraciones civiles y penales*, Revista Chilena de Derecho, Vol. 27 N° 2, 2000 [pp. 265-289]; Coronel Jonés, César, *La Simulación de los Actos Jurídicos*, Editorial Nomos, Bogotá, 1989; Rosende Álvarez, Hugo, *La simulación y los actos fiduciarios*, en "Teorías del Derecho de Civil Moderno", Ediciones Universidad del Desarrollo, 2005 [pp. 9-61].

como una simulación absoluta), o bien porque deseaban celebrar un contrato distinto al declarado (lo que se califica como una simulación relativa). En esta línea, León define la simulación en los siguientes términos: "La simulación consiste en aparentar una declaración de voluntad que no se desea, contando con la aquiescencia de la parte a quien esa declaración va dirigida"[229].

La simulación no constituye en sí misma un obrar contrario a derecho, sino que adquirirá tal carácter en la medida que mediante ella se pretenda intencionalmente perjudicar a terceros. De ahí que suela distinguirse entre simulaciones lícitas e ilícitas.

En este sentido, Alcalde sostiene que "[c]onforme lo señala la unanimidad de la doctrina, como también la jurisprudencia de nuestros más altos tribunales, si bien es cierto toda simulación, por el hecho de ser tal, persigue engañar a terceros, ello no la transforma necesariamente en ilícita o ilegítima, ya que las partes pueden obligarse como quieran y, en tal sentido, realizar en secreto aquello que también les sería permitido realizar públicamente. En esta línea, Josserand advierte que el móvil que se persiga será decisivo para calificar el acto, pues habrá mentiras jurídicas condenables y a veces criminales, otras que serán solo pecados veniales y algunas, por último, indiferentes a la moral y aun motivadas por exceso de delicadeza o de escrúpulos de conciencia". "En concordancia con lo anterior, nuestro ordenamiento jurídico no solo tolera esta figura, sino que le reconoce expresamente validez y eficacia para la generalidad de los casos, y no únicamente entre las partes, sino que también, según diremos más tarde, tratándose de terceros que quieran prevalecerse de la voluntad real o verdadera de los contratantes"[230].

La simulación lícita, a diferencia de lo que pudiere estimarse, es sumamente habitual, si se considera, por ejemplo, que la misma tiene lugar en la inmensa

229 León Hurtado, Avelino, *La Voluntad y la Capacidad en los Actos Jurídicos*, Editorial Jurídica de Chile, 1963, número 106, p. 175. Por su parte, Diez señala que *"hay simulación toda vez que exista disconformidad consciente entre la voluntad y su declaración, convenida entre las partes, con el fin de engañar a terceros"* (Diez, *La Simulación de Contrato en el Código Civil Chileno*, *Op. Cit.*, p. 60.

230 Alcalde, *La Simulación....*, *Op. Cit.*, p. 266. El mismo autor, citando al efecto a Coronel, señala los siguientes ejemplos de simulación lícita: "(a) El caso del padre de cuantiosa fortuna que con la finalidad de estimular a su hijo al trabajo y al estudio, finge la pérdida de su dinero y transfiere sus bienes a un tercero simuladamente. (b) El caso del individuo que para eludir solicitaciones (pedidos de dinero, fianzas, etc.) se constituye en insolvente aparente. (c) Aquellos actos que se realizan con el objeto de impedir que personas con vocación hereditaria continúen mostrando falsos afectos, mientras que en el fondo de su alma esperan ansiosamente que la muerte convierta en realidad sus esperanzas".

mayoría de las compraventas de inmuebles que se celebran en el país. En efecto, para nadie es un misterio que en la mayoría de las escrituras públicas de compraventa de inmuebles se estipula una cláusula que no se condice con la realidad, como es que el precio se paga en el mismo acto de la venta. Ello resulta no ser verdadero, como lo demuestra el que en la misma fecha se suscribe entre las mismas partes una contraescritura privada usualmente denominada "instrucciones notariales", en las que se indica que, en realidad, los documentos representativos del dinero o precio no se pagan de inmediato, sino que quedan en poder del notario, quien únicamente los entregará al vendedor en la medida que se cumpla una serie de condiciones, especialmente que el inmueble se inscriba a nombre del comprador. Si bien ello claramente constituye una simulación, nada tiene de ilícita en cuanto, lejos de perjudicar a terceros, se les protege, propendiéndose a la libre circulación de los bienes en armonía con un adecuado resguardo de los intereses de las partes. De hecho, tal obrar se encuentra debidamente amparado por una serie de disposiciones del CC, como los son los arts. 1491 y 1876 en relación al art. 1707[231].

231 En efecto, se debe recordar que el art. 1491, relativo a los efectos de la condición resolutoria respecto de terceros adquirentes de un inmueble, dispone: "Si el que debe un inmueble bajo condición lo enajena, o lo grava con hipoteca censo o servidumbre, no podrá resolverse la enajenación o gravamen, sino cuando la condición constaba en el título respectivo, inscrito u otorgado por escritura pública"; por su parte, en el inciso primero del art. 1876 se indica que "[l]a resolución por no haberse pagado el precio no da derecho al vendedor contra terceros poseedores, sino en conformidad a los artículos 1490 y 1491". De estas dos disposiciones, aplicables a toda condición resolutoria –sea expresa o tácita–, surge el hecho de que si en el respectivo contrato de compraventa no figura íntegramente pagado el precio –y en consecuencia da cuenta de una condición resolutoria tácita pendiente–, todo tercero adquirente quedará expuesto a que se resuelva su adquisición, cuestión que de manera evidente entrabaría seriamente la libre circulación del inmueble. A su turno, atendido el sistema de transferencia del dominio en inmuebles, que se verifica mediante la posterior inscripción del título en el registro de propiedad del Conservador de Bienes Raíces (art. 686 del CC), las partes en general son reacias a que se pague de inmediato –esto es, a la época de celebración del contrato– el precio, pues el comprador únicamente estará dispuesto a que se entregue el precio al vendedor en la medida que el inmueble sea inscrito a su nombre.

¿Cómo salvar la situación y armonizar los intereses de terceros y de las partes? Mediante el otorgamiento de una compraventa parcialmente simulada, cuestión factible de llevar a cabo en virtud de lo dispuesto en el art. 1707 del CC: "Las escrituras privadas hechas por los contratantes para alterar lo pactado en escritura pública, no producirán efectos contra terceros. Tampoco lo producirán las contraescrituras públicas, cuando no se ha tomado razón de su contenido al margen de la escritura matriz cuyas disposiciones se alteran en la contraescritura, y del traslado en cuya virtud ha obrado el tercero". La contraescritura privada es la ya indicada "instrucción al notario", que altera lo pactado en la compraventa en lo relativo al pago del precio,

Por su lado, la simulación ilícita sí resulta evidentemente reprochable, pues constituye un obrar cuya finalidad es la de engañar y perjudicar a terceros ajenos al acto o contrato. Si bien a diferencia de lo que acontece en otras legislaciones nuestro Código Civil no regula de forma sistemática la simulación[232], la unanimidad de la doctrina y jurisprudencia nacional reconocen en la simulación ilícita un obrar contrario a derecho y que amerita una sanción civil.

Tal simulación, como se advirtió con anterioridad, puede adoptar una de dos modalidades: absoluta y relativa.

Hay simulación absoluta cuando realmente ningún acto jurídico quiere celebrarse, y solo se finge realizar uno: cuando es establecida la simulación, el acto simulado se desvanece.

Por su lado, hay simulación relativa cuando se celebra aparentemente un acto jurídico, pero en realidad se quiere realizar otro. En la simulación relativa hay dos actos jurídicos: el ostensible, simulado, ficticio o aparente, que es el que las partes han fingido realizar, y el acto oculto, sincero, real o disimulado, que es el que efectivamente las partes han querido llevar a cabo y destinado a quedar en secreto. Este último es el resultado de la contradeclaración[233]. Cuando la si-

---

cumpliéndose así una doble finalidad: por un lado, no figurará ninguna condición pendiente en el título que se inscriba (con lo cual en caso de no pago del precio no podrá solicitarse la restitución del inmueble al tercero), y por el otro, el comprador tendrá la tranquilidad de que no se liberará el precio al vendedor (y que eventualmente el dinero le será restituido) para el caso de que el inmueble, por cualquier motivo, no pueda ser inscrito a su nombre.
Lo expuesto en esta nota ha sido reiteradamente acogido por la jurisprudencia, en cuanto se ha fallado, por ejemplo, que "la simulación, no mediando perjuicio de terceros, es perfectamente lícita en nuestro Derecho, y así vemos que el artículo 1707 del Código Civil da valor entre las partes a las escrituras privadas, hechas para alterar lo pactado en una escritura pública" (*RDJ*, t. XXXVIII, secc. Segunda, 1936, p. 17); y que "bien pueden las partes comparecientes en un instrumento público, compenetradas del alcance de sus palabras, convenir en cláusulas que no correspondan a la realidad, sin alterar con ello la validez del instrumento" (*RDJ*, t. LXXXVIII, secc. Primera, 1991, p. 14).

232 Regulan la simulación, entre otros, los Códigos Civiles de Argentina (actuales arts. 333 a 337 del nuevo Código aprobado el año 2014), Alemania (art. 117), Italia (art. 1414 al 1417), Etiopía (arts. 1991, 1994, 2019), Portugal (arts. 240 al 243), Bolivia (arts. 543 al 545), Perú (arts. 190 al 194), Paraguay (arts. 305 al 310), entre otros. El primero de dichos cuerpos normativos dispone que "[l]a simulación tiene lugar cuando se encubre el carácter jurídico de un acto bajo la apariencia de otro, o cuando el acto contiene cláusulas que no son sinceras, o fechas que no son verdaderas, o cuando por él se constituyen o transmiten derechos a personas interpuestas, que no son aquellas para quienes en realidad se constituyen o transmiten" (actual art. 333, de idéntico tenor al ex art. 955).

233 Como señala la doctrina, la diversidad entre el acto jurídico aparente o simulado y el efectivo o disimulado puede residir en: a) la naturaleza del acto, como ocurre por ejemplo

mulación es relativa, se desvanece el acto simulado, que no va a producir efectos porque carece de causa o tiene una causa falsa o engañosa. En cambio, queda a la vista el acto disimulado, el cual, si cumple con todos los requisitos de los actos jurídicos, producirá válidamente sus efectos; en caso contrario será nulo[234].

Desde la perspectiva del derecho civil, en general se sostiene que los casos de simulación ilícita dan cuenta de un problema de falta de causa (en la simulación absoluta) o bien de una causa ilícita u objeto ilícito (en la simulación relativa), razón por la cual en definitiva el acto o contrato simulado es absolutamente nulo[235],

---

en la donación disimulada detrás de una aparente compraventa; b) el objeto, como por ejemplo, se declara, en el acto ostensible o simulado, vender una cosa en un millón de pesos, pero en la contradeclaración o acto disimulado se dice que es de dos millones; c) los sujetos que celebran el acto, por ejemplo, A finge vender a B, pero en realidad vende a C.

234 Los terceros a quienes la simulación perjudica pueden tener interés en que se declare cuál fue la voluntad real de las partes y que se apliquen al acto realmente querido las sanciones que eventualmente lo podrían afectar, para lo cual es necesario ejercer la denominada acción de simulación. Lo anterior en atención a que la simulación en ningún caso puede constituirse en un medio para eludir la ley. Así, en caso de un acto simulado, establecida la verdadera intención de las partes y por consiguiente la verdadera naturaleza jurídica del acto celebrado, es necesario exigirle a dicho acto todos los requisitos propios a su naturaleza, tanto de fondo como de forma. DIEZ define la acción de simulación como aquella que "tiene por objeto establecer la voluntad real y verídica de las partes y hacerla primar sobre la voluntad que falsamente expresaron" (DIEZ, *Op. Cit.*, número 148, p. 203). Por su parte, VIAL la define como "aquella que es ejercida por los terceros a quienes la simulación perjudica, con el objeto de que el juez declare cuál ha sido la voluntad de las partes" (VIAL, *Op. Cit.*, número 107, p. 113).

235 En relación con lo anterior, nuestros Tribunales Superiores de Justicia, han fallado que hay causa ilícita en los contratos simulados efectuados por el marido con el propósito de defraudar los derechos de su cónyuge en la liquidación de la sociedad conyugal. La Corte de Apelaciones de Santiago ha resuelto: "En efecto, estos contratos fueron celebrados a raíz de la presentación de la demanda de divorcio perpetuo de la actora contra su marido; éste no se encontraba en una aflictiva situación económica que lo obligara a vender sus bienes; por el contrario, continuó actuando, respecto de los mismos bienes, como dueño, así sea en la administración o disposición; no está acreditado que los contratantes hubieren dado cumplimiento a sus respectivas obligaciones, si bien en las escrituras se dan por cumplidas; y, en general, los hechos y antecedentes mencionados en el considerando 10, de la sentencia en alzada, llevan al tribunal a la conclusión de que la celebración de los aludidos contratos fue más aparente que real, que no existió la voluntad efectiva de celebrarlos y de que no hay otra causa que la de sustraerlos a la liquidación de la sociedad conyugal para el evento de acogerse la demanda sobre divorcio perpetuo. Que todo este conjunto de apreciaciones y circunstancias llevan, necesariamente, a la conclusión de que en dichos contratos ha faltado una causa lícita y, por consiguiente, son nulos" (*RDJ*, tomo LV, sección primera, p. 188). En igual sentido se pronuncia la doctrina: "Si consideramos que la simulación ilícita es aquella que se celebra con el propósito de defraudar a terceros, y si consideramos, además, que la

a menos que el legislador hubiere dispuesto una sanción especial[236], rigiendo esta por aplicación de lo dispuesto en el art. 10 del Código Civil[237].

Todo lo anteriormente expuesto ha sido refrendado por un reciente fallo de la Excma. Corte Suprema, dictado el día 22 de octubre de 2015 en los autos Rol N° 5183-2015, en el cual se expuso, en lo que interesa, lo siguiente:

> "QUINTO: Que la simulación es una materia que no ha sido prevista en nuestro Código Civil, entre sus preceptos no se emplea el vocablo simulación, su desarrollo es fruto de la doctrina de los autores y de la jurisprudencia.
> La palabra simulación viene de la latina simul y actio, y según su etimología indica el concierto o la inteligencia de dos o más personas para dar a una cosa la apariencia de otra. El profesor Avelino León Hurtado explica que 'la simulación consiste en aparentar una declaración de voluntad que no se desea, contando

---

causa es el motivo o móvil que induce a las partes a celebrar un acto jurídico determinado y en una forma determinada, pública o privada, solemne o consensual, sincera o simulada, necesariamente debemos concluir que *el acto simulado ilícito, dentro de la teoría general de los actos jurídicos, adolece de causa ilícita* (artículo 1467). En consecuencia, el acto simulado ilícito será nulo, de nulidad absoluta (1681). Se encuentra corroborada esta opinión por la jurisprudencia uniforme sobre esta materia" (Diez, *Op. Cit.*, p. 107).

236 Es el caso, por ejemplo, del caso regulado en el art. 1768 del CC, que dispone: "Aquel de los cónyuges o sus herederos que dolosamente hubiere ocultado o distraído alguna cosa de la sociedad [conyugal], perderá su porción en la misma cosa y se verá obligado a restituirla doblada". La doctrina sostiene respecto a esta disposición que "[h]ay distracción cuando alguno de los cónyuges o de sus herederos sustrae un bien social para apropiárselo exclusivamente en perjuicio del otro, de sus herederos o de los acreedores sociales"; y "hay ocultación cuando, con el mismo objeto, esconde o hace desaparecer un bien social o silencia o niega su existencia, no obstante que la conoce o lo tiene en su poder" (Alessandri Rodríguez, Arturo, *Tratado Práctico de las Capitulaciones matrimoniales, de la sociedad conyugal y de los bienes reservados de la mujer casada*, Editorial Universitaria, 1935, número 834, p. 514). En cuanto a los actos sancionados por esta disposición, la jurisprudencia ha resuelto que "[l] a distracción u ocultamiento de alguna cosa de la sociedad supone un acto material que puede consistir en silenciar, esconder, sustraer o hacer desaparecer un bien, y, en general, cualquier hecho que importe eliminar bienes o valores de la liquidación de la sociedad para destruir la igualdad entre los cónyuges o sus herederos o para burlar a los acreedores sociales; y entre estos actos, ciertamente, están los *contratos ficticios o simulados*"; agregando el mismo fallo que "procede aplicar la sanción establecida en el artículo del Código Civil respecto de los bienes afectos a contratos de compraventas *simuladas* celebradas por el marido con el fin de defraudar los derechos de su mujer en la liquidación de la sociedad conyugal" (*RDJ*, t. 55, sec. 1ª, p. 188).

237 El art. 10 del CC dispone que "[l]os actos que prohíbe la ley son nulos y de ningún valor; salvo en cuanto designe expresamente otro efecto que el de la nulidad para el caso de contravención".

con la aquiescencia de la parte a quien esa declaración va dirigida. Mediante la simulación se da a los terceros un falso concepto de la realidad, la naturaleza, los participantes, los beneficiarios o las modalidades, de la operación' (La voluntad y la capacidad en los actos jurídicos. Edit. Jurídica, 1963, p. 175).

De acuerdo con la doctrina, para que haya simulación se necesita que concurran los siguientes requisitos: a) disconformidad producida deliberadamente entre la voluntad interna y la declarada; b) acuerdo sobre este particular entre las partes; y c) intención de engañar a terceros. Faltando cualquiera de estos requisitos el acto no es simulado.

La simulación siempre tiene por objeto engañar a los terceros o cometer un fraude a la ley.

La simulación admite diversas clases, pero para los efectos del recurso, interesa aquélla que distingue entre simulación absoluta y simulación relativa.

Si el acto simulado no encubre otro realmente requerido por las partes, la simulación es absoluta. Hay sólo una apariencia de contrato que carece de todo contenido verdadero. Esta forma de simulación se emplea comúnmente para perjudicar a los acreedores 'simulando' una disminución del activo o un aumento del pasivo. La simulación es sólo relativa cuando se celebra un acto diverso del que realmente desean las partes para que éste quede oculto a los ojos de terceros. Generalmente se trata de donaciones que se disfrazan bajo la forma de contratos onerosos. En este caso hay un contrato simulado (compraventa, por ejemplo) y un contrato disimulado (donación) que es el realmente celebrado por las partes (Obra citada, p. 178).

Esta clasificación de simulación ha sido reconocido expresamente por nuestra jurisprudencia; y así se ha fallado que 'hay simulación cuando el consentimiento manifestado en un acto o contrato no corresponde a la voluntad real, por lo que prácticamente pueden producirse dos clase de simulación: la simulación absoluta, cuando se celebra un acto jurídico que nada tiene de real y que es solamente ficticio en su totalidad; y la simulación relativa, cuando se ha querido realizar un acto diferente del manifestado, sea en su totalidad, como si se disfraza de compraventa una donación, sea sólo parcialmente, como si en un contrato se inserta una cláusula diferente de la convenida en verdad o se indica un beneficio distinto del real' (Revista de Derecho y Jurisprudencia. Tomo XLVI, Sec. 1ª, pág. 737);

SEXTO: Que, en cuanto a los efectos jurídicos de la simulación, la doctrina separa la simulación absoluta de la relativa, y dentro de cada una las relaciones de las partes entre sí y las de éstas con respecto a los terceros.

Tratándose de la simulación absoluta, la cual supone ausencia de consentimiento, no sólo para generar el acto aparente, sino cualquier otro, el acto simulado es nulo de nulidad absoluta por falta de consentimiento

A su vez, en la simulación relativa, como la voluntad real se sobrepone a la falsa, entre las partes vale el acto oculto o disimulado y carece de valor el público o simulado. Si el acto oculto adolece de objeto ilícito, no será válido, y la parte interesada, después de probar la simulación, podrá pedir, conforme a las reglas generales, la declaración de nulidad de ese acto por objeto ilícito (Arturo Alessandri R. Tratado de Derecho Civil. Edit. Jurídica, 1998, Tomo II, pág. 364).

[...]".

Por otro lado, se debe considerar que la simulación ilícita no solo constituye una conducta civilmente sancionable, sino que además está tipificada como un delito en el art. 471 N° 2 del Código Penal, conforme al cual se castiga al "que otorgare en perjuicio de otro un contrato simulado"[238]. En relación con la materia, la doctrina penal[239] afirma que en este delito la "defraudación consiste aquí en celebrar un contrato mendaz, cuyo contenido declarado difiere de la verdadera voluntad de los contratantes, capaz de inducir a error a otro desconocedor de esa verdadera voluntad, y de provocarle perjuicio". Se afirma que la ley ha puesto como condición objetiva de punibilidad la efectiva producción de un perjuicio patrimonial en otro (lo que excluye la posibilidad de castigo a título de tentativa

238 Un caso más específico de simulación se encuentra tipificado en el art. 466 del Código Penal, que en la actualidad (y conforme a las modificaciones introducidas por la Ley N° 20.720 de 2014) dispone en su inciso primero lo siguiente: "La persona deudora definida en el número 25) del artículo 2° de la Ley de Reorganización y Liquidación de Activos de Empresas y Persona que se alzare con sus bienes en perjuicio de sus acreedores o que se constituya en insolvencia por ocultación, dilapidación o enajenación maliciosa de esos bienes, será castigado con presidio menor en cualquiera de sus grados". Acto seguido, el inciso segundo de esta disposición (cuyo texto ha sido siempre el mismo y fue inalterado por la Ley N° 20.720) agrega: "*En la misma pena incurrirá si otorgare, en perjuicio de dichos acreedores, contratos simulados*".

239 En el tema seguiremos lo expuesto por MATUS A., Jean Pierre y RAMÍREZ G., María Cecilia, *Lecciones de Derecho Penal Chileno. Parte Especial*, t. II, Thomson Reuters, 2015, pp. 198 y ss. Un análisis acabado de este tipo se puede encontrar en las siguientes obras: DE RIVACOBA Y RIVACOBA, Manuel, *El Delito de Contrato Simulado*, Editorial Jurídica Conosur, 1992; ETCHEVERRY ORTHUSTEGUY, Alfredo, *Derecho Penal*, t. IIO, Editorial Jurídica de Chile, 1997; PAILLÁS PEÑA, Enrique, *La Simulación: Doctrina y Jurisprudencia*, Editorial Jurídica de Chile, 1984; y MILLÁN GUTIÉRREZ, Iván, *Tratamiento Penal del Contrato Simulado*, Tesis para optar al grado de Magíster en Derecho Penal, Facultad de Derecho de la Universidad de Chile, 2011.

o frustración). En cuanto a la culpabilidad, la simulación supone el conocimiento de la misma, y por tanto se exige dolo directo (excluyéndose el dolo eventual), conforme lo ha fallado reiteradamente la jurisprudencia[240].

Finalmente, se debe observar que previo a las modificaciones incorporadas por la LRT, la simulación no constituía una figura extraña al Derecho Tributario, en cuanto el art. 97 N° 4 del CT ya castigaba penalmente, en su inciso tercero, a quien "simulando una operación tributaria o mediante cualquier otra maniobra fraudulenta, *obtuviere devoluciones de impuesto que no le correspondan*, será sancionado con la pena de presidio menor en su grado máximo a presidio mayor en su grado medio y con multa del cien por ciento al cuatrocientos por ciento de lo defraudado". A diferencia de la simulación incorporada por la LRT, tal figura criminal se refería exclusivamente a la simulación realizada con el fin preciso –y concretado– de obtener indebidamente devoluciones de impuestos[241].

240 En efecto, la Corte Suprema ha resuelto que "[l]a simulación aparece así como un medio fraguado por las partes con la intención precisa de perjudicar a un tercero ajeno al contrato" (*GJ*, año 1989, N° 106). También se ha resuelto que "[s]u presencia [de la simulación] y la acción misma de simular, de engañar, de imbuir en otro una representación falaz, excluyen cualquier especie o forma de culpabilidad que no sea el dolo directo" (*RDJ*, t. 86, segunda parte, secc. Cuarta, p. 146).

241 La Circular 65 del SII señala, en nuestro concepto muy erradamente, que la única diferencia entre el tipo del art. 97 N° 4 del CT y la simulación del art. 4 quáter estaría dada por el "dolo": "La simulación tributaria a que hace referencia el artículo 4° quáter también es distinta de aquella a que hace referencia el artículo 97, número 4, del Código Tributario. La simulación para efectos del derecho penal tributario exige elementos subjetivos que no son necesarios de considerar, a juicio del legislador, al momento de determinar que un determinado acto o contrato es elusivo por simulado. De hecho, esto es plenamente coherente con la distinción entre elusión y evasión que el legislador ha definido mediante el establecimiento en el Código Tributario de las normas analizadas en esta Circular. Como se ha dicho ya, se trata de una NGA, la que, al igual que las normas especiales anti elusión que también contempla el ordenamiento tributario, buscan cautelar el principio de legalidad de los tributos. Se reitera que, en general, las normas legales señaladas prescinden de los elementos subjetivos que son usualmente utilizados en el derecho infraccional o penal, en cuanto carece de relevancia la determinación de la culpa o dolo para los fines de su aplicación". Conforme se ha anunciado, y tal como se desarrollará más adelante en este trabajo, la elusión, tanto en sus hipótesis de abuso como de simulación, es esencialmente subjetiva. Cosa distinta es que el factor de imputabilidad sea diverso: dolo directo en el caso del art. 97 N° 4, y mala fe en el caso del art. 4 quáter. En todo caso, el art. 97 N° 4 se limita a la simulación mediante la cual se obtiene una devolución, no así el art. 4 quáter, que es mucho más amplio.

2. LA SIMULACIÓN TRIBUTARIA REGULADA EN EL ART. 4 QUÁTER DEL CT

De conformidad al art. 4 bis del CT, "se entenderá que existe elusión de los hechos imponibles en los casos de [...] simulación establecidos en los artículos [...] 4° quáter". A su turno, el art. 4° quáter dispone:

> "Habrá también elusión en los actos o negocios en los que exista simulación [...] Se entenderá que existe simulación, para efectos tributarios, cuando los actos y negocios jurídicos de que se trate disimulen la configuración del hecho gravado del impuesto o la naturaleza de los elementos constitutivos de la obligación tributaria, o su verdadero monto o data de nacimiento".

Como se puede observar, en esencia el legislador tributario empleó la misma figura de la simulación civil, en cuanto en se trata de una hipótesis en la que se pretende disimular o encubrir alguna cuestión de incidencia tributaria, con la finalidad de engañar y perjudicar a un tercero, como lo es el Fisco. En esto coincide el SII en su Circular 65: "La doctrina civil ha elaborado algunos conceptos, así por ejemplo para el autor Francisco Ferrara, negocio simulado, 'es el que tiene una apariencia contraria a la realidad o porque no existe en absoluto, o porque es distinto de como aparece'"[242].

En relación con la materia, en la Circular 65 se distingue entre simulación absoluta y relativa, afirmándose que la primera no se encuentra comprendida en el art. 4 quáter (indicándose que en este caso los efectos tributarios serán aquellos que generan el acto conforme a la forma elegida por las partes). Por tanto, afirma el SII, la norma en análisis únicamente se referiría a la simulación relativa[243].

---

242 Al efecto, la Circular 65 cita a "Vial del Río, Víctor, Teoría General del Acto Jurídico, 5° edición, Editorial Jurídica de Chile, 2003 ".

243 En particular, la Circular 65 afirma lo siguiente: "La simulación tributaria será absoluta en aquellos casos en que se da apariencia de realidad a un acto que las partes no han celebrado. Generalmente, para generar efectos jurídicos, este acto ha debido cumplir determinados requisitos, por ejemplo, el respectivo pago de impuesto. Como se ha dicho, el legislador tributario no se ha referido a este tipo de simulación en la redacción de esta norma, toda vez que parece poco probable la hipótesis de que esta forma de negocios se utilice para aminorar los efectos tributarios de sus actos. En efecto, en ese caso el único acto realizado (simulado) es el que genera los efectos jurídicos y tributarios, incluyendo el respectivo pago del impuesto. Esta situación no se rige por las normas de los artículos 4° bis y 4° quáter. Será relativa, en cambio, cuando se oculte, a través del acto fingido, la configuración de un hecho gravado, los elementos constitutivos, verdadero monto o data de nacimiento de la

En nuestro concepto, la simulación tributaria escapa de la clasificación tradicional que distingue entre la simulación absoluta y relativa, ya que conforme al art. 4 quater lo que importa no es que se pretenda encubrir que no se quería realizar acto alguno (como acontece en la simulación absoluta) o bien se pretende encubrir un acto distinto al declarado (como acontece en la simulación relativa), sino que lo que el contribuyente desea esconder es una de cuatro cuestiones con incidencia exclusivamente tributaria, a saber: se disimula la "configuración del hecho gravado del impuesto", la "naturaleza de los elementos constitutivos de la obligación tributaria", el "verdadero monto de la obligación tributaria" o bien la "data de nacimiento" de la obligación tributaria. Si mediante el acto o negocio jurídico se encubre cualquier otra cuestión o hecho –aun cuando sea perjudicial y con ánimo de engaño a terceros–, no estaremos frente a una simulación tributaria.

Ahora bien, y más allá de la finalidad especial de la simulación tributaria –en lo que se refiere a lo que se pretende encubrir–, en lo demás se rige por los principios que reglan la simulación civil. Por tanto, para que se configure una simulación tributaria será necesaria la concurrencia de los mismos requisitos que se exigen a la simulación civil. Siguiendo en este punto a Saavedra[244], los requisitos necesarios para que se configure una simulación son los siguientes:

(i) En primer término, es necesaria la emisión de una declaración que deliberadamente no se conforma con la verdadera intención de las partes, y por ello es que la simulación constituye una falsificación de la realidad.

(ii) En segundo lugar es imprescindible que exista un concierto entre las partes para producir el acto simulado. Existe un acuerdo de simular entre las partes, o entre el declarante y el destinatario de la declaración; por dicho acuerdo se establece o se fija, de modo vinculante y decisivo, que la manifestación emitida no es querida en la realidad.

(iii) Finalmente, es necesario que el propósito perseguido por las partes debe tener por fin engañar a los terceros extraños al acto, al Fisco en este caso. En este sentido, la jurisprudencia ha resuelto que la ilicitud de la simulación

---

obligación tributaria, produciendo el efecto de eludir el pago, disminuir la base imponible o de obtener algún otro tipo de beneficio tributario. En este caso, la simulación deberá ser decretada por el tribunal tributario y aduanero que corresponda, a solicitud del Director, independientemente de lo que pudiere decretar un tribunal civil respecto del o los mismos actos, de acuerdo a lo que se ha establecido en el artículo 4° quinquies y 160 bis del Código Tributario".

244 Saavedra Galleguillos, Francisco Javier, *Teoría del consentimiento*, Editorial Jurídica ConoSur, 1994, pp. 160 y ss.

proviene del especial ánimo defraudatorio de ella, lo que usualmente se denomina *causa simulandi*, la que se define como el interés que lleva a las partes a hacer un contrato simulado, el motivo que induce a presentarlo de forma distinta a la que le corresponde; es el porqué del engaño[245]. De igual forma, ALCALDE sostiene que "en las hipótesis de simulación ilícita, creemos que más que sancionarse el engaño o la disconformidad entre voluntad y declaración, lo realmente punible y que justifica la intervención judicial es la mala fe o la intención fraudulenta que representa el hecho de ejecutar una conducta destinada a perjudicar a terceros"[246].

Finalmente, en cuanto a la sanción a esta simulación tributaria, el mismo art. 4 quáter se encarga de señalar que "[e]n estos casos, los impuestos se aplicarán a los hechos efectivamente realizados por las partes, con independencia de los actos o negocios simulados".

Así, la simulación tributaria no constituye una hipótesis de invalidación del acto –como por regla general acontece en materia civil–, sino de inoponibilidad del mismo, en cuanto se habilitará al SII, previa declaración judicial de la simulación, a obrar –léase liquidar y girar el impuesto– sin considerar el contrato declarado o simulado, sino conforme a la verdadera voluntad de las partes.

245 *RDJ*, t. 55, sección primera, p. 188. Asimismo se ha resuelto que "el fin principal que las partes se proponen al realizar un acto simulado, es producir una disminución ficticia del patrimonio o un aumento aparente del mismo para, de este modo, frustrar la garantía de los acreedores e impedir su satisfacción"; el mismo fallo agrega que para que la simulación sea calificada de ilícita, requiere que los contratantes hayan actuado "con la intención positiva de perjudicar a terceros" (*RDJ*, t. LVIII, 1961, p. 21). Coherente con lo anterior, en dos fallos recientes dictados por la Corte Suprema, y que son de idéntico tenor en lo que se citará, se expresa lo siguiente acerca de la *causa simulandi*: "La simulación tiene causa y es la que, también en doctrina, se denomina 'causa simulandi', entendiéndose por tal el interés que lleva a las partes a hacer un contrato simulado, el motivo que induce a dar apariencia a un negocio jurídico que no existe o presentarlo en forma distinta a la que corresponde: es el porqué del engaño. Por esto se señala que la simulación tiene relación con las personas de los contratantes; con el objeto del contrato; con su ejecución; y con la actitud de las partes al realizar el negocio jurídico" (Corte Suprema, sentencia de fecha 21 de julio de 2014 dictada en autos Rol N° 2749-2013, y sentencia de fecha 30 de marzo de 2015 dictada en autos Rol N° 8733-2014).

246 ALCALDE, *La Simulación...*, *Op. Cit.*, p. 267.

CAPÍTULO VII
SANCIÓN ESPECIAL AL ASESOR TRIBUTARIO

Con el fin de generar un desincentivo efectivo a las figuras de abuso y simulación tributaria, la LRT introdujo al CT el art. 100 bis, cuya finalidad es la de sancionar a los asesores tributarios que hubieren planificado la operación elusiva de impuestos.

Dicha norma, consideradas las modificaciones introducidas a ella por la Ley de Reforma a la LRT, expresa:

> "La persona natural o jurídica respecto de quien *se acredite haber diseñado o planificado los actos, contratos o negocios constitutivos de abuso o simulación*, según lo dispuesto en los artículos 4° ter, 4° quáter, 4° quinquies y 160 bis de este Código, será *sancionado con multa de hasta el 100% de todos los impuestos* que deberían haberse enterado en arcas fiscales, *de no mediar dichas conductas indebidas, y que se determinen al contribuyente*. Con todo, dicha multa no podrá superar las 100 unidades tributarias anuales. Para estos efectos, en caso que la infracción haya sido cometida por una *persona jurídica*, la sanción señalada será aplicada a sus directores o representantes legales si hubieren infringido sus deberes de dirección y supervisión.
>
> Para efectos de lo dispuesto en el presente artículo, el Servicio sólo podrá aplicar la multa a que se refieren los incisos precedentes cuando, en el caso de haberse solicitado la declaración de abuso o simulación en los términos que señala el artículo 160 bis, ella se encuentre resuelta por sentencia firme y ejecutoriada. La *prescripción* de la acción para perseguir esta sanción pecuniaria será de seis años contados desde el vencimiento del plazo para declarar y pagar los impuestos eludidos y se suspenderá desde la fecha en que se solicite la aplicación de sanción pecuniaria a los responsables del diseño o planificación de los actos, contratos o negocios susceptibles de constituir abuso o simulación, según lo establecido en el inciso segundo del artículo 160 bis, hasta la notificación de la sentencia firme y ejecutoriada que la resuelva"[247].

---

247 La Ley de Reforma a la LRT introdujo modificaciones al inciso tercero del art. 100 bis del CT, el cual originalmente disponía lo siguiente: "Para efectos de lo dispuesto en el presente artículo, el Servicio sólo podrá aplicar la multa a que se refieren los incisos precedentes

Esta norma, mediante la cual se establece una responsabilidad infraccional especial a los asesores tributarios, fue, durante la tramitación de la LRT, objeto de severas críticas tanto por parte de la doctrina[248] como en la discusión legislativa[249], entre otras cosas por presentar una serie de problemas de constitucionalidad, así como por constituir una herramienta desproporcionada que en definitiva afectaba la libertad en el ejercicio profesional.

La norma tiene por finalidad disuadir a los profesionales asesores tributarios –abogados, contadores, auditores, economistas, etc.– de aconsejar e implementar operaciones que sean constitutivas de elusión[250]. Al efecto, García y Escobar afirman que "el fundamento de este tipo de disposiciones es claro, se pretende atacar y acabar con la elusión tributaria desde lo que se considera su origen, se pretende sancionar la promoción, el diseño, asesoramiento e implementación de

---

cuando, *en el caso de haberse deducido reclamación en contra de la respectiva liquidación, giro o resolución, ella se encuentre resuelta por sentencia firme y ejecutoriada, o cuando no se haya deducido reclamo y los plazos para hacerlo se encuentren vencidos*. La prescripción de la acción para perseguir esta sanción pecuniaria será de seis años contados desde el vencimiento del plazo para declarar y pagar los impuestos eludidos".

248 Vid. García Escobar, Jaime & Álvarez Maya, Carolina, *Análisis de algunos aspectos de una rabiosa reforma stalinista: la cláusula general antielusiva y la sanción que propone el artículo 100 bis del Código Tributario*, en Revista Actualidad Jurídica N° 30, julio 2014, pp. 49-78.

249 El art. 100 bis generó múltiples objeciones durante la y tramitación legislativa. Así, y solo a modo de ejemplo, el senador Sr. Araya señaló que el precepto "plantea varios reparos desde los puntos de vista tanto de su constitucionalidad cuanto de su conveniencia", indicando al efecto que "[p]rimero, impide la libertad de trabajo del asesor, ya que solo aceptarán someterse a la posible responsabilidad quienes cuenten con situación económica suficiente para responder ante una eventual multa. En la práctica, serán las grandes consultoras. / Segundo, constituye una ley penal en blanco, puesto que, como se dijo, la determinación de la simulación o abuso y la fijación del monto de la obligación tributaria quedan entregadas al Director del Servicio de Impuestos Internos. Por lo tanto, puede resultar imposible para el asesor prever que será sancionado por la norma pertinente al momento de realizar la acción. /Y tercero, podría entrar en conflicto con el actual artículo 61 del Código Tributario, que prescribe: "Salvo disposición en contrario, los preceptos de este Código, no modifican las normas vigentes sobre secreto profesional, reserva de la cuenta corriente bancaria y demás operaciones a que la ley dé carácter confidencial" (Historia de la LRT, pp. 1908 y ss.).

250 Una norma de objetivo similar se encuentra en el art. 64 de la Ley 16.271 sobre Impuesto a la Herencia, Asignaciones y Donaciones, aunque evidentemente la misma se circunscribía a los tributos y figuras específicamente reguladas en dicho cuerpo normativo. El inciso tercero del art. 64 de la Ley N° 16.271 dispone: "Si con motivo de las investigaciones que el Servicio practique en cumplimiento de las disposiciones precedentes, se probare la intervención dolosa de algún profesional, será sancionado con las mismas penas, sean ellas pecuniarias o corporales, que procedan en contra de las partes del respectivo acto o contrato".

lo que las autoridades fiscales consideren planificación tributaria agresiva, que se concentra especialmente en el segmento de grandes contribuyentes, aunque dicha planificación no resulte contraria a la ley, sino por el supuesto efecto económico pernicioso en la recaudación tributaria, su falta de legitimidad y por la presión o carga que imponen a las administraciones tributarias"[251].

Así, y junto con la eventual responsabilidad de naturaleza civil[252], administrativa[253], penal[254-255] y ética[256] que le pudiere caber a estos profesionales, se

---

251 García & Escobar, *Op. Cit.*, p. 65. Los mismos autores agregan: "Por otro lado, debiéramos entender que con esta norma existe el propósito de desincentivar las llamadas planificaciones tributarias, cuando estas puedan representar consejos susceptibles de ser calificados de abuso, pero en estas circunstancias la norma peca de ingenuidad por cuanto los asesores versados considerarán en sus propuestas y análisis estipulaciones liberatorias de responsabilidad, a través de la exposición de prevenciones en el sentido de que cualquier acto jurídico puede ser calificado por el Servicio de Impuestos Internos como elusivo./ ¿Podría la Administración sancionar a un asesor que ha advertido expresamente a su cliente que sus conductas son eventualmente reprochables? Es tan absurda e ilusa la situación, como asegurar al cliente que las operaciones que realiza en orden a generar una menor tributación no van a ser controvertidas por el Servicio de Impuestos Internos, aun cuando no se trate de abusos o elusión./ Adicionalmente, nos parece que se limita el ejercicio de la profesión por cuanto, debido a la sanción contenida en la norma, no existirá profesional alguno dispuesto a asesorar a un contribuyente sin verse expuesto a una conducta abusiva o simulada, sobre todo considerando que estas serán calificadas al arbitrio y discreción del Servicio de Impuestos Internos" (p. 71).

252 En general, se entiende que la responsabilidad civil de los profesionales, sea contractual o extracontractual, se rige por las reglas generales, sin perjuicio de poseer ciertas particularidades dadas por la especial relación que vincula a las partes, de lo cual emanan ciertos deberes especiales para el profesional, por ejemplo el de información. Asimismo se debe recordar que, en el ámbito contractual, resultan aplicables las disposiciones del mandato (art. 2118 del CC) y supletoriamente las del arrendamiento de servicios inmateriales (art. 2012 del CC). Un desarrollo de la responsabilidad profesional en general se encuentra en Barros, *Op. Cit.*, pp. 656 y ss. También resulta de interés en esta materia considerar la actual regulación del seguro de responsabilidad civil contenida en los arts. 570 y siguientes del Código de Comercio.

253 Los auditores externos poseen una responsabilidad administrativa especial, encontrándose sus principales deberes establecidos en el Título XXVIII (arts. 239 a 249) de la Ley de Mercado de Valores, siendo en todo caso de especial relevancia lo dispuesto en el Título V (arts. 51 a 54) de la Ley sobre Sociedades Anónimas y en las Normas de auditoría Generalmente Aceptadas. De conformidad a los arts. 55 de la LMV y 133 de la LSA los auditores tienen responsabilidad civil, penal y administrativa. Esta última es hecha valer por la Superintendencia de Valores y Seguros de conformidad a su ley orgánica (Decreto Ley N° 3.538 de 1980). En materia de responsabilidad patrimonial se puede consultar a Schopf Olea, Adrián, *La responsabilidad Civil de los Auditores*, en Estudios de Derecho Civil, tomo III, LegalPublishing, 2011, pp. 331 y ss.

254 Si bien el Código Penal establece diversos delitos que pueden ser cometidos por abogados (vid. arts. 207, 232, 269 bis y 269 ter), resulta especialmente atingente a la materia el art.

incorpora a nuestro ordenamiento jurídico una responsabilidad infraccional-tributaria, cuyas principales notas se pasan a analizar a continuación.

---

231 que dispone que "[e]l *abogado o procurador que con abuso malicioso de su oficio, perjudicare a su cliente* o descubriere sus secretos, será castigado según la gravedad del perjuicio que causare, con la pena de suspensión en su grado mínimo a inhabilitación especial perpetua para el cargo o profesión y multa de once a veinte unidades tributarias mensuales". Por su parte, y en lo que se refiere a los contadores, únicamente se encuentra el tipo específico establecido en el art. 483 letra a), que establece: "El *contador o cualquier persona que falsee o adultere la contabilidad del comerciante que sufra un siniestro*, será sancionado con la pena señala en el inciso segundo del artículo 197; pero no le afectará responsabilidad al contador por las existencias y precios inventariados". Por su lado, el art. 59 de la LMV dispone: "Sufrirán las penas de presidio menor en su grado medio a presidio mayor en su grado mínimo: Los *contadores y auditores que dictaminen falsamente sobre la situación financiera* de una persona sujeta a obligación de registro de conformidad a esta ley". Finalmente, el art. 134 de la LSA señala: "Los peritos, *contadores o auditores externos que con sus informes, declaraciones o certificaciones falsas o dolosas, indujeren a error a los accionistas o a los terceros que hayan contratado con la sociedad*, fundados en dichas informaciones o declaraciones falsas o dolosas, sufrirán la pena de presidio o relegación menores en sus grados medio a máximo y multa a beneficio fiscal por valor de hasta una suma equivalente a 4.000 unidades de fomento".

255 Un desarrollo de las materias penales incorporadas por la LRT se encuentra en Matus Acuña, Jean Pierre, *Aspectos Penales de la Reforma Tributaria*, en Revista de Derecho, Facultad de Derecho de la Universidad de Chile, Escuela de Postgrado, N° 6, diciembre 2014, pp. 261 a 268.

256 De relevancia son una serie de disposiciones del actual Código de Ética Profesional del Colegio de Abogados de Chile A.G. Como disposiciones generales se encuentran los arts. 5 ("El abogado debe obrar con honradez, integridad y buena fe y no ha de aconsejarle a su cliente actos fraudulentos") y 31 ("El abogado debe reconocer prontamente su negligencia en la gestión del asunto encomendado y realizar todas las acciones que sean útiles para evitar perjuicios al cliente"). A su turno, y especialmente emparentado con lo dispuesto en el inciso segundo del art. 100 bis del CT, se encuentra el art. 113, que dispone: "El abogado que ostenta poder de dirección dentro de una organización pública o privada o actúa en asociación temporal o como abogado independiente, debe realizar esfuerzos razonables para asegurarse que todos los miembros de la organización, incluyendo personal administrativo, practicantes y personal no letrado, actúen conforme a las reglas establecidas en este Código. En el supuesto que conozcan de alguna falta a la ética profesional por algún miembro de la organización, deberá adoptar las medidas razonables para evitar o atenuar sus consecuencias".
Por su lado, también son de interés, entre otros, los arts. 7 y 12 del Código de Ética del Colegio de Contadores de Chile.

1. NATURALEZA INFRACCIONAL DE LA RESPONSABILIDAD DE LOS PROFESIONALES ESTABLECIDA EN EL ART. 100 BIS DEL CT

Lo primero que se debe observar del art. 100 bis del CT, es que este consagra una responsabilidad infraccional, y precisamente por ello forma parte del Título II del Libro II del CT, relativo a las infracciones y sanciones. En particular, se establece una multa que asciende hasta el 100% de "todos los impuestos que deberían haberse enterado en arcas fiscales, de no mediar dichas conductas indebidas, y que se determinen al contribuyente", la cual, en todo caso, no podrá superar las 100 unidades tributarias anuales.

En consecuencia, nos encontramos en la esfera del llamado *ius puniendi*[257]. Si bien en el pasado fue materia de debate la naturaleza jurídica de la potestad sancionatoria que el ordenamiento jurídico otorga a los órganos de la Administración del Estado, en la actualidad la doctrina y jurisprudencia es conteste en sostener que las normas y principios aplicables al poder sancionatorio del Estado –que se extiende a todas las normas administrativas que contemplan el ejercicio de facultades sancionatorias por parte de órganos de la Administración– son las establecidas en el Derecho Penal.

En este sentido, el Honorable Tribunal Constitucional ha sostenido reiteradamente en sus sentencias la doctrina de que no solo los delitos calificados de penales por el Código Penal u otras leyes de esa índole, sino que también todo el sistema jurídico sancionatorio del Estado se encuentra regido por los principios del Derecho Penal. Entre tales normas y principios se encuentran los principios constitucionales de legalidad, de tipicidad, *non bis in idem*, de inocencia, el principio pro-reo, etc., consagrados en diversos incisos del artículo 19 N° 3 de la Carta Fundamental. Al efecto, las sentencias del citado Tribunal, han establecido la siguiente doctrina:

> "Que, los principios inspiradores del orden penal contemplados en la Constitución Política de la República han de aplicarse, por regla general, al derecho administrativo sancionador, puesto que *ambos son manifestaciones del ius punendi propio del Estado*"[258]

---

257 Un reciente y completo estudio de la materia se encuentra en Cordero Quinzacara, Eduardo, *Derecho Administrativo Sancionador. Bases y principios en el Derecho Chileno*, LegalPublishing, 2014.

258 Sentencia Honorable Tribunal Constitucional Rol N° 244 de fecha 26 de agosto de 1996.

Lo anterior también ha sido confirmado por reiterados dictámenes de la Contraloría General de la República, en los que se ha reconocido que los principios del Derecho Penal son aplicables en materia sancionadora. En este sentido se ha pronunciado, entre otros, sobre la irretroactividad de las normas sancionadoras salvo que una nueva norma tenga asignada una sanción menor[259]; el principio *non bis in idem*[260], la prohibición de la analogía en cuanto a las sanciones[261], y el principio pro reo[262].

Teniendo en cuenta lo anterior, la doctrina ha sostenido que "la diferencia entre el ilícito gubernativo (administrativo) y el penal es exclusivamente cuantitativo. Entre ambos, en efecto, sólo puede hacerse una distinción de magnitudes"[263].

Entre los principios que en consecuencia se deberán observar en los procesos judiciales destinados a imponer la sanción establecida en el art. 100 bis del CT, se deben destacar los siguientes:

i. El principio de legalidad, en cuya virtud ningún delito se sancionará con otra pena que la establecida por una ley promulgada con anterioridad a su perpetración, salvo que la nueva ley favorezca al afectado (artículo 19 N° 3 penúltimo inciso de la Constitución). Por otra parte, el principio de tipicidad establece que ninguna ley podrá establecer penas sin que la conducta que se sanciona esté expresamente prevista en ella (artículo 19 N° 3 inciso final de la Constitución), prohibiéndose que la descripción de la conducta sea completada por un reglamento.
   Aplicando tales principios constitucionales al ejercicio general del *ius puniendi* del Estado, y del derecho administrativo sancionatorio, ello significa que ninguna infracción podrá ser sancionada a menos que la conducta esté plenamente descrita por la ley, lo cual significa que en ella se deben tipificar todos los elementos de la conducta, y no es dable que la ley prevea sanciones

---

259 Dictámenes N°s 45.905 y 88.303, ambos de 1976, 20.991 de 1984, 25.961 de 2000, 3.858 y 6.926, ambos de 2001, y 38.075 de 2002.

260 Dictámenes N°s 27.108 de 1969, 21.815 de 1983, y 41.736 de 2004.

261 Dictámenes N°s 21.464 de 1989, y 29.136 de 1999.

262 Dictámenes N°s 81.058 de 1974, 16.141 de 1977 y 20.991 de 1984.

263 Cury Urzúa, Enrique, *Derecho Penal. Parte General*, Tomo I, Editorial Jurídica de Chile, 2ª Edición actualizada, 1988, p. 76. El mismo autor cita a su turno a una serie de autores que se encuentran en la misma línea de pensamiento, destacando a Baumann, Casabo Ruiz, Cerezo, Jeschek, Strtenwerth y Welzel. En idéntico sentido se pronuncia, en materia de libre competencia, Valdés Prieto, Domingo, *Libre Competencia y Monopolio*, Editorial Jurídica de Chile, 1ª Edición, 2006, p. 216.

para conductas que deban completarse por una regla de la Administración del Estado.

ii. Otro principio aplicable es el principio de la presunción de inocencia o no culpabilidad, consagrado en general en el artículo 19 N° 3 de la Carta Fundamental y en diversos Tratados Internacionales[264], y en particular en los artículos 4[265] y 340[266] del Código Procesal Penal. Una de las más importantes manifestaciones de este principio es que no recae sobre el imputado la carga de probar su inocencia porque esta se presume, sino que esta carga le corresponde al Estado, teniendo plena aplicación el principio *in dubio pro reo*, conforme al cual si no se llega a alcanzar la convicción de culpabilidad por parte del tribunal u órgano del Estado, se debe declarar la inocencia del imputado.
Este principio encuentra un reconocimiento expreso en el art. 100 bis en análisis, en cuanto dispone que la sanción resultará exclusivamente aplicable a la persona, natural o jurídica, 'respecto de quien *se acredite* haber diseñado o planificado los actos, contratos o negocios constitutivos de abuso o simulación [...]".

iii. Adicionalmente, de acuerdo a los principios rectores del derecho penal chileno, quien aplica sanciones debe reunir pruebas que lleven a una convicción fundada de que los hechos ilícitos imputados sean efectivos más allá de toda duda razonable (artículo 340 del Código Procesal Penal), expresando en su resolución la forma en que se despeja tal duda con la fuerza y convicción señalada.

---

264 La Declaración Universal de los Derechos Humanos establece que "[t]oda persona acusada de un delito tiene derecho a que se presuma su inocencia mientras no se pruebe su culpabilidad conforme a la ley y al juicio público en que se hayan asegurado todas las garantías necesarias para su defensa". Por su parte, la Convención Americana de Derechos Humanos (Pacto de San José de Costa Rica) establece en su artículo 8° que "[t]oda persona inculpada de delito tiene derecho a que se presuma su inocencia, mientras no se establezca legalmente su culpabilidad".

265 "Ninguna persona será considerada culpable ni tratada como tal en tanto no fuere condenada por una sentencia firme".

266 "Nadie podrá ser condenado por delito sino cuando el tribunal que lo juzgare adquiriere, más allá de toda duda razonable, la convicción de que realmente se hubiere cometido el hecho punible objeto de la acusación y que en él hubiere correspondido al acusado una participación culpable y penada por la ley. El tribunal formará su convicción sobre la base de la prueba producida durante el juicio oral".

Por otro lado, y desde la perspectiva procesal, atendido que el art. 100 bis impone una multa, resulta aplicable a la materia lo dispuesto en el art. 161 N° 10 del CT, que forma parte del título relativo al procedimiento para la aplicación de sanciones. Dicha norma señala: "No se aplicará el procedimiento de este Párrafo tratándose de infracciones que este Código sanciona con multa y pena privativa de libertad. En estos casos corresponderá al Servicio recopilar los antecedentes que habrán de servir de fundamento a la decisión del Director a que se refiere el artículo 162, inciso tercero". A su turno, el inciso tercero del art. 162 establece que "[s]i la infracción pudiere ser sancionada con multa y pena privativa de libertad, el Director podrá, discrecionalmente, interponer la respectiva denuncia o querella o enviar los antecedentes al Director Regional para que persiga la aplicación de la multa que correspondiere a través del procedimiento administrativo previsto en el artículo anterior".

El art. 161 N° 10 agrega que "[c]on el objeto de llevar a cabo la recopilación a que se refiere el inciso precedente, el Director podrá ordenar la aposición de sello y la incautación de los libros de contabilidad y demás documentos relacionados con el giro del negocio del presunto infractor", y que "[l]as medidas mencionadas en el inciso anterior podrán ordenarse para ser cumplidas en el lugar en que se encuentren o puedan encontrarse los respectivos libros de contabilidad y documentos, aunque aquél no corresponda al domicilio del presunto infractor". En sus incisos siguientes la disposición agrega: "Para llevar a efecto las medidas de que tratan los incisos anteriores, el funcionario encargado de la diligencia podrá recurrir al auxilio de la fuerza pública, la que será concedida por el Jefe de Carabineros más inmediato sin más trámite que la exhibición de la resolución que ordena dicha medida, pudiendo procederse con allanamiento y descerrajamiento si fuere necesario". "Contra la resolución que ordene dichas medidas y sin que ello obste a su cumplimiento, podrá ocurrirse ante el juez de letras en lo civil de turno del domicilio del contribuyente, quien resolverá con citación del Jefe del Servicio del lugar donde se haya cometido la infracción. El fallo que se dicte sólo será apelable en lo devolutivo. El plazo para apelar será de 15 días, contado desde la notificación de la sentencia".

2. SUJETOS SUSCEPTIBLES DE SER SANCIONADOS EN VIRTUD DEL ART. 100 BIS

Como se ha indicado, el art. 100 bis fue establecido con la finalidad precisa de imponer una sanción a los profesionales asesores tributarios, sean estos personas naturales o jurídicas, respecto de quienes se acredite haber diseñado o planificado actos, contratos o negocios constitutivos de abuso o simulación.

Al respecto, la Circular 65 expresa que "*el sujeto sancionado puede ser tanto el contribuyente* como cualquier otra persona, natural o jurídica, que haya diseñado o planificado los actos de que se trata. En esta situación pueden encontrarse asimismo los asesores tributarios que han realizado las conductas aludidas". Así, al parecer del SII por medio del art. 100 bis se podría multar no solo al asesor tributario, sino, adicionalmente, al propio contribuyente.

Tal interpretación es en nuestro concepto manifiestamente errada, pues en caso alguno podría imponerse al contribuyente la sanción establecida en el art. 100 bis. Desde luego, se debe observar que el fundamento, sentido y *ratio legis* de esta norma no es otro que el de generar un disuasivo a los asesores tributarios que participan en planificaciones, a fin de intentar atacar la elusión en su origen.

Tal entendimiento es corroborado por la historia de la ley, que es clara en orden a que la norma tiene por destinatarios exclusivos –y excluyentes– a los "asesores tributarios"; este concepto no solo fue empleado en el propio Mensaje de la LRT, sino que además ese fue el entendimiento unívoco a lo largo de la tramitación legislativa[267]. Es más, en su redacción original contenida en el Mensaje de la LRT, el art. 100 bis aludía al "asesor, abogado, contador, auditor, sociedad o empresa, que participe en el diseño, planificación o implementación de los actos, contratos o negocios, constitutivos de abuso o simulación". Si en definitiva en la norma se terminó aludiendo a la "persona natural o jurídica" fue a fin de ampliar el rango de asesores tributarios susceptibles de ser sancionados, pero en caso alguno se pretendió incluir al propio contribuyente como eventual sujeto pasivo de la multa.

A su turno, la ubicación de la norma –y en particular su carácter de "bis"– demuestra que la misma no tiene por destinatario a los contribuyentes, sino a sus asesores. En efecto, se debe recordar que el art. 100 del CT establece sanciones al contador que, en su calidad de asesor, realiza determinadas actuaciones ilícitas.

267 Vid. intervenciones contenidas en las páginas 267, 282, 283, 287, 523, 529, 758, 1450 y 1908 de la Historia de la LRT.

Y como una suerte de complementación y ampliación de tal artículo es que se establece el art. 100 bis, siempre en el entendido que resulta exclusivamente aplicable a los asesores tributarios.

En fin, de aplicarse la sanción del art. 100 bis a los contribuyentes se infringiría claramente el principio *non bis in ídem*. En efecto, la sanción establecida en dicha norma únicamente puede imponerse en la medida que se hubiere declarado judicialmente el abuso o la simulación en que incurrió el contribuyente, lo que se traduce en que a este, en caso de abuso, "se exigirá la obligación tributaria que emana de los hechos imponibles establecidos en la ley" (art. 4 ter, inciso final), o bien, en caso de simulación, deberá pagar los impuestos conforme "a los hechos efectivamente realizados" (art. 4 quáter). En consecuencia, de pretender hacerle aplicable al mismo contribuyente el art. 100 bis, se le estaría imponiendo por la misma conducta una doble sanción, ya que esta norma dispone que la multa asciende precisamente "hasta el 100% de todos los impuestos que deberían haberse enterado en arcas fiscales, de no haber mediar dichas conductas indebidas, y que se determinen *al contribuyente*". Esta última alusión al contribuyente que realiza el art. 100 bis corrobora que su destinatario exclusivo es el asesor tributario.

3. DE LA ACTIVIDAD SANCIONADA

Como primera cuestión, resulta pertinente observar que un asesor tributario únicamente podrá ser sancionado en la medida que el contribuyente, en un proceso judicial, hubiere sido condenado por abuso o simulación tributaria. Sin declaración judicial de elusión no se puede perseguir al asesor tributario. Precisamente por ello es que el art. 160 bis –al que se remite el art. 100 bis– dispone que los procesos de declaración judicial de abuso o simulación deben llevarse conjuntamente en contra del contribuyente y del asesor tributario, cuestión en la que se ahondará más adelante en este trabajo.

Despejado lo anterior, se debe agregar que el mero hecho de haber realizado o formado parte de una asesoría tributaria, que en definitiva redundó en una declaración judicial de abuso o simulación, no es suficiente para imponer la sanción en el art. 100 bis, pues este exige que se acredite "haber *diseñado* o *planificado* los actos, contratos o negocios constitutivos de abuso o simulación".

Por tanto, lo que primeramente se sanciona es el diseño o la planificación elusiva. Al respecto, la Circular 65 expresa: "Para efectos de aplicar la sanción contemplada en esta norma, se debe entender por diseño o planificación, el *plan general, metódicamente organizado, fraguado para* evitar total o parcialmente la realización del hecho gravado, disminuir la base imponible o la obligación tributaria, o postergar o diferir el nacimiento de dicha obligación, también cuando se busque disimular la configuración del hecho gravado o la naturaleza de los elementos constitutivos de la obligación tributaria o su verdadero monto o data de nacimiento, a través de los contratos o negocios constitutivos de abuso o simulación".

Lo indicado por el Servicio parece ajustarse al sentido natural y obvio de las palabras empleadas por el legislador. En efecto, de conformidad al Diccionario de la Real Academia Española, diseñar se define como "hacer un diseño"; y diseño –en su segunda acepción–, se define como "[p]royecto, plan que configura algo". A su turno, el mismo diccionario define planificar en los siguientes términos: "hacer plan o proyecto de una acción".

Así, resulta claro que la sanción se impone a quien ha ideado la operación tributaria que en definitiva ha sido declarada elusiva. En este punto compartimos lo expuesto por el SII, en orden a que no basta una mera planificación, sino que resulta indispensable que se trate de un plan "metodológicamente organizado", el cual debe haber sido "fraguado" con el preciso objeto y finalidad de obtener un ahorro tributario ilícito. Entonces, es del todo evidente el carácter estrictamente doloso de esta figura.

La Circular 65 agrega: "De esta forma, lo sancionado con esta infracción es la *actividad intelectual* que diseñó los actos o negocios jurídicos o conjunto o serie de ellos que fuese declarada abusiva o simulada en los términos del artículo 4° ter o 4° quáter, ambos del Código Tributario, según corresponda". Es del todo claro que lo que se sanciona es la planificación para la operación concreta y particular.

Finalmente, cabe preguntarse si también es susceptible de ser sancionado el asesor que en definitiva implementó el diseño o planificación tributaria. La respuesta parece ser claramente negativa, como lo comprueba la historia fidedigna de la norma. En efecto, en el proyecto original de la LRT el art. 100 bis sancionaba al "asesor, abogado, contador, auditor, sociedad o empresa, que participe en el diseño, planificación o *implementación* de los actos, contratos o negocios, constitutivos de abuso o simulación"; con todo, la referencia a la implementación fue omitida, dando cuenta que dicha actividad no es susceptible de sanción. Así también lo entiende el SII en la Circular 65: "*la mera implementación de lo diseñado o planificado, no cumple con los presupuestos de hecho contemplados en la norma*. Tampoco se considerará diseño o planificación las presentaciones que se efectúen ante instituciones gubernamentales, notarías, conservador de bienes raíces, etc.".

4. INFRACCIÓN COMETIDA POR UNA PERSONA JURÍDICA

Ya en el proyecto de LRT se contemplaba una regulación especial para el caso de que la infracción hubiere sido cometida por una persona jurídica (*v. gr.* un estudio de abogados o una empresa de auditoría o consultoría), indicándose al efecto que "en caso que la infracción haya sido cometida por una persona jurídica, la sanción señalada podrá, *además, ser aplicada a sus directores o representantes legales*".

Afortunadamente la norma sufrió alteraciones sustanciales durante la tramitación legislativa, indicándose en definitiva lo siguiente en el inciso segundo del art. 100 bis: "Para estos efectos, en caso que la infracción haya sido cometida por una persona jurídica, la sanción señalada será aplicada a sus directores o representantes legales si hubieren infringido sus deberes de dirección y supervisión". Los dos cambios más notorios son los siguientes: *(i)* esta sanción no constituye una sanción adicional (precisamente por ello se eliminó el término "además"), con lo cual, o se persigue la sanción a una persona natural, o bien a los directores o representantes legales de una persona jurídica, pero no a ambos conjuntamente; y *(ii)* los directores y representantes no responden exclusivamente por su calidad de tal, sino que únicamente en la medida que "hubieren infringido sus deberes de dirección y supervisión".

Sobre la materia, la Circular 65 expresa: "si una consultora o estudio ha efectuado para un contribuyente los actos que se sancionan, la multa se aplicará a sus directores o representantes legales, a quienes corresponde la dirección o supervisión del trabajo que realiza su representada, en la medida que hayan infringido estos deberes, lo cual deberá ser probado por el Servicio. Es decir, sólo en la medida que se trate de representantes legales o directores que han estado o debieron estar en conocimiento del diseño o planificación constitutiva de abuso o simulación, sin haber ejercido sus deberes de supervisión y dirección, oponiéndose o impidiendo que se propusieran al contribuyente correspondiente, incurre en la infracción. Por el contrario, si alguno de los representantes legales o directores acredita fehacientemente que se opuso a tal propuesta, no habiendo sido considerada su opinión, no responderá de la sanción".

Una primera observación a este precepto se encuentra en que el mismo, a primera vista, tiene una suerte de parentesco con la comúnmente denominada responsabilidad por el hecho ajeno establecida, entre otros, en los arts. 2320 –"Toda persona es responsable no sólo de sus propias acciones, sino del hecho de aquellos que estuvieren a su cuidado"– y 2322 del CC[268]. En efecto, se debe

268 También aluden a esta clase de responsabilidad los arts. 1590 y 1679 del CC.

advertir que el fundamento de la figura infraccional y de la responsabilidad civil por el hecho ajeno es similar, en cuanto radica en que un sujeto puede favorecer la comisión de un hecho dañoso en caso de haber estado en la posición de haber impedido que dicho menoscabo se consumara, omitiendo este cuidado necesario que de haber sido desplegado hubiera llevado a evitar que se lesionara a la víctima[269]. Por lo mismo, en atención a esta autoridad especial, que lo habilita para ordenar la conducta de quien produce directamente el daño, es que nuestro Derecho lo hace también sujeto de responsabilidad[270].

Se debe notar que la figura infraccional tributaria y la responsabilidad civil por el hecho ajeno presentan diferencias radicales. La primera de ellas consiste en que en materia civil se establece una presunción simplemente legal de culpabilidad[271], en circunstancias que, tratándose de la figura infraccional del art. 100 bis, resulta ineludible que el Servicio, en juicio, acredite la participación del director o representante y su infracción culpable a su deber de dirección y supervisión.

Otra diferencia importante está dada por el hecho de que en materia infraccional tributaria no resultan aplicables las interpretaciones extensivas de la figura del "guardián" o "empresario"[272], sino que la sanción únicamente puede

---

269 "La atribución de responsabilidad se fundamenta en el deber de vigilancia o en el deber de correcta selección que tienen ciertas personas respecto de otras. Por tanto, no se responde sólo por la culpa ajena, sino también por la propia, que consiste en la falta de esos deberes (culpa in vigilando y culpa in eligendo) y que permite el desplazamiento de la culpa desde el agente directo al tercero responsable, pero que no permitirían encausar directamente al principal ya que faltaría el nexo causal entre una culpa in eligendo o in vigilando y el daño producido por el dependiente" (Corral Talciani, Hernán, *Lecciones de responsabilidad Civil Extracontractual*, Segunda Edición actualizada, LegalPublishing, 2013,, p. 231).

270 Particularmente para el caso de los empresarios, legislaciones modernas justifican este tipo de responsabilidad no ya solo en un deber de vigilancia que tiene quien ejerce autoridad o control sobre otro, sino, además, en haber generado un riesgo económico por la contratación de una persona que realiza una actividad por la que se ocasiona un perjuicio a otro. Por todos, Zelaya Etchegaray, Pedro, *La Responsabilidad Civil del Empresario por los Daños Causados por su Dependiente*, Editorial Aranzandi, Pamplona, España, 1995, pp. 107-135.

271 "El artículo 2320 establece una presunción general de culpabilidad por el hecho de las personas que se encuentran bajo el cuidado o dependencia de otra. La responsabilidad por el hecho ajeno es, a la vez, una especie de responsabilidad por el hecho propio (la negligencia en el cuidado) y una especia de garantía por el hecho ilícito del menos o del dependiente, que usualmente son insolventes" (Barros, *Op. Cit.*, p. 173).

272 En la actualidad, el criterio más aceptado por la doctrina no consiste en entender que se es dependiente de un empresario en la medida de que exista una subordinación jerárquica a las órdenes que este le instruya, sino que se será dependiente de otra persona siempre exista otra que intervenga en una determinada actividad organizadora. Dicho de otro modo, se tiene por empresario, y se será responsable en dicha calidad por los hechos de otra persona,

ser aplicada al director –o si se quiere el administrador o quien tiene poder de dirección directo– o representante legal de la persona jurídica. Y estos solo podrán ser sancionados en la medida que efectivamente hubieren tenido conocimiento de la asesoría tributaria en cuestión, y no hubieren ejercido debidamente su potestad de dirección y supervisión[273].

Sobre este último punto, la Circular 65 observa que "[e]n relación con los deberes de dirección y supervisión de los directores y representantes legales de una persona jurídica, cabe señalar que éstos pueden emanar de la ley, de los estatutos o de las obligaciones y responsabilidades que se le han conferido por la respectiva persona jurídica./ Así, por ejemplo el artículo 551 del Código Civil establece que la dirección y administración de una asociación recaerá en un directorio. Por su parte, el artículo 31 de la Ley N° 18.046 dispone que la administración de la sociedad anónima la ejerce un directorio elegido por la junta de accionistas y en otros artículos, la misma ley regula distintas obligaciones de dirección y supervisión que recaen en los directores".

No siendo del todo inexacto lo expresado por el SII, los ejemplos señalados por la Circular 65 pueden prestarse a equívocos que es necesario despejar, en

---

siempre que se controle una organización que se beneficia del trabajo de dichos terceros y de la cual este último forma parte, con prescindencia de que actúen porque se le dio una instrucción de obrar en ese sentido o porque exista un vínculo jurídico de subordinación. "Por ello actualmente el criterio de la subordinación jerárquica o dependencia estrictamente laboral viene siendo reemplazado –en muchos sectores de la moderna actividad empresarial– por el criterio del control empresarial o poder organizativo del empresario sobre la actividad de sus dependientes o auxiliares. En otras palabras, ya no se hace necesaria la existencia de una relación jurídica estable y definida en virtud de la cual el principal ejerce una autoridad efectiva y real sobre los medios o mecanismos técnicos que debe emplear su dependiente –muchas veces no puede ni es conveniente que lo haga– sino que sólo la posibilidad o facultad potencial de intervenir, de alguna forma, en el resultado final de la obra o encargo encomendado" (Zelaya, *Op. Cit.*, p. 301).

273 Así, el art. 100 bis se emparenta en alguna medida con la interpretación original que la jurisprudencia le otorgó a los arts. 2320 y 2322, en cuanto solo cabe atribuir responsabilidad al empresario por los hechos de sus dependientes en la medida que hubiera una relación que vinculara al empresario con el subordinado autor del daño, en términos tales que el empresario autorizara a impartir instrucciones al funcionario que le son exigibles, existiendo un vínculo de obediencia. En este sentido, la doctrina afirmaba que "[l]o que caracteriza al dependiente es el hecho de ser subalterno de otra persona, de prestar sus servicios bajo la autoridad o las órdenes de otro [...] Basta que una persona sirva o trabaje bajo las órdenes de otra, voluntaria o forzadamente, para que tenga la calidad de dependiente" (Alessandri, Op. Cit., pp. 263-264). Por su parte, la jurisprudencia estimaba que "[l]a dependencia existe, en cuanto el uno esté sujeto en sus labores a las órdenes de otro" (Excma. Corte Suprema, 19 de Junio de 1954, *RDJ*, t. LI, s. 1°, p. 216).

especial tratándose de personas jurídicas, como un estudio de abogados o una empresa de auditoría y consultoría, formadas muchas de ellas por centenares e incluso miles de profesionales. El Directorio, en su calidad de órgano administrador de la sociedad, tiene por función la dirección general y superior de la sociedad, encontrándose autorizado para delegar parte de sus facultades en los gerentes y ejecutivos, quienes se encuentran investidos del poder para actuar en el día a día de la empresa[274].

A ello se debe agregar que toda decisión que adopte un directorio se rige por los estándares generales de diligencia que rigen su obrar, entre ellos por la denominada regla sobre el juicio de negocios o *business judgment rule*[275], *conforme al cual los directores deben adoptar sus decisiones con suficiente información, de buena fe y considerando honestamente que la decisión tomada es beneficiosa para los intereses de la sociedad*[276].

---

274 "El directorio no tiene a su cargo la administración corriente de los asuntos de la compañía, sino la dirección superior" (Barros, Op. Cit., p. 830).

275 Un desarrollo acabado de esta regla se encuentra en Alcalde Rodríguez, Enrique, *La responsabilidad de los directores de sociedades anónimas*, Ediciones UC, 2013, pp. 123 y ss.

276 Alcalde, *La responsabilidad...*, *Op. Cit.*, p. 126. Esta regla o principio se sustenta en un hecho básico, que las decisiones que deben adoptar los administradores de empresas suponen experiencia acerca de lo que resulta relevante y una disposición a tomar riesgos, cuya evaluación no se puede exigir a los jueces (Barros, *Op. Cit.*, p. 831). De ahí que la doctrina afirma que los directores tienen un espacio amplio de discreción para apreciar los negocios de la sociedad y para decidir aceptar los riesgos que conviene asumir. Ello se traduce en una presunción de que los directores actuaron sobre una base informada, en la creencia honesta de que la decisión, aunque sea errónea desde el punto de vista de los negocios, fue adoptada en el mejor interés de la compañía (Barros, *Op. Cit.*, pp. 831 y 832). Precisamente en tal sentido las cortes norteamericanas han definido la *business judgment rule* como "una presunción de que, al tomar la decisión empresarial, los administradores actuaron con la suficiente información, de buena fe y considerando honestamente que la decisión tomada era beneficiosa para los intereses de la sociedad" (Caso Aronson vs. Lewis, Delaware, 1984, citado por Alcalde, *Op. Cit.*, p. 126); agregándose que es "una presunción *iuris tantum* de que los administradores de la sociedad están mejor preparados que los jueces para tomar decisiones empresariales y que actuaron sin buscar el beneficio personal, con un grado de diligencia razonable y de buena fe" (Caso Gries Sports Enterprises, Inc. Vs. Cleveland Browns Football Co., Ohio, 1986, citado por Alcalde, *Op. Cit.*, p. 126). Por lo mismo, agrega Alcalde, el juicio de diligencia de los administradores de empresas no puede realizarse sobre el resultado de la decisión o actuación, sino sobre la oportunidad o razonabilidad de su adopción en ese momento determinado, y ello aun cuando el resultado haya sido desastroso (*Op. Cit.*, p. 123). A partir de ello, se agrega, se ha entendido que no infringe su deber de cuidado y, por ende, no incurre en responsabilidad, el director que empleando la diligencia que le es exigible, adopta una decisión que causa daño o perjuicio a la sociedad (Alcalde, *Op. Cit.*, p. 124).

Finalmente, no se debe perder de vista que de conformidad a nuestro ordenamiento jurídico el análisis de la conducta y diligencia desplegada por los directores o administradores debe realizarse considerando el real escenario fáctico en el que se desenvolvió su obrar. Como se sabe, la diligencia se aprecia en abstracto, lo que significa que debe ser considerada situándose en la posición que la persona tenía en un determinado tiempo y espacio, y no a la luz de los antecedentes que con posterioridad se conocieron. Así lo comprueba la doctrina y jurisprudencia nacional[277].

En suma, se debe insistir en que únicamente será posible sancionar al director o representante de la persona jurídica en la medida que hubiere tenido conocimiento efectivo de la operación que sus dependientes, respecto de quienes tenían poder de dirección, estaban planificando o diseñando. Para esto resultará indispensable analizar el escenario real fáctico para verificar si infringió o no su deber de supervigilancia.

277 La doctrina y jurisprudencia nacional es unívoca en manifestar que es imprescindible que el análisis de los hechos debe hacerse teniendo en consideración el estado de cosas existente al momento de ocurrencia de los hechos, sin que tal análisis y ponderación pueda verse influenciado por el conocimiento posterior de los antecedentes ocultados: "En la determinación del deber de cuidado el juez tiene la orientación general del estándar de la persona prudente, diligente y razonable. En la aplicación en concreto de ese patrón general y abstracto de conducta a los hechos de la causa el juez realiza una tarea eminentemente normativa: debe describir la regla de conducta que el demandado debió observar en la situación. La ley se limita a señalar el estándar de conducta (artículos 2284, 2314 y 2329, en relación con el artículo 44). Su concreción supone que el juez aplique criterios de diligencia. En el fondo, el juez debe descubrir la regla de la buena conducta que habría observado una persona razonablemente diligente. En esa tarea es necesario considerar la situación de hecho en que se encontraba el demandado y ponderar los diversos intereses en juego…" (Barros, *Op. Cit.*, p. 106). "Una vez más debe enfatizarse que la culpa depende de si el hombre medio empírico podría, en el caso concreto, dirigir el curso causal más certeramente de lo que lo ha manejado el sujeto. De modo que sólo cuentan las particularidades del hecho, no del sujeto. A un médico, actuando como tal, se le supone capaz de dirigir ciertas acciones con más habilidad que un profesor de literatura o un albañil; pero entre dos médicos no pueden hacerse distinciones cualitativas o cuantitativas, puesto esto significa individualizar. Nadie está obligado a desplegar más diligencia que la que cabe esperar de un hombre medio, aunque, atendidas sus cualidades particulares, pudiera esperarse de él que personalmente así lo hiciera" (Cury Urzúa, Enrique, Derecho Penal, 10ª ed., 2011, pp. 335-336).

5. SANCIÓN

Como se ha expuesto, el art. 100 bis establece que el asesor tributario puede ser "sancionado con multa de *hasta* el 100% de todos los impuestos que deberían haberse enterado en arcas fiscales, de no mediar dichas conductas indebidas, y que se determinen al contribuyente". La norma agrega que "dicha multa no podrá superar las 100 unidades tributarias anuales".

Al efecto, es pertinente considerar que al art. 100 bis le resultan aplicables las "disposiciones comunes" contenidas en el Párrafo Tercero del Título II del Libro II del CT (el art. 100 bis forma parte del Párrafo Segundo del mismo Título).

Entre dichas disposiciones se deben destacar, en primer término, el art. 106, que dispone que "[l]as sanciones pecuniarias podrán ser *remitidas, rebajadas o suspendidas*, a juicio exclusivo del Director Regional si el contribuyente probare que ha procedido con antecedentes que hagan excusable la acción u omisión en que hubiere incurrido o *si el implicado se ha denunciado y confesado la infracción y sus circunstancias*". El inciso segundo de la norma agrega que "[s]in perjuicio de lo anterior, el Director Regional *podrá anular las denuncias* notificadas por infracciones *que no constituyan amenazas para el interés fiscal* u omitir los giros de las multas que se apliquen en estos casos, de acuerdo a normas o criterios de general aplicación que fije el Director".

Por su parte, y para efectos de la determinación concreta de la multa aplicable, se debe aplicar lo dispuesto en el art. 107, que dispone: "Las sanciones que el Servicio o el Tribunal Tributario y Aduanero impongan se aplicarán dentro de los márgenes que corresponda, tomando en consideración: 1° La calidad de reincidente en infracción de la misma especie. 2° La calidad de reincidente en otras infracciones semejantes. 3° El grado de cultura del infractor. 4° El conocimiento que hubiere o pudiere haber tenido de la obligación legal infringida. 5° El perjuicio fiscal que pudiere derivarse de la infracción. 6° La cooperación que el infractor prestare para esclarecer su situación. 7° El grado de negligencia o el dolo que hubiere mediado en el acto u omisión. 8° Otros antecedentes análogos a los anteriores o que parezcan justo tomar en consideración atendida la naturaleza de la infracción y sus circunstancias".

Se debe observar que en relación con la sanción la Circular 65 agrega que "[d]e acuerdo con lo anterior, una vez que se encuentre firme la sentencia del Tribunal que declare la existencia del abuso o simulación y la responsabilidad por el diseño o planificación de actos, contratos o negocios constitutivos de abuso o simulación, el Servicio emitirá la liquidación, giro, resolución o multa. La sentencia deberá imponer como multa un porcentaje determinado del monto de los impuestos que dejaron de pagarse, el cual se determinará en la liquidación, giro o resolución, sobre la base de lo dictaminado por el Tribunal".

Por último, y en referencia a lo dispuesto originalmente en el inciso final del art. 100 bis, la Circular 65 observaba lo siguiente: "No obstante que el artículo 100 bis señala que el Servicio sólo podrá aplicar la multa que establece el tribunal en la sentencia correspondiente, cuando en el caso de haberse deducido reclamación en contra de la respectiva liquidación, giro o resolución, ella se encuentre resuelta por sentencia firme y ejecutoriada, o cuando no se haya deducido reclamo y los plazos para hacerlo se encuentren vencidos, según lo dispone el inciso del artículo 160 bis del Código Tributario, la liquidación, giro, resolución o multa, que se emitan en cumplimiento de la sentencia firme dictada en el procedimiento que declare la existencia del abuso o de la simulación o la responsabilidad por el diseño o planificación de los actos, contratos o negocios constitutivos de abuso o simulación, no serán susceptibles de reclamo alguno. Las controversias que surjan respecto al cumplimiento de la sentencia, serán resueltas en forma incidental por el Tribunal que la dictó".

Efectivamente, como indica el SII, existía una contradicción entre la primera parte del inciso tercero original del art. 100 bis con lo prescrito en el inciso sexto del art. 160 bis, en cuanto del primero se desprendía que resultaba factible que se dedujera una reclamación en contra de la multa (en cuanto habla de una "reclamación en contra de la respectiva liquidación, giro o resolución"), cuestión que rechaza tajantemente el segundo en los siguientes términos: "La liquidación, giro, resolución o multa, que se emitan en cumplimiento de la sentencia firme dictada en el procedimiento que declare la existencia del abuso o de la simulación, *no serán susceptibles de reclamo alguno*".

Atendido lo anterior, la Ley Reforma a la LRT modificó el inciso final del art. 100 bis a fin de armonizarlo con lo dispuesto en el inciso sexto del art. 160 bis. En particular, se sustituyó la primera parte del inciso final del art. 100 bis por la siguiente: "Para efectos de lo dispuesto en el presente artículo, el Servicio sólo podrá aplicar la multa a que se refieren los incisos precedentes cuando, en el caso de haberse solicitado la declaración de abuso o simulación en los términos que señala el artículo 160 bis, ella se encuentre resuelta por sentencia firme y ejecutoriada".

6. PRUEBA DE LA PARTICIPACIÓN

En línea con la disposición base contenida en el art. 4 bis del CT, así como con la naturaleza infraccional de la figura establecida en el art. 100 bis, este dispone que la multa podrá ser impuesta únicamente al asesor tributario "*respecto de quien se acredite* haber diseñado o planificado los acto, contratos o negocios constitutivos de abuso o simulación"

Al efecto, la Circular 65 señala que "el Servicio deberá probar ante el Tribunal Tributario competente, en el marco del procedimiento establecido en el artículo 160 bis, y junto con probar que se realizaron actos, negocios o contratos constitutivos de simulación o abuso, que el responsable de esta infracción los diseñó o planificó". En relación a esta materia, se sostiene que será relevante que "se acompañen los informes evacuados por los asesores que planificaron o diseñaron los actos, contratos o negocios constitutivos de abuso o simulación, como las propuestas de honorarios, y en general, cualquier otro documento que contenga la identificación del autor o autores de la planificación y los objetivos del mismo"[278].

Sin perjuicio de lo que más adelante se dirá acerca de la prueba en estos procesos, en este punto no se debe obviar que existe una serie de normas que regulan el secreto profesional –tanto derecho como deber– de los asesores tributarios. Desde luego, se debe recordar que el inciso noveno del art. 60 del CT dispone que "[p]ara la aplicación, fiscalización o investigación del cumplimiento de las leyes tributarias, el Servicio podrá pedir declaración jurada por escrito o citar a toda persona domiciliada dentro de la jurisdicción de la oficina que la cite, para que concurra a declarar, bajo juramento, sobre hechos, datos o antecedentes de cualquiera naturaleza relacionados con terceras personas [...] estarán exceptuadas de estas obligaciones las personas obligadas a guardar el secreto profesional". Más importante aún, el art. 61 del CT agrega que "[s]alvo disposición en contrario, *los preceptos de este Código, no modifican las normas vigentes sobre secreto profesional*, reserva de la cuenta corriente bancaria y demás operaciones a que la ley dé carácter confidencial". Entre dichas normas vigentes sobre secreto profesional y que resultan aplicables a los juicios de declaración de abuso o simulación, se encuentran el art. 349 sobre exhibición de documentos y el art. 360 N° 1 relativo a la prueba testimonial, ambos del CPC.

278 Aste, *Curso... Op. Cit.*, t. I, p. 423.

En lo que respecta a los abogados, el secreto profesional constituye una institución ampliamente recogida en nuestro ordenamiento jurídico. Si bien se encuentra regulado detalladamente en el Código de Ética Profesional, también halla reconocimiento en otros cuerpos legales atingentes a la materia de estudio, como son el art. 303 del Código Procesal Penal y los arts. 231, 247 y 269 bis del Código Penal.

La regla general en la materia se encuentra contenida en el art. 7 del CEP[279], y conforme a él el secreto profesional impone al abogado no solo el deber de guardar la confidencialidad debida a su cliente, sino además un deber de hacer valer dicho reconocimiento legal como un derecho frente a eventuales deberes de declarar o informar[280]. En otras palabras, dicho deber no es otra cosa que el

279 Dispone el art. 7 del CEP lo siguiente: "Confidencialidad y secreto profesional. El abogado debe estricta confidencialidad a su cliente. En cumplimiento de su obligación debe exigir que se le reconozca el derecho al secreto profesional con que la ley lo ampara. La confidencialidad debida se extiende a toda la información relativa a los asuntos del cliente que el abogado ha conocido en el ejercicio de su profesión, en los términos establecidos por las reglas del Título IV de la Sección Primera de este Código".

280 Según la doctrina, pueden encontrarse tres fundamentos para explicar el deber de confidencialidad: (i) el interés individual del cliente, en relación con la confianza implícita en su relación con el abogado; (ii) el interés corporativo en la integridad de la profesión, radicado en la reserva y discreción de la misma, y (iii) el interés colectivo, consistente en el adecuado desempeño del rol institucional que corresponde al abogado como actor en el sistema jurídico, que requiere la entrega de información sin reservas de parte del cliente (Bascuñán Rodríguez, Antonio, *Deber de confidencialidad y secreto profesional del abogado,* en Revista de Estudios de la Justicia N° 15, año 2011, p. 227). Resulta interesante destacar que el deber de confidencialidad reconoce en dicho interés colectivo, un fundamento especial en el contexto de una eventual colisión ante el deber u exigencia de entregar información. En palabras de la doctrina: "El interés colectivo constituye el umbral diferenciador entre el deber ético de confidencialidad y el deber jurídico de guardar reserva, que se expresa en la institución del secreto profesional (...) Ella [la diferencia entre ambas instituciones] es sin embargo esencial para tener una posición bien fundamentada acerca de la preponderancia del deber de confidencialidad frente a eventuales situaciones de colisión con deberes de declarar o informar. Más que una cuestión propia de la jurisdicción ética, se trata de una cuestión recurrente en los amparos profesionales que brinda el Colegio frente a actos de atropello al ejercicio de la profesión concretados en intrusiones o coacciones a declarar o informar" (*Op. Cit.*, p. 227).
Al respecto, es pertinente señalar que la Corte Suprema, en fallos recientes, ha reconocido expresamente el interés público que radica en la base del secreto profesional, admitiendo incluso su reconocimiento implícito dentro de las garantías constitucionales: "Séptimo: Que el secreto profesional constituye una obligación legal que tiene como sujeto pasivo a un profesional y que importa que el mismo no puede revelar lo que el cliente mantiene oculto y solamente ha permitido conocer a él para el mejor desempeño de su cometido (Novoa Monreal, Eduardo, *RDJ* Tomo XLI, marzo a diciembre de 1944, N° a 10, pág.

correlato de las disposiciones legales (como por ejemplo el artículo 303 del CPP) que eximen a los abogados de prestar declaración en el marco de una investigación civil, administrativa o penal en contra de quien es o ha sido su cliente[281].

En cuanto a la extensión del principio de confidencialidad, la regla general se encuentra contenida precisamente en el art. 7 del CEP, que en su tercera oración señala que "la confidencialidad debida se extiende a toda la información relativa a los asuntos del cliente que el abogado ha conocido en el ejercicio de su profesión". Cabe agregar que el deber de confidencialidad, según lo dispone el artículo 46 del CEP, comprende la prohibición de revelar la información cubierta por la confidencialidad, incluyendo la entrega, exhibición o acceso a los soportes, materiales o electrónicos, que contengan dicha materia. En consecuencia, el secreto profesional se extiende, al menos en principio, a todos los antecedentes con que cuenta el abogado y que digan relación con el encargo que ha recibido[282].

85-100), reconociéndose su existencia a nivel legal en los artículos 231 y 247 del Código Penal, que sancionan la violación del secreto por el abogado o procurador y por los que ejercen profesión que requiera título, respectivamente./ Octavo: Que el objeto del secreto profesional, en el caso de los abogados, encuentra su fundamento en el ejercicio mismo de la abogacía pues ella importa, principalmente, informar al cliente lo que el derecho le exige en una determinada situación, señalarle qué debe hacer para pasar de su actual situación a otra deseada y hacer valer los derechos o pretensiones de los que goza en cada caso para los cuales es necesario un acabado conocimiento de las situaciones fácticas que sólo el cliente puede otorgar, cuestión que importa tener acceso y conocer hechos no conocidos públicamente y que el cliente quiere mantener en dicha opacidad, todo ello enmarcado en una relación en que el cliente confía y tiene seguridad de que sus confidencias no serán objeto de difusión./ De lo dicho se desprende claramente que la existencia y reconocimiento del secreto profesional es una cuestión de interés público pues permite asegurar las condiciones que promuevan que el cliente dé acceso o informe al abogado las situaciones de hecho que permitan a éste una adecuada defensa de los intereses que le ha encomendado proteger, encontrando garantía en el sistema legal de que dichos antecedentes quedarán resguardados por el secreto profesional./ Noveno: Que si bien nuestra Constitución no tiene referencia directa al secreto profesional, dicho deber-obligación se encuentra subsumido como uno de los presupuestos del debido proceso, particularmente vinculado al derecho a defensa jurídica que se encuentra garantizado en el numeral 3° del artículo 19 de la Carta Fundamental, norma que importa asegurar las condiciones de libertad en las que debe verificarse la debida intervención del letrado en el procedimiento. Ello es así pues, sin una legítima expectativa de confidencialidad por parte del cliente, la confianza en que esa relación se basa se vería seriamente perjudicada y con ello su derecho a defensa técnica gravemente menoscabada" (Excma. Corte Suprema, Rol 23134-2014, 24 de noviembre de 2014).

281 Por ello es que el art. 62 del CEP dispone que "no falta a la ética profesional el abogado que se niega a declarar o a informar sobre materias sujetas a confidencialidad con fundamento en su derecho al secreto profesional".

282 Deben mencionarse además, las siguientes características que el propio CEP impone a dicha prohibición: (i) Según el artículo 47 del CEP, el deber de confidencialidad tiene duración

En suma, el Servicio se encuentra impedido de obtener prueba amparada por el secreto profesional, por constituir prueba ilícita[283], debiendo el juez tributario, en la valoración de la prueba rendida de conformidad a las reglas de la sana crítica, restarle todo valor a la misma[284]. En el caso respectivo, el abogado-asesor tributario puede y debe oponerse mediante los mecanismos procesales que la legislación establece, sin perjuicio del denominado amparo profesional[285].

---

indefinida, y no se extingue por el término de la relación profesional, la muerte del cliente ni el transcurso del tiempo; y (ii) dicho deber de confidencialidad se extiende, según lo disponen los arts. 46 y 64 del CEP, a todos los documentos y soportes que contengan información confidencial. En consecuencia, y según la disposición expresa del artículo 64, reconocen también las mismas reglas respecto de su revelación.

283 Sobre el tema, Jequier Lehuedé, Eduardo, *La obtención ilícita de la fuente de la prueba en el proceso civil. Análisis comparativo del ordenamiento jurídico chileno*, en Revista Chilena de Derecho, vol. 34, N° 3, 2007, pp. 457-494.

284 También ha permitido ampliar el control sobre la procedencia de la prueba –aunque no necesariamente configure una prueba ilícita–, la aplicación de la sana crítica. El hecho que el juez utilizando este sistema de valoración pueda desestimar medios que contrarían las reglas de la lógica, las máximas de experiencia y el saber científicamente afianzado, introduce un mayor campo para que las partes puedan defenderse frente al dislate probatorio de la contraparte" (Romero Seguel, Alejandro, *Curso de Derecho Procesal Civil*, tomo III, 2015, pp. 58-59).

285 Si bien no constituye un mecanismo procesal propiamente tal, el amparo profesional constituye el derecho de los abogados colegiados al Colegio de Abogados A.G. para representar las actuaciones de la autoridad que afecten el debido ejercicio de la profesión, generando, en caso de ser acogido, que el propio colegio oficie a la institución pertinente, comunicando la decisión. Sin perjuicio de que los referidos amparos han tenido poca aplicación práctica, en términos de impugnar o restringir medidas intrusivas, es precisamente a través de este mecanismo que se ha generado la mayor parte de las declaraciones jurídicas en la materia. Así, el Colegio de la Orden ha resuelto que "5.- Confirmando este derecho, la Excma. Corte Suprema ha declarado que, 'un abogado no puede ser obligado a revelar un acto confidencial cuya realización le habría encomendado su patrocinado, aunque en el desempeño de su comisión confidencial hubiere actuado personalmente'. (*RDJ*, Tomo 51 Secc. 1° pág. 126). Nuestra *jurisprudencia ha reconocido que el secreto profesional del abogado ampara no sólo su persona, que no puede ser objeto de apremio, sino también su Estudio Profesional* donde desarrolla su actividad y guarda los documentos que le confían sus clientes. Constituye un acto abusivo la orden de allanamiento y registro del Estudio de un abogado a fin de retirar documentos recibidos de sus clientes y amparados por secreto profesional que imperativamente está obligado a guardar" (Amparo interpuesto por el Consejo Regional de la Araucanía y por sus abogados asociados señores Álvaro Rodríguez Sepúlveda, Hernán Pinilla Ascencio y Juan Carlos Pascual Robin por la incautación, previa autorización del Juez de Garantía de Temuco, de los computadores y 25 disquetes de su Estudio Jurídico, en el marco de una investigación penal sobre un cliente del estudio; octubre de 2014).

7. PRESCRIPCIÓN DE LA ACCIÓN

Finalmente, el art. 100 bis establece en su inciso final que "[l]a prescripción de la acción para perseguir esta sanción pecuniaria será de *seis años* contados desde el vencimiento del plazo para declarar y pagar los impuestos eludidos". Ello fue complementado por la Ley de Reforma a la LRT, que agregó la siguiente frase: "y se suspenderá desde la fecha en que se solicite la aplicación de sanción pecuniaria a los responsables del diseño o planificación de los actos, contratos o negocios susceptibles de constituir abuso o simulación, según lo establecido en el inciso segundo del artículo 160 bis, hasta la notificación de la sentencia firme y ejecutoriada que la resuelva".

Al respecto resultan pertinentes las siguientes observaciones:

i. Atendido lo establecido en la disposición recién transcrita, el SII observa en la Circular 65 que "la prescripción de esta acción se rige por una *regla especial* que prima sobre lo previsto en el inciso final del artículo 200 del Código Tributario, que dispone que las acciones para perseguir las sanciones de carácter pecuniario y otras que no accedan al pago de un impuesto prescriben en tres años contados desde la fecha en que se cometió la infracción".
Tal observación del SII, si bien es correcta, requiere ser complementada. En particular, el presupuesto esencial para la persecución e imposición de la sanción establecida en el art. 100 bis para los asesores tributarios es que se haya declarado judicialmente que el contribuyente incurrió en abuso o simulación. Pues bien, y como se ahondará en un capítulo posterior, el art. 4 quinquies estableció un plazo de prescripción y uno de caducidad para el ejercicio de las acciones de abuso y simulación; específicamente, tal prescripción se remite a las normas generales, conforme a las cuales la acción prescribe por regla general en tres años. En consecuencia, se puede dar el caso de que la acción en contra del contribuyente –de tres años– prescriba antes que la acción en contra del asesor tributario –de 6 años–. En tal caso, resulta del todo obvio que la acción del art. 100 bis prescribirá anticipadamente, atendido que sin declaración de elusión en contra del contribuyente, no se puede perseguir la sanción a su asesor tributario.

ii. En cuanto al cómputo del plazo, resulta pertinente observar que la Ley de Reforma a la LRT complementó lo dispuesto sobre la materia en el art. 100 bis, a fin de precisar, como se afirma en el mensaje de dicha ley, que "la prescripción de esta multa se suspende desde que se solicita su aplicación, hasta la fecha en que se encuentre firme o ejecutoriada la sentencia que declara el abuso o simulación".

En tal sentido, y conforme a la modificación introducida por la Ley de Reforma a la LRT, la prescripción se suspenderá desde la fecha en que se solicite la aplicación de sanción pecuniaria a los responsables del diseño o planificación de los actos, contratos o negocios susceptibles de constituir abuso o simulación, según lo establecido en el inciso segundo del artículo 160 bis, hasta la notificación de la sentencia firme y ejecutoriada que la resuelva.

En relación a la materia, en la Circular 41/2016 se expresa que la referencia que el art. 100 bis hace de la "sentencia firme y ejecutoriada que la resuelva" se refiere al fallo que declara la "elusión", y no necesariamente a la sentencia que aplica la sanción al asesor tributario, que es lo que se desprende de su tenor literal. El Servicio fundamenta tal entendimiento en el hecho que "podría darse el caso que respecto de una sentencia de primera instancia, que determine la existencia de elusión e impone la sanción del artículo 100 bis del Código Tributario, sea recurrida sólo respecto de la existencia de la elusión, quedando a firme en la parte que establece la multa", con lo cual, en definitiva, se terminaría la suspensión de la prescripción en lo que respecta a la sanción al asesor, pero sin poder hacerla efectiva por estar pendiente la decisión acerca de la existencia de elusión. En razón de ello es que la Circular 41/2016 agrega que "[s]e concluye lo anterior, en aplicación del elemento lógico establecido en el artículo 22 inciso primero del Código Civil que señala, como principio de interpretación de la ley, que el contexto de la misma servirá para ilustrar el sentido de cada una de sus partes, de manera que haya entre todas ellas la debida correspondencia y armonía; así, la suspensión que tiene por propósito impedir el transcurso del plazo de prescripción mientras el Servicio se encuentre impedido de ejercer sus facultades, en este caso de giro, durará en tanto persista dicho impedimento, que según el mismo inciso tercero es hasta que se declare, por sentencia a firme, la existencia de elusión".

iii. Por otro lado, la Circular 65 observaba, en su versión original, que "la interposición de la solicitud de declaración de elusión *interrumpirá* el plazo de prescripción de la acción que tenga por objeto la aplicación de la multa contemplada en el artículo 100 bis del Código Tributario, conforme lo establecido en el inciso final del artículo 2518 del Código Civil". De ello se desprendía que el SII estimaba que no resultaban aplicables las reglas especiales sobre interrupción contenidas en el art. 201 del CT, atendido que este indica la interrupción se puede verificar en "los mismos plazos señalados en el artículo 200", y en la materia no se aplican tales plazos, sino uno especial contenido en el art. 100 bis.

Con todo, en la Circular 41/2016 se afirma que "en base a la modificación legal introducida" por la Ley de Reforma a la LRT, se suprimió la frase relativa a la interrupción contenida en la Circular 65.

Aunque no lo explicita, parece ser que tal eliminación de toda referencia a la interrupción se funda en que el hecho que gatilla la suspensión que regula el art. 100 bis –como lo es el que "se solicite la aplicación de sanción pecuniaria"– es el mismo hecho en el cual se sustenta la interrupción civil, la cual de conformidad al art. 2518 del CC se verifica "por la demanda judicial; salvo los casos enumerados en el artículo 2503". En todo caso, y atendido que el legislador tributario emplea de forma bastante equívoca los términos "interrupción" y "suspensión" de las prescripción, nos parece que resulta plenamente aplicable al caso lo dispuesto en tal norma del Código Civil, y por tanto debe concluirse que no se interrumpirá (o si se quiere, suspenderá) la acción en contra del asesor tributario si la notificación de la demanda no fue practicada en forma legal (art. 2503 N° 1), si el SII se desiste expresamente de la demanda o se declaró el abandono del procedimiento (art. 2503 N° 2), o si el demandado obtuvo sentencia de absolución (art. 2503 N° 3). A ello se agrega que la interrupción civil no se verificará en el evento de que la acción en contra del asesor tributario se ejerza con posterioridad a que hubiere operado la prescripción de la acción de abuso o simulación en contra del contribuyente.

Por último, se debe recordar que de conformidad al art. 2518 del CC, la interrupción natural se verifica "por el hecho de reconocer el deudor la obligación, ya expresa, ya tácitamente". Tratándose de una figura infraccional no se vislumbra que pueda tener lugar una interrupción de esta clase, salvo en la hipótesis contemplada en el art. 106 del CT, que se refiere al caso de que "el implicado se ha denunciado y confesado la infracción y sus circunstancias". Con todo, dicha norma no tiene por finalidad que el SII pueda iniciar una acción en su contra, sino que, muy por el contrario, la disposición establece que en tal situación la sanción pecuniaria podrá ser remitida, rebajada o suspendida.

CAPÍTULO VIII

DE LA NATURALEZA ESENCIALMENTE SUBJETIVA DE LA RESPONSABILIDAD EMANADA POR CONTRAVENCIÓN A LA NORMATIVA ANTI ELUSIÓN

Cuando se inició la investigación de este trabajo a partir de la dictación de la Ley de Reforma Tributaria, y durante buena parte del desarrollo del mismo, no estimábamos necesario dedicar un capítulo especial relativo al carácter subjetivamente reprochable con que debía estar revestida la conducta del contribuyente a fin de que se pudiere declarar judicialmente su obrar como constitutivo de elusión. Pues ello resultaba evidente a la luz de la normativa que regula el tema y la historia de su establecimiento, todo en plena concordancia con los principios generales que informan nuestro ordenamiento jurídico.

Sin ir más lejos, ese era, por lo demás, el mismo entendimiento que el SII había manifestado en el mes de noviembre de 2014 en las presentaciones realizadas en las charlas internas sobre la implementación de la reforma tributaria, lo que quedó plasmado en un documento emanado de la Subdirección Jurídica del Servicio y hecho público en el sitio web institucional en el mes de diciembre del mismo año. En efecto, en dicha presentación se indicaba, entre otras cosas, lo siguiente:

> "Las normas anti elusión tienen como finalidad que los contribuyentes cumplan con el principio de legalidad y mantener la correcta distribución legal de la carga tributaria entre ellos. *No es aceptable que los particulares determinen si deben o no tributar y en qué cantidad*".
> "¿Y donde [sic] está el límite entre abuso y economías de opción? *En el propósito negocial que no está destinado a defraudar la norma*, lo que se recoge en la Ley como la existencia de un resultado jurídico o económico relevante".
> "En doctrina se define la simulación como la declaración de un contenido de voluntad no real, *emitida conscientemente y con el acuerdo de las partes para producir,*

> *con fines de engaño*, la apariencia de un acto jurídico que no existe o es distinto de aquel que realmente se ha llevado a cabo".
> "*Hay un elemento de engaño. Es esencial la ocultación*, mantener escondido para terceros la verdadera voluntad, el contenido real del negocio"

En la misma línea, en la Circular 55 de 16 de octubre de 2014, el Servicio expresó lo siguiente:

> "a) Normas generales anti elusión.
> Estas modificaciones tienen por objeto principal otorgar a la administración tributaria facultades para *impugnar* los actos o negocios u otras actividades llevadas a cabo por los contribuyentes con abuso de las formas jurídicas o simuladamente *con la finalidad exclusiva o principal* de eludir el pago de impuestos; las que serán susceptibles del respectivo control de los tribunales de justicia. Con tal fin, se agregan al CT los artículos 4 bis, 4 ter, 4 quáter y 4 quinquies".

Idéntica frase fue reproducida y reiterada por el SII en su Circular 55 de 24 de junio de 2015.

Con todo, y sin que ninguna variación normativa hubiere tenido lugar, al mes siguiente, en particular el día 23 de julio de 2015, el Servicio emitió la Circular 65, en el cual realizó un viraje total de su postura adicional, pues en ella ahora expresa lo siguiente:

> "En general, una de las diferencias esenciales entre las normas legales destinadas a la sanción de conductas evasivas, entendidas estas como aquellas constitutivas de delitos tributarias, y las establecidas para el control de la elusión, sean estas especiales o generales, consiste en que la aplicación de estas últimas *no depende de la existencia o prueba del dolo o malicia*. Así por ejemplo, este Servicio puede tasar precios o valores, controvertir la deducción de ciertos gastos, aplicar las normas sobre precios de transferencia o incluso aplicar las facultades que le concede la nueva NGA, *sin consideración a la intención o dolo del contribuyente* que pactó o determinó los precios o valores, rebajó el gasto o llevo a cabo los actos abusivos o simulados. Igualmente, la aplicación de las normas anti evasivas se expresa por parte de este Servicio en la presentación de denuncias o querellas, mientras que la de las normas anti elusivas se traduce en la pretensión de cobro de un impuesto, en la denegación de devoluciones o en el requerimiento de la restitución de las sumas indebidamente devueltas, todo ello a través de las respetivas liquidaciones, giros o resoluciones, según corresponda, *todo ello sin perjuicio de la aplicación de los*

intereses penales y multas respectivas. El procedimiento administrativo que conduce a una u otra decisión también es distinto, dado que la decisión de presentar una denuncia o querella por delito tributario se basa en la recopilación de antecedentes, mientras que el ejercicio de las facultades anti elusión, sean especiales o generales, se basa en los respectivos procedimientos de fiscalización"[286].

"Por su parte, *el artículo 4° ter del Código Tributario establece un criterio objetivo y no un análisis de las intenciones o fines que pudieron tener los contribuyentes*. El examen, en este caso, consistirá en determinar si la naturaleza de los actos o negocios jurídicos, individualmente o en su conjunto, utilizados por los contribuyentes se dejan explicar por razones distintas de las meramente tributarias. De esta forma, se busca asegurar el cumplimiento del principio de legalidad y la teoría del hecho imponible recogida en el artículo 4° bis"[287].

"En otras palabras, se trata de una buena fe susceptible de ser desvirtuada con causales objetivas, a saber; la constatación del abuso o simulación, que *más que atender a elementos de tipo subjetivo o intencional*, atienden a la disparidad entre los hechos o actos que han sido relevados por el legislador al estándar de dar nacimiento a la obligación tributaria, con la forma que los ampara"[288].

"Es evidente aquí que *nada tiene que ver el recurso a institutos propios de otras ramas del derecho, o más bien relacionados con las esferas del derecho penal o infraccional, como por ejemplo, el dolo o la culpa*. Lo que esta NGA hace, no es tipificar delitos o infracciones respecto de los cuales la administración deba perseguir la aplicación de una sanción, sino que proteger el principio de legalidad tributaria, cuya consecuencia es precisamente la aplicación de los impuestos eludidos, lo que claramente no puede ser calificado como una sanción. Lo anterior es sin perjuicio de las sanciones que dicho incumplimiento puede acarrear, y que el propio legislador establece, pero ahora en el ámbito propiamente sancionatorio tributario. En otras palabras, esta facultad que la ley concede a la administración tributaria, equivale en cuanto a su esencia a aquellas normas especiales ya existentes en la actualidad que permiten tasar determinados precios o valores, cuestionar la deducción de gastos, determinar bases imponibles, entre otras, todas las cuales prescinden de los elementos subjetivos de los actos o contratos respectivos. Por ejemplo, así ocurre cuando una determinada operación se ha llevado a cabo a precios o valores que no satisfacen los estándares legales tributarios, el Servicio podrá tasarlos sin

---

286 Circular 65, p. 2.

287 Circular 65, p. 3.

288 Circular 65, p. 12.

necesidad de consideración alguna a la intención de las partes en la celebración de tales actos".[289]

De lo señalados en los párrafos antes citados, resulta que en la actualidad, y a efectos de dar aplicación a la Norma General Anti Elusión, el SII tiene el siguiente entendimiento: *(i)* para declarar judicialmente la elusión, sea vía abuso o simulación, se debe atender a criterios estrictamente subjetivos, sin que sea pertinente realizar un análisis sobre la intención, propósito, culpa o dolo del contribuyente; *(ii)* la distinción entre evasión y elusión está dada porque la primera da lugar a un delito que debe ser conocido por la justicia criminal, en circunstancias de que la segunda debe ser declarada por la justicia tributaria, con lo cual el SII compartiría el entendimiento de un ex canciller del tesoro británico que indicaba que "la diferencia entre elusión fiscal y evasión fiscal es el espesor del muro de una prisión"[290]; y *(iii)* por tanto, no tienen aplicación ninguna de las otras ramas del derecho, en particular las del derecho penal.

Esta interpretación de la Norma General Anti Elusión que practica el SII produce un trascendental efecto procesal y práctico, ya que debe recordarse que, de conformidad al art. 4 bis del CT, la buena fe del contribuyente se presume, y por tanto es el Servicio el que tiene la carga de probar en el respectivo juicio la mala fe, esto es, la elusión concretada por medio de abuso o simulación. Con todo, con su interpretación el SII pretende alivianar su carga probatoria, en cuanto en su concepto no será necesario acreditar la mala fe del contribuyente a fin de hacerlo responder.

Lo anterior ha motivado incorporar el presente capítulo, en el cual primeramente nos referiremos a las principales razones que, en nuestro concepto, imponen concluir que la elusión constituye un régimen subjetivo, para luego desarrollar algunos conceptos acerca de la potestad interpretativa del Servicio.

---

289 Circular 65, pp. 12-13.

290 La frase se atribuye al excanciller británico del Tesoro Denis Healey (Shultz, *Op. Cit.*, p. 6).

1. CARÁCTER INDISCUTIBLEMENTE SUBJETIVO DE LA RESPONSABILIDAD DE PLANIFICADORES Y DISEÑADORES CONTEMPLADA EN EL ART. 100 BIS DEL CT

Una primera cuestión que resulta importante despejar consiste en que no existe duda ni discusión alguna en torno a que la responsabilidad infraccional contemplada en el art. 100 bis del CT respecto del "diseñador o planificador" de la elusión es de naturaleza eminentemente subjetiva.

Desde luego, así lo reconoce explícitamente el SII en su Circular 65, pues en ella se indica que "se debe entender por diseño o planificación, *el plan general, metódicamente organizado, fraguado* para evitar total o parcialmente la realización del hecho gravado, disminuir la base imponible o la obligación tributaria, o postergar o diferir el nacimiento de dicha obligación, *también cuando se busque disimular* la configuración del hecho gravado o la naturaleza de los elementos constitutivos de la obligación tributaria o su verdadero monto o data de nacimiento, a través de los contratos o negocios constitutivos de abuso o simulación". Precisamente por ello es que la misma Circular 65 agrega que "[d]e esta forma, *lo sancionado con esta infracción es la actividad intelectual* que diseñó los actos o negocios jurídicos o conjunto o serie de ellos que fuese declarada abusiva o simulada en los términos del artículo 4° ter o 4° quáter, ambos del Código Tributario, según corresponda". En lo que respecta a la responsabilidad de directores o representantes de una persona jurídica, la Circular 65 agrega que corresponde al SII acreditar "*la falta de diligencia* en la supervisión y dirección del re presentante legal o de los responsables de la persona jurídica respecto de la cual se haya acreditado que realizó la planificación".

Lo cierto es que mal podría haberse afirmado que esta responsabilidad era de carácter objetivo, pues por su propia naturaleza la responsabilidad infraccional es de carácter esencialmente subjetivo, tal como expresamente lo indica el CT. En efecto, el art. art. 107 de dicho cuerpo normativo, plenamente aplicable al art. 100 bis[291], dispone que "[l]as sanciones que el Servicio o el Tribunal Tributario o Aduanero impongan se aplicarán dentro de los márgenes que correspondan, tomando en consideración: [...] 7° El grado de *negligencia o el dolo* que hubiere mediado en el acto u omisión".

291 En efecto, el art. 107 se encuentra inserto en el Párrafo 3° del Título II del Libro II del CT, relativo a las "disposiciones comunes" a las infracciones establecidas por dicho cuerpo normativo. A su turno, el art. 100 bis forma parte del Párrafo 1° del Título II del Libro II del CT, y en cuanto tal se rige por las "disposiciones comunes" del Párrafo 3°.

Así, la discusión sobre el carácter objetivo o subjetivo de la responsabilidad derivada de la elusión se refiere exclusivamente al contribuyente, cuestión que pasamos a analizar en el siguiente apartado.

2. RAZONES QUE IMPONEN CONCLUIR QUE LA ELUSIÓN CONSTITUYE UN RÉGIMEN SUBJETIVO Y NO OBJETIVO

Despejado lo anterior, a continuación pasamos a señalar los principales motivos que, en nuestro concepto, llevan a rechazar la recién indicada interpretación administrativa practicada por el Servicio en la Circular 65, y que llevan a concluir que la elusión constituye una institución de carácter subjetivo que impone analizar las intenciones y propósitos de los contribuyentes, y en particular acreditar en juicio su mala fe por parte del SII:

(i) Una primera cuestión que resulta ineludible de considerar es que, a diferencia de lo que pareciera entender el SII, la elusión no constituye una aplicación directa del principio de legalidad del tributo, entendida como el nacimiento del tributo por la configuración del hecho gravado, con absoluta independencia de la voluntad del contribuyente en orden a que se genere el impuesto correspondiente.

En efecto, de ser así, bastaría para exigir el pago del respectivo tributo que el SII emitiera una liquidación al efecto. Con todo, es bien claro que ello no es así, en cuanto dicha liquidación únicamente podrá ser emitida por el Servicio en la medida que haya existido un juicio previo y legalmente tramitado, en el que los tribunales de justicia, en sentencia firme, declaren que el contribuyente incurrió en elusión, esto es, en un obrar de mala fe, sea por vía de abuso o de simulación.

A diferencia de lo que acontece en la generalidad de los casos, en virtud del nuevo estatuto de la Norma General Anti Elusión es siempre necesario un pronunciamiento judicial previo para exigir el cobro del tributo. Ello es así porque el principio de legalidad tributaria (en el entendido antes indicado) colisiona con otro principio fundamental de nuestro ordenamiento jurídico y reconocido por la Constitución y las leyes: la autonomía de la voluntad en su más amplio sentido. En efecto, en razón de este último los particulares (y más precisamente los contribuyentes) tienen libertad para organizarse y celebrar actos y negocios del modo más acorde a sus intereses, existiendo un mandato legal en orden a reconocer que obraron de buena fe, lo que se traduce, en los términos del inciso segundo del art. 4 bis, en reconocer los efectos que se desprendan de los actos o negocios jurídicos o de un conjunto o serie de ellos, según la forma en que estos se hayan celebrado.

Dicha colisión de principios, conforme a la Norma General Anti Elusión, únicamente puede ser resuelta por los tribunales de justicia, quienes harán primar el principio de legalidad tributaria por sobre el de autonomía de la voluntad en la medida que se verifique y acredite que en los hechos el contribuyente obró de mala fe ("no hay buena fe" señala la norma base); esto es, si mediante los actos o negocios jurídicos se eludieron los hechos imponibles establecidos en las disposiciones legales tributarias, lo que únicamente se puede verificar por vía de abuso o de simulación (art. 4 bis, inciso tercero).

Por tanto, es del todo evidente que no estamos frente a una aplicación directa y exclusiva del principio de legalidad, ya que, insistimos, el deber de pagar el impuesto de que se trate no surge por la sola disposición de la ley, sino de su aplicación conjunta con una declaración judicial de mala fe. Por tanto, es claro que lo que se persigue es una responsabilidad del contribuyente de pagar tributos, la que solo se configura si obró de mala fe.

De lo que se ha indicado se puede sostener, con propiedad, que el deber de pagar un tributo por parte de un contribuyente condenado en un juicio de declaración de elusión, emana de una responsabilidad especial tributaria, en cuanto la obligación tributaria, si bien nace directamente de la ley, resulta únicamente exigible en la medida de que exista un pronunciamiento judicial que declare que el obrar del contribuyente fue elusivo, o, lo que es lo mismo, de mala fe.

Pues bien, sea cual sea el estatuto de responsabilidad (general o especial, o bien civil, penal, o infraccional, etc.) una cuestión que resulta fundamental para el análisis, es considerar que nuestro ordenamiento jurídico establece, como regla generalísima, que únicamente se debe responder en la medida de que se compruebe un obrar culpable, esto es, imputable a dolo o culpa, o bien a una determinada intencionalidad o mala fe. Por lo mismo, rige un sistema de responsabilidad subjetiva, en cuanto el fundamento del deber de responder se encuentra en la conducta culpable.

Esta responsabilidad es llamada subjetiva o por culpa, porque la razón de existir de la obligación indemnizatoria es la actuación ilícita del agente del daño (en este caso, el contribuyente). En otras palabras, la razón para atribuir responsabilidad a alguien radica en que el daño (en el caso, un determinado ahorro tributario) ha sido causado por su acción culpable, esto es, ha sido el resultado de una acción ejecutada con infracción a un deber de cuidado.

Como se adelantó, el sistema de responsabilidad por culpa o negligencia es el régimen común de responsabilidad en el derecho nacional, aplicable a todos aquellos casos que no están regidos por una regla especial diversa. Así lo entiende la jurisprudencia[292] y la doctrina[293].

A este régimen de responsabilidad subjetiva se opone la responsabilidad objetiva, la cual sustenta el reproche en la generación de un riesgo, sin considerar si la persona obró o no con culpa. Conforme lo ha resuelto de modo uniforme la jurisprudencia, con pleno apoyo de la doctrina, en nuestro país el régimen de responsabilidad objetiva resulta exclusivamente aplicable a los casos en que así lo haya dispuesto expresa y especialmente el legislador[294]. En este sentido, la doctrina afirma que "la responsabilidad estricta u objetiva es un régimen especial de derecho estricto, que rige ciertos ámbitos de conducta o tipos de riesgo definidos por el legislador. En consecuencia, su fuente es la disposición expresa de la ley"[295]; y que "siendo la responsabilidad subjetiva la regla general dentro de nuestro derecho y sólo por excepción, en presencia de una norma expresa que lo prevea, es admisible la responsabilidad objetiva"[296]. Por tanto, se concluye que "en nuestro sistema no puede haber objetivación de la responsabilidad por analogía o interpretación judicial, siendo necesaria la intervención del legislador. *En los casos dudosos, habrá que seguirse el criterio de la responsabilidad subjetiva*"[297].

Por tanto, considerando, por un lado, que la elusión judicialmente declarada da lugar a una responsabilidad, y, por el otro, que el legislador no estableció en términos explícitos un carácter objetivo de la misma, es necesario concluir que tal responsabilidad es de naturaleza subjetiva.

(ii) No solo el legislador tributario no explicitó una naturaleza objetiva de la responsabilidad por elusión, sino que, muy por el contrario, expresamente la caracterizó como un obrar opuesto a la buena fe.

---

292 En este sentido fallos publicados en *RDJ* t. LXXXXIX, sec. 23ª, p. 13.

293 Vid. Rodríguez Grez, Pablo, *Responsabilidad Extracontractual*, Editorial Jurídica de Chile, 2002, p. 182.

294 Solo a modo de ejemplo, se puede citar el art. 49 de la Ley N° 18.302, sobre Seguridad Nuclear, que dispone: "La responsabilidad civil por daños nucleares *será objetiva* y estará limitada en la forma que establece esta ley".

295 Barros Bourie, Enrique, *Tratado de Responsabilidad Extracontractual,* Editorial Jurídica de Chile, 2006, p. 30.

296 Rodríguez Grez, Pablo, *Responsabilidad Contractual*, Editorial Jurídica de Chile, 2003, p. 18.

297 Corral Talciani, Hernán, *Lecciones de responsabilidad Civil Extracontractual*, Segunda Edición actualizada, LegalPublishing, 2013, p. 218.

Ello es de la mayor relevancia, pues si bien se estila aludir a una distinción entre la buena fe subjetiva (cuyo acento se encuentra en las convicciones o creencias internas[298]) y objetiva (que se centra en el obrar externo[299]), lo cierto es que se ha alcanzado mayoritario consenso en orden a que la buena fe, más allá de donde se ponga el acento, es una sola, y siempre posee componentes de orden objetivo y subjetivo. Al efecto, FERREIRA RUBIO concluye que "[l]a buena fe es una. El principio general de marcado contenido ético origina múltiples corolarios y funciona diversamente. Pero no estamos frente a realidades ontológicamente distintas"[300]. En igual sentido se pronuncia en nuestro medio PEÑAILILLO, quien sostiene que "no compartimos la distinción [entre buena fe objetiva y subjetiva] en cuanto pretende formar categorías. La fe es una sola, con sus dos adjetivos mencionados. Lo que suele entenderse por fe objetiva es más bien un método para evaluar la fe del sujeto"[301].

Por tanto, todo análisis de la buena fe siempre va a imponer realizar una revisión de orden subjetivo. Lo dicho es aún más claro tratándose de la mala fe –siendo la elusión una concreción de la misma–, la cual normativamente se liga a un concepto de orden subjetivo[302], que es precisamente lo que sustenta

---

298 LÓPEZ SANTA MARÍA afirma que la buena fe subjetiva sería "la convicción interna o psicológica de encontrarse el sujeto en una situación jurídica regular, aunque objetivamente sea así; aunque haya error" (*Op. Cit.*, t. II, p. 392).

299 Como hemos tenido oportunidad de indicar en el pasado, "la buena fe objetiva se nos presenta como una regla de conducta humana que exige dirigir el actuar conforme a una serie de normas que configuran patrones de rectitud y honestidad" (BOETSCH, *Op. Cit.*, p. 81).

300 FERREIRA RUBIO, Delia Matilde, *La Buena fe. El principio general en el Derecho Civil*, Editorial Montecorvo, 1984, pp. 96 y ss.

301 PEÑAILILLO, *Las Obligaciones*, Op. Cit., pp. 52-53.

302 En general las alusiones del Código Civil a la mala fe –contenidas en casi cuarenta artículos– aluden a esta relación directa con un saber o un conocimiento, como acontece por ejemplo en los arts. 94 regla 6 (alude al haber "*sabido* [...] la verdadera muerte del desaparecido, o su existencia, constituye *mala fe*"), 426 ("El que ejerce el cargo de tutor o curador, no lo siendo verdaderamente, pero *creyendo* serlo, tiene todas las obligaciones y responsabilidades del tutor o curador verdadero [...] Pero si hubiere procedido de *mala fe*, fingiéndose tutor o curador [...]"), 658, 662 inciso segundo y 663 (todos contienen la frase "no habiendo *conocimiento* del hecho por una parte, ni *mala fe* por otra [...]"),706 inciso tercero ("el *error* en materia de derecho constituye una presunción de *mala fe* [...]") y 2468 regla primera ("Los acreedores tendrán derecho para que se rescindan los contratos onerosos, y las hipotecas, prendas y anticresis que el deudor haya otorgado en perjuicio de ellos, estando de *mala fe* el otorgante y el adquirente, esto es, *conociendo* ambos el mal estado de los negocios del primero [...]"). También se encuentran casos en los que la mala fe se asimila a un propósito (como acontece en el inciso segundo del art. 197, que alude

su reprochabilidad. Al efecto, se sostiene que "la mala fe se configura cuando el sujeto tiene conocimiento o tiene el deber de conocer determinada situación, circunstancias, datos, condiciones, calidades, etc. relevante para el derecho a la luz de las particularidades propias de cada acto jurídico, cuya utilización antifuncional el ordenamiento jurídico reprueba y, por tanto, considera ilegítimo su proceder a partir de ese momento"[303].

En línea con lo que se viene diciendo, se debe recordar también que la elusión se concreta por dos vías bien precisas: el abuso y la simulación. Como expusimos en los capítulos en que analizamos dichas figuras, en ambas el factor intencionalidad es determinante a la hora de establecer si existió o no una conducta elusiva.

(iii) En línea con lo anterior, y concordante con lo que se ha expuesto en este trabajo, se debe recordar que para aplicar adecuadamente la Norma General Anti Elusión resulta imprescindible establecer la naturaleza jurídica del acto o contrato de que se trata, y el único modo de llevar a cabo tal tarea es acudiendo al objeto del negocio jurídico (sus derechos y obligaciones), y especialmente a su causa.

Pues bien, se debe recordar que la causa se encuentra definida en el art. 1467 del CC como "el *motivo* que induce al acto o contrato"; y tal significación es la que necesariamente se debe considerar de conformidad a la regla de interpretación consagrada en el art. 20 del mismo cuerpo normativo.

Aun cuando el concepto de causa y sus alcances han sido objeto de debate a nivel doctrinal, existe un claro consenso en los autores en que uno de los roles de la causa es "controlar efectivamente el *fin del negocio* jurídico, de forma que éste no atente contra el orden público, la ley y las buenas costumbres, es decir, de manera que el negocio jurídico sea efectivamente una regulación voluntaria de intereses que la ley permite que queden bajo la tuición privada, de los cuales se excluyen, desde luego, *motivaciones* e intereses ilícitos y contrarios a las normas

---

a la "persona que ejerza una acción de filiación de *mala fe o con el propósito* de lesionar la honra de la persona demandada [...]"), o bien a un obrar específico (como es el caso del art. 1256, conforme al cual "El heredero que en la confección del inventario omitiere de *mala fe* hacer mención de cualquiera parte de los bienes [...]").

303 ALFERILLO, Pascual Eduardo, *Reflexiones sobre la vinculación de la 'mala fe' con los factores de atribución subjetivos*, en *Tratado de la Buena Fe en el Derecho*, Tomo II, Director Marcos M. Córdoba, Editorial La Ley, 2004, p. 232.

esenciales para la convivencia social"[304]. Así, "cada vez que se alegue la ilicitud de la causa, *corresponde al juez indagar por el motivo individual que indujo a celebrar el acto jurídico*"[305].

Por tanto, si para aplicar la Norma General Anti Elusión es imprescindible analizar la causa del acto o contrato, es ineludible tener que determinar y establecer el o los motivos del contribuyente, lo que de suyo es de naturaleza subjetiva.

(iv) Corrobora lo que se viene indicando la historia fidedigna del establecimiento de la Norma General Anti Elusión, la cual resulta pertinente considerar para realizar una adecuada interpretación de la ley, conforme lo dispone el inciso segundo del art. 19 del CC, que expresa que "[p]ero bien se puede, para interpretar una expresión obscura de la ley, recurrir a su intención o espíritu, claramente manifestados en ella misma, o en *la historia fidedigna de su establecimiento*".

En efecto, en el respectivo Mensaje se afirma que "[e]xiste un creciente consenso en torno a que nuestro sistema tributario y sus normas de fiscalización permiten obtener ventajas mediante planificaciones tributarias elusivas. Nuestro sistema tiene dificultades para sancionar las planificaciones que tienen el sólo *propósito* de sacar ventajas tributarias en la realización de una operación o conjunto de operaciones relacionadas entre sí". Y más adelante se agrega que "[c]omo hemos señalado, se establece una Norma General Antielusión. En virtud de ella, la administración tributaria podrá cuestionar los acuerdos, estructuras u otras actividades llevadas a cabo por las empresas cuando tales actividades se hayan llevado a cabo con la *finalidad* exclusiva o principal de eludir el pago de impuestos. El ejercicio de esta norma antielusión, será susceptible del respectivo control de los tribunales de justicia, garantizándose así el debido proceso".

Por ende, resulta del todo evidente que el claro sentido y *ratio legis* del establecimiento de la Norma General Anti Elusión tenida en vista por el legislador no fue otro que el de establecer una responsabilidad especial al contribuyente que obró con un propósito (término que el Diccionario de la Real Academia Española define como el "*ánimo o intención de hacer o de no hacer algo*") y finalidad (esto es, con una intencionalidad subjetiva) especial y específica, como es la de eludir impuestos.

---

304 Domínguez Águila, Ramón, *Teoría General del Negocio Jurídico*, Editorial Jurídica de Chile, 1977, número 102, número 134, p. 186.

305 Vial del Río, *Op. Cit.*, número 137, p. 145.

Tan claro es ello, que incluso la propia Circular 65 afirma que "[u]no de los propósitos de la Ley N° 20.780 consiste en prevenir y controlar la obtención de ventajas tributarias indebidas por parte de los contribuyentes que desarrollan comportamientos *orientados* a eludir el cumplimiento tributario".

Ello explica que la misma Circular 65, pese a afirmar el carácter objetivo de la elusión, en varios pasajes reconozca, a lo menos implícitamente, la naturaleza subjetiva de la misma, cuestión que acontece, entre otros, en los siguientes extractos: "Este nuevo mecanismo contra la elusión permite rechazar las ventajas tributarias obtenidas mediante *comportamiento estratégico* elusivo"[306]; "Otra característica relevante de la NGA, consiste en que la administración tributaria debe probar las *imputaciones* elusivas que sostenga"[307]; "También se rompe con la buena fe tributaria cuando los actos y negocios jurídicos *escogidos* por el contribuyente *tienen por objeto* disimular o esconder la configuración del hecho gravado con impuesto, la naturaleza de los elementos constitutivos de la obligación tributaria, su verdadero monto o la fecha de su acaecimiento"[308]; "Si había alguna duda sobre esta materia, es ahora evidente que quedó sin sustento positivo alguno la doctrina en virtud de la cual la *astucia* en el uso de las formas jurídicas podía justificar una vulneración de las normas legales tributarias"[309].

(v) Por otro lado, se debe considerar que de conformidad al inciso final del art. 4 quinquies del CT, el juez, al declarar la existencia de abuso o simulación, deberá indicar "el monto del impuesto que resulte adeudado, con los respectivos reajustes, *intereses penales y multas*".

Pues bien, el hecho de que a raíz de la declaración de elusión se pueda condenar al pago de intereses penales y moratorios, e incluso multas, implica necesariamente que se impone una sanción que encuentra su naturaleza en un reproche de naturaleza subjetiva. En efecto, desde la perspectiva civil, se debe recordar que de conformidad al art. 1559 del CC los intereses moratorios constituyen una avaluación legal de la indemnización de perjuicios, que indiscutiblemente se rige por un sistema de responsabilidad subjetiva.

Ello tiene un claro correlato y reafirmación en materia tributaria. Así el art. 53 del CT dispone en su inciso tercero que "[e]l contribuyente estará afecto,

306 Circular 65, p. 3.

307 Circular 65, p. 4.

308 Circular 65, p. 8.

309 Circular 65, p. 12.

además, a un interés penal del uno y medio por ciento mensual cada mes o fracción de mes, *en caso de mora* en el pago del todo o de la parte que adeudare de cualquier clase de impuestos y contribuciones". Y existe pleno consenso en orden a que la mora es "el retardo *imputable* en el cumplimiento de la obligación unido al requerimiento o interpelación por parte del acreedor"[310]. Por tanto, no hay derecho al cobro de intereses, sino en el caso de un atraso debido a dolo o culpa[311], cuestión que confirma el inciso segundo del art. 1558 del CC, en cuanto dispone que "[l]a mora producida por fuerza mayor o caso fortuito no da lugar a indemnización de perjuicios".

Precisamente por ello es que el art. 56 del CT dispone en su inciso primero que "[l]a condonación parcial o total de intereses penales sólo podrá ser otorgada por el Director Regional cuando, resultando impuestos adeudados en virtud de una determinación de oficio practicada por el Servicio, a través de una liquidación, reliquidación o giro, el contribuyente o el responsable del impuesto probare que ha procedido con antecedentes que *hagan excusable* la omisión en que hubiere incurrido", agregando su inciso final que "El Director Regional podrá, a su juicio, condonar la totalidad de los intereses penales que se hubieren originado *por causa no imputable al contribuyente*". En plena coherencia con esto último, art. 4 letra B) del CT (que establece las atribuciones de los Directores regionales) dispone en el inciso segundo de su numeral 4° que "[s]in embargo, la condonación de intereses o sanciones podrá ser total, si el Servicio incurriere en error al determinar un impuesto o cuando, a juicio del Director Regional, dichos *intereses o sanciones se hubieren originado por causa no imputable al contribuyente*".

(vi) Finalmente, resulta pertinente hacer referencia a ciertas argumentaciones que la Circular 65 desarrolla a fin de intentar justificar el supuesto carácter objetivo de la responsabilidad emanada de la elusión.

Desde luego, a la luz de todo lo que se ha analizado a lo largo de este trabajo, aparece que la distinción entre evasión y elusión va mucho más allá de lo que indica la Circular 65, en orden a que la primera se sanciona penalmente y no así la segunda. La verdad es que la diferencia entre una y otra figura es mucho más sustancial: mientras con la evasión se incumple la obligación tributaria ya nacida, con la elusión se evita el nacimiento de la obligación tributaria.

---

310 Por todos, Abeliuk, *Op. Cit.*, t. II, p. 769.

311 Ibídem.

Despejado lo anterior, es pertinente observar lo altamente llamativo del entendimiento del SII en orden a que "aquí que nada tiene que ver el recurso a institutos propios de otras ramas del derecho, o más bien relacionados con las esferas del derecho penal o infraccional, como por ejemplo, el dolo o la culpa". Y es que con ello, desde luego, se pretende dejar sin aplicación una norma fundamental del Código Tributario, como es su art. 2, que dispone que "[e]n lo no previsto por este Código y demás leyes tributarias, se aplicarán las normas de derecho común contenidas en leyes generales o especiales". Por tanto, y encontrándonos ante un régimen de responsabilidad, resulta ineludiblemente aplicable el derecho común, conforme al cual, como se ha expuesto, siempre la responsabilidad es de naturaleza subjetiva, a menos que exista una ley que de modo expreso señale lo contrario; ley que, como también se ha indicado, no existe en la materia en análisis.

Se debe hacer presente que con ello no se pretende hacer aplicables, en lo que respecta a la responsabilidad de los contribuyentes, la normativa propia del Derecho Penal, en la que el dolo y la culpa tienen un tratamiento especial respecto a la responsabilidad civil y patrimonial[312]. Sobre la materia, es pertinente considerar que el art. 107 N° 7 del CT dispone que "[l]as sanciones que el Servicio o el Tribunal Tributario o Aduanero impongan se aplicarán dentro de los márgenes que correspondan, tomando en consideración: [...] 7° El grado de *negligencia o el dolo* que hubiere mediado en el acto u omisión". Esta norma que, en lo que se refiere a la responsabilidad tributaria, el dolo y la culpa no son factores exclusivos y excluyentes de la responsabilidad penal.

En fin, es necesario insistir que el factor de imputación de la elusión está dado por la mala fe en los términos ya indicados; mala fe que constituye una categoría más amplia –pero igualmente subjetiva– que el dolo.

En suma, por lo expuesto en este apartado es que tenemos la convicción de que, a diferencia del entendimiento del SII, la Norma General Anti Elusión incorporada por la LRT constituye un estatuto de responsabilidad especial tributaria, el cual tiene una naturaleza esencialmente subjetiva, y en caso alguno objetiva, como se afirma en la Circular 65.

312 Vid. CURY URZÚA, Enrique, *Derecho Penal. Parte General*, Ediciones Universidad Católica de Chile, 2005, pp. 303 y ss.

3. CONSIDERACIONES RELATIVAS A LA POTESTAD INTERPRETATIVA DEL SII

Expuesto lo anterior, solo resta realizar ciertas reflexiones acerca de la cuestionable constitucionalidad y legalidad de la Circular 65, en lo que respecta a su interpretación sobre la naturaleza objetiva de la responsabilidad tributaria por elusión.

La Circular 65 fue emitida por el director nacional (subrogante) del SII con fecha 23 de julio de 2015, y conforme a su punto XI las instrucciones contenidas en ella regirán a contar del 30 de septiembre de 2015, siendo aplicables sus instrucciones a los procesos de fiscalización llevados a cabo a partir de esa fecha y a las consultas formuladas por los interesados a través del procedimiento que acuerda el art. 26 bis del CT desde la fecha señalada.

Aunque la Circular 65 no lo expresa, resulta del todo evidente que ella fue dictada por el director de Impuestos Internos en ejercicio de la facultad consagrada en el art. 6, letra A, N° 1 del CT, que dispone que a él le corresponde "[i] nterpretar administrativamente las disposiciones tributarias, fijar normas, impartir instrucciones y dictar órdenes para la aplicación y fiscalización de los impuestos"[313]. Atendida su fecha de dictación –esto es, previo a la entrada en vigencia de las modificaciones incorporadas al CT por la Ley de Reforma Tributaria–, la circular en comento no debió someterse al trámite obligatorio de consulta público incorporado por la LRT en el inciso segundo del art. 6, letra A, N° 1 del CT[314], ni

313 La misma facultad se encuentra consagrada en el art. 7 letra b) de la Ley Orgánica del SII, que dispone: "El Director tiene la autoridad, atribuciones y deberes inherentes a su calidad de Jefe Superior del Servicio y, en consecuencia, sin que ello implique limitación, le corresponden las siguientes atribuciones, responsabilidades y obligaciones: [...] b) Interpretar administrativamente las disposiciones tributarias, fijar normas, impartir instrucciones y dictar órdenes para la aplicación y fiscalización de los impuestos". Un análisis de la potestad interpretativa del SII se encuentra en Guzmán Brito, Alejandro, *La Interpretación Administrativa en el Derecho Chileno*, LegalPublishing, 2014, pp. 35 y ss.

314 En efecto, el art. 10 N° 5 de la Ley de Reforma Tributaria incorporó los siguientes incisos al art. 6, letra A), N° 1 del CT: "Podrá, asimismo, disponer la consulta pública de proyectos de circulares, o instrucciones que estime pertinente, con el fin de que los contribuyentes o cualquier persona natural o jurídica opine sobre su contenido y efectos, o formule propuestas sobre los mismos. Con todo, *las circulares e instrucciones que tengan por objeto interpretar con carácter general normas tributarias*, o aquellas que modifiquen criterios interpretativos previos, *deberán siempre ser consultadas*. Las opiniones que se manifiesten con ocasión de las consultas a que se refiere este numeral serán de carácter público y deberán ser enviadas al Servicio a través de los medios que disponga en su oficina virtual, disponible a través de la web institucional. Las precitadas respuestas no serán vinculantes ni estará el

tampoco el Servicio realizó una consulta voluntaria del proyecto normativo, como en la práctica lo han hecho otros organismos de la Administración[315].

Ahora bien, siendo la materia en análisis el fruto del ejercicio de una potestad de interpretación administrativa, es importante destacar que existe pleno y uniforme consenso en orden a que tal interpretación no solo no resulta obligatoria para los particulares o contribuyentes, sino que tampoco tiene fuerza vinculante alguna para los tribunales de justicia llamados a aplicar la Norma General Anti Elusión. A tal conclusión se arriba por aplicación del inciso primero del art. 3 del CC, conforme al cual "*Solo toca al legislador explicar o interpretar la ley de un modo generalmente obligatorio*". En efecto, y como bien afirma Guzmán Brito, "[n]ingún tribunal, sea ordinario, especial o arbitral, está obligado por las interpretaciones administrativas pronunciadas por los jefes de servicio dotados con la respectiva potestad. Esto significa que al pronunciar sus sentencias tales tribunales no están en la necesidad de aplicar las leyes del caso con sujeción a interpretaciones administrativas preexistentes; de modo que cada tribunal puede interpretarlas autónomamente, aun de modo incompatible con la interpretación administrativa [...]"[316].

Precisamente en tal entendido es que la Excma. Corte Suprema ha resuelto que "la interpretación administrativa efectuada por el Servicio de Impuestos Internos, en nada compromete la facultad soberana que tienen los Tribunales de Justicia para juzgar los casos sometidos a su conocimiento, pues corresponde a estos efectuar la interpretación legal que estime más adecuada según sus criterios y las normas de hermenéutica establecidas en el Código Civil"[317].

Director obligado a pronunciarse respecto de ellas". De conformidad al inciso primero de la Decimoquinta Disposición Transitoria de la LRT, el deber de consulta pública de proyectos normativos comenzó a regir el 30 de septiembre de 2015.

315 Es el caso de la Superintendencia de Valores y Seguros, quien constantemente realiza consultas públicas sobre sus proyectos normativos. Así aconteció, por ejemplo, con la normativa sobre fortalecimiento de gobiernos corporativos, la que en definitiva se concretó en las Normas de Carácter General N° 341 de 29 de noviembre de 2012 y N° 385 de 8 de junio de 2015 (que derogó a la anterior), ambas tituladas "Establece normas para la difusión de información respecto de las prácticas de gobierno corporativo adoptados por las sociedades anónimas abiertas".

316 Guzmán Brito, *La Interpretación Administrativa...*, *Op. Cit.*, p. 133. El autor profundiza el tema de la impugnación judicial de la interpretación administrativa en las pp. 175 y ss. de la misma obra.

317 Corte Suprema, 3 de enero de 1979, Rol N° 13.426.

Por tanto, es necesario concluir que la interpretación practicada por el SII en torno a la naturaleza "objetiva" de la elusión –en nuestro concepto manifiestamente errada por los argumentos ya expuestos– en caso alguno resulta vinculante para los tribunales de justicia llamados a pronunciarse acerca de la declaración de abuso o simulación tributaria.

CAPÍTULO IX
ASPECTOS PROCESALES DE LA DECLARACIÓN JUDICIAL DE ELUSIÓN

Establecidos los aspectos sustantivos de la Norma General Anti Elusión, resulta pertinente referirnos a los diversos aspectos procesales introducidos por la Ley de Reforma Tributaria al Código Tributario, en cuanto se establece un procedimiento especial al efecto.

Sobre la materia, primero se debe destacar el cambio trascendental que afortunadamente sufrió el proyecto original de reforma tributaria. Conforme a este, la existencia del abuso o de la simulación sería declarada, por sí y ante sí, por el Servicio en sede administrativa[318]. En aras de dar alguna concreción al debido proceso garantizado por la Constitución, tal diseño original fue modificado radicalmente, y se estableció que serían los tribunales de justicia los llamados a declarar el abuso o la simulación con base en un proceso previo y bilateral, cuyos principales aspectos se pasan a analizar a continuación

Los aspectos procesales del abuso y la simulación tributaria se encuentran regulados en los artículos 4 bis, inciso final, 4 quinquies y 160 bis; esta última disposición es la única norma del Párrafo 4° del Título III (sobre Procedimientos Especiales) del Libro III, el cual regula el "procedimiento de declaración judicial de la existencia de abuso o simulación y de la determinación de la responsabilidad respectiva".

---

318 En particular, conforme al proyecto original de reforma tributaria el inciso primero del art. 4 quinquies del CT dispondría lo siguiente: "La existencia del abuso o de la simulación a que se refieren los artículos 4 ter y 4 quáter, precedentes, será declarada administrativamente por el Servicio en la correspondiente liquidación, giro o resolución, previa autorización del Director Regional, Director de Grandes Contribuyentes o Subdirector de Fiscalización, según corresponda, conforme a lo dispuesto en los incisos siguientes, sin que dicha calificación produzca otros efectos que los exclusivamente relativos a las materias de tributación fiscal interna que sean, según ley, de la competencia del Servicio de Impuestos Internos".

De conformidad al inciso final del art. 160 bis, en lo no previsto por el referido Párrafo 4°, y en cuanto la naturaleza de la tramitación lo permita, se aplicarán las demás normas contenidas en el Título II del Libro III del CT (arts. 123 a 148), que regula el procedimiento general de reclamaciones.

Otra cuestión a considerar acerca de la regulación de los aspectos procesales que se analizarán, es que el art. 148 del CT dispone que en todas aquellas materias no sujetas a disposiciones especiales, se aplicarán, en cuanto fueren compatibles con la naturaleza de las reclamaciones, las normas establecidas en el Libro Primero del Código de Procedimiento Civil, sobre Disposiciones Comunes a Todo Procedimiento.

1. DEL PROCEDIMIENTO ADMINISTRATIVO E INTERNO DEL SII QUE DEBE ANTECEDER A LA CITACIÓN DEL CONTRIBUYENTE

Conforme se expondrá más adelante, de conformidad al inciso cuarto del art. 4 quinquies del CT el Servicio no puede iniciar directamente ante los tribunales un proceso destinado a que se declare la existencia del abuso o de la simulación tributaria, ya que previo a ello tiene el deber de citar al contribuyente.

Para efectos de dar debida aplicación a la normativa antielusión, mediante Resolución Ex. SII N° 86 de 20 de octubre de 2015 se creó la "Oficina de Análisis de Elusión", a la cual "le corresponde analizar, coordinar, implementar y reportar el impacto de las diferentes estrategias de cumplimiento tributario relativas a la utilización de esquemas y planificaciones que se tome conocimiento, como así también relacionarse con otras áreas del Servicio en estas materias"[319].

319 La Resolución Ex. N° 86 de 2015, complementando al efecto la Resolución Ex. N° 97 de 2014 (que establece las funciones de del Departamento de Subdirección de Fiscalización y de las unidades que lo componen), dispone que la Oficina de Análisis de Elusión tendrá las siguientes atribuciones, obligaciones, responsabilidades y funciones: "a) Coordinar y centralizar el procedimiento de consulta pública en materia de medidas anti elusión y preparar una respuesta en coordinación con las demás áreas para los pronunciamientos a ser emitidos por el Director. b) Supervisar y coordinar a nivel nacional el desarrollo y mantención del Procedimiento Administrativo de calificación de actos o negocios como elusivos, constituyendo el área especializada de la Dirección Nacional ante la cual las Direcciones Regionales y la Dirección de Grandes Contribuyentes deberán plantear los casos que se someterán a dicho procedimiento. c) Aportar a las áreas de la Subdirección Jurídica o de los respectivos Departamentos Jurídicos los antecedentes que sean necesarios para la aplicación del Procedimiento de Declaración Judicial de la existencia de abuso o simulación conforme al artículo 160 bis del Código Tributario y del Procedimiento de Declaración Judicial para

Adicionalmente, tanto en la Circular 65 como en la Circular 41/2016 se alude a un "Comité Anti Elusión" [320], el cual fue creado mediante Resolución Ex. SII N° 68 de 11 de julio de 2016. Dicho Comité será integrado por el Director y los Subdirectores Jurídico, Normativo y de Fiscalización, y conforme a la resolución que lo crea será un "estamento de carácter asesor del Director que tendrá

---

la aplicación de la multa contemplada en el artículo 100 bis del Código Tributario. d) Apoyar a las Direcciones Regionales en la utilización de los procedimientos administrativos anti elusión. e) Efectuar un seguimiento del funcionamiento y aplicación de mejoras a los procedimientos administrativos señalados. f) Llevar el repositorio o catálogo de esquemas, planificaciones y configuraciones jurídicas para apoyar las actividades preventivas de cumplimiento tributario. g) Recibir los informes, requerimientos, solicitudes y todos los actos administrativos que en virtud de la Circular N° 65, de 2015 deben remitir las Direcciones Regionales o Dirección de Grandes Contribuyentes a la Dirección Nacional, en el desarrollo de los procedimientos anti elusión. A su vez, le corresponde el análisis de dichos actos y efectuar las acciones que correspondan en relacion con aquellos, en especial el envío de los actos que correspondan al Comité Anti Elusión. h) Preparar el correspondiente proyecto de Citación, en los casos de aplicación del Procedimiento Administrativo de calificación de actos o negocios como elusivos. i) Colaborar con las acciones pertinentes para fortalecer los fundamentos fácticos y jurídicos de los actos administrativos descritos en la letra g) precedente. j) Apoyar las funciones y en su caso, efectuar la citación al Comité Anti Elusión indicado en la Circular N° 65, de 2015, en los respectivos procedimientos anti elusión. k) Proponer la generación de planes de tratamiento para esquemas y configuraciones jurídicas, en base a la información obtenida y catalogada conforme a los puntos anteriores. l) Asesorar al Subdirector de Fiscalización en la evaluación de materias y esquemas específicos e implementar las actividades que éste indique. m) Cualquier otra tarea que el Director o el Jefe del Departamento Subdirección de Fiscalización le encomiende".

320 Cabe observar que, en su versión original contenida en el correspondiente mensaje presidencial, el proyecto de Ley de Reforma a la LRT contemplaba incorporar al Código Tributario un artículo 4° sexies, mediante el cual se pretendía crear un "Comité Consultivo", integrado por los Subdirectores Jurídico, Normativo y de Fiscalización del Servicio, t que estaba destinado a cumplir dos funciones: (i) asesorar al Director en la decisión de requerir al TTA competente la declaración de abuso o simulación; y (ii) asesorar al Director en materias generales relacionadas con la interpretación, fiscalización y aplicación de las normativa antielusión, su difusión, capacitación y el desarrollo de medidas para el fortalecimiento del cumplimiento tributario voluntario. Se contemplaba en el proyecto que este Comité sesionara cuando lo convocara el Director según lo estime pertinente y que adoptaría sus decisiones con el acuerdo de la mayoría absoluta de sus integrantes; estableciéndose que si bien las opiniones del Comité, sus deliberaciones, actas y demás documentos, estarían sujetas al deber de reserva establecido en el artículo 35 del CT, el Director podría autorizar la publicación de los criterios generales y razonamientos en que se hayan basado las opiniones del Comité, cautelando el cumplimiento de los deberes de reserva. La creación de este Comité Consultivo fue rechazada en el primer trámite constitucional seguido ante la Cámara de Diputados, en atención a la poca o nula utilidad que tendría tal órgano, especialmente por el hecho que conforme al propio proyecto de ley "[l]as opiniones del Comité no serán vinculantes para el Director".

como función principal aconsejar, recomendar y proponer definiciones y líneas de acción en materia de aplicación de las normas anti elusivas (artículos 4° bis, 4° ter, 4° quáter, 4° quinquies, 26 bis, 100 bis, 119 y 160 bis del Código Tributario), a casos particulares, así como analizar los diversos asuntos que se sometan a su opinión, en el desarrollo de los Procedimientos Administrativos Anti Elusión"[321].

En la Circular 65 el SII estimó oportuno regular "en general el procedimiento administrativo a que deberá ajustarse la revisión y fiscalización detecten prácticas elusivas de simulación o abuso, así como de coordinación entre las diferentes áreas del Servicio, tanto a nivel Regional como Nacional, con el objeto de revisar a los contribuyentes que las empleen y, en caso de que sea procedente, se efectúe el trámite de citación a que se refiere el artículo 4° quinquies del Código Tributario y, posteriormente, se inicie el procedimiento de requerimiento judicial regulado en el artículo 160 bis del mismo cuerpo legal". Tal regulación fue objeto de diversas adecuaciones por parte de la Circular 41/2016, a fin de "regular de manera precisa las competencias de los distintos actores en el procedimiento administrativo de calificación de actos o negocios como elusivos, especialmente en lo relativo al Comité Anti Elusión y a la Oficina de Análisis de Elusión"[322].

Así, las normas que se pasan a reproducir a continuación son relativas a un proceso administrativo interno del SII en el cual no tiene ninguna injerencia ni participación el contribuyente, y que han sido dictadas por el director nacional en ejercicio de la facultad consagrada en el art. 6, letra A N° 1 del CT.

---

321 La Resolución N° 68 agrega que el Comité tendrá las siguientes atribuciones y funciones particulares: "a. En el procedimiento de consulta pública en materia anti elusión y siempre que así se lo requiera el Director, le corresponderá asesorarlo y emitir su opinión fundada en relación a las propuestas de respuesta a las consultas presentadas al amparo del artículo 26 bis del Código Tributario. b. En el procedimiento administrativo de calificación de actos o negocios como elusivos, emitir su opinión en relación a temas específicos consultados por el Director, dentro del análisis de antecedentes del proceso de fiscalización. c. Asesorar al Director en relación a consultas que efectúe en el ejercicio de su facultad exclusiva de decidir si procede o no la presentación del requerimiento judicial ante el Tribunal Tributario y Aduanero, conforme lo dispone el artículo 4° quinquies del Código Tributario. d. Asesorar al Director en el análisis y evaluación de materias y esquemas elusivos específicos. e. Sugerir al Director, los lineamientos, estándares y prácticas generales o particulares que correspondan en relación con el procedimiento. f. Cualquier otra tarea que el Director le encomiende".

322 Lo cierto es que en buena medida la Circular 41/2016 establece que la gran parte de las funciones que conforme a la Circular 65 competían al "Comité Anti Elusión", serán en definitiva llevadas a cabo por la Oficina de Análisis de Elusión. En la actualidad, y conforme a la regulación contenida en la Circular 41/2016, el "Comité Anti Elusión" eventualmente puede ser convocado por decisión exclusiva del director, a fin de consultar temas o puntos específicos.

1.1. Del modo de proceder frente a "indicios" de una elusión

Conforme a las Circulares 65 y 41/2016, cuando en una Dirección Regional, en la Dirección de Grandes Contribuyentes o en la Subdirección de Fiscalización, según corresponda, se tome conocimiento de la existencia de indicios de la ejecución de actos o negocios jurídicos o de un conjunto de ellos, que tengan por objeto eludir los hechos imponibles establecidos en la ley por parte de un contribuyente o un grupo de contribuyentes, deberá plantearse dicha situación ante el área especializada de la Dirección Nacional a través de un informe emanado del Director Regional respectivo, del Director de Grandes Contribuyentes o del Subdirector de Fiscalización.

El referido informe deberá contener, a lo menos, los siguientes datos: a) individualización del o de los contribuyentes involucrados y en su caso del o los grupos económicos; b) descripción de los actos o contratos que configuran las maniobras posiblemente elusivas observadas; c) descripción de los roles y funciones asumidos por las entidades del grupo empresarial, cuando corresponda; d) descripción de los roles y funciones asumidos por las personas que participaron en la planificación y diseño del esquema, y en la toma de decisiones, cuando corresponda; e) indicación de los períodos en que los hechos ocurrieron; f) descripción de los actos y contratos en las cuales se detectaron las maniobras elusivas; g) indicación de los tributos afectados por los actos elusivos; h) descripción de los antecedentes probatorios que dan cuenta de las maniobras elusivas detectadas.

La normativa agrega que, en todo caso, para los fines de una adecuada calificación de los hechos, la unidad operativa que detecte los indicios deberá prestar especial atención a los siguientes aspectos: a) descartar que los hechos detectados no constituye una razonable opción de conductas y alternativas contempladas en la legislación tributaria; b) confirmar que los hechos descritos satisfagan los elementos que configuran prácticas elusivas en los términos de los artículos 4° bis, 4° ter y 4° quáter del Código Tributario; c) confirmar que las acciones de fiscalización no se encuentran prescritas; d) confirmar que los antecedentes de hecho y de derecho son suficientes para su acreditación; e) descartar que en el caso particular, exista un pronunciamiento del Servicio conforme al artículo 26 bis del Código Tributario que califique como no elusivos los actos, contratos o negocios o conjunto o serie de ellos, llevados a cabo por el contribuyente; f) descartar que corresponda aplicar una norma especial para evitar la elusión.

En caso que del análisis efectuado se estime por el director regional, el director de grandes contribuyentes o del subdirector de fiscalización que los hechos y actos descritos pueden constituir prácticas elusivas y que las acciones correspondientes no se encuentran prescritas; pero, los antecedentes probatorios no son suficientes para la acreditación de la simulación o abuso, a nivel regional, de la Dirección de Grandes Contribuyentes o de la Subdirección de Fiscalización se impetrarán las acciones concretas tendientes a recabar más antecedentes.

En el caso de que no sea necesario recabar nuevos antecedentes, se elaborará el informe dirigido al área competente de la Dirección Nacional dándose así inicio al procedimiento especial de fiscalización para la determinación de la simulación o abuso[323].

323 Las Circulares 65 y 41/2016 agregan que si de los antecedentes del caso se estimase que es susceptible iniciar un procedimiento de recopilación de antecedentes de acuerdo a lo establecido en la Circular N° 8, de 2010, se aplicará lo instruido en los párrafos siguientes. Acto seguido, las Circulares en comento se refieren a la "[d]etección de un delito tributario durante la fiscalización de maniobras eventualmente elusivas". Al efecto se dispone que el inciso primero del N° 4 del artículo 97 del Código Tributario, se refiere a la comisión de un delito tributario. La propia norma aclara esta figura delictiva, entregando una serie de casos que constituyen formas de comisión del delito, las que son cerradas con una regla de clausura. En este sentido –agrega la Circular–, para efectuar el análisis señalado, se debe tener en especial consideración las siguientes circunstancias: a) Presencia de documentos falsos. Al respecto, la falsedad puede ser material o ideológica. El análisis que se efectúe deberá ponderar si en el proceso de fiscalización respectivo se detectó la falsificación o uso malicioso de cualquier instrumento público o privado, como libros de contabilidad, balances, inventarios, boletas, notas de crédito, notas de débito, facturas, declaraciones juradas obligatorias, declaración de inicio de actividades, certificados, escrituras públicas, etc. b) Presencia de cualquier maniobra dolosa u omisión maliciosa tendiente a impedir que la administración tributaria tenga conocimiento del nacimiento de una obligación tributaria o de su verdadero monto. c) Presencia de cualquier hecho tipificado especialmente, *v. gr.* el referido en el inciso tercero del N° 4 del artículo 97 del Código Tributario, que sanciona con las penas que allí se indican, al que obtuviere devoluciones de impuestos que no le correspondan, simulando una operación tributaria inexistente. De esta forma, en el evento de que se concluya que se está en presencia de un posible ilícito tributario sancionable con pena privativa de libertad, no se iniciará el procedimiento a que se refiere la Circular, sino que se deberán remitir los antecedentes al Comité de Análisis de Casos, que establece la Circular N° 8, de 14 de enero de 2010, a efecto que dicho órgano los analice y adopte la decisión de iniciar o no un procedimiento de recopilación de antecedentes. La remisión de los antecedentes deberá hacerse junto con una minuta explicativa en la que se relatarán los hechos y se indicarán cuáles son los indicios que dan cuenta de los posibles hechos constitutivos de delitos. Si dicho Comité estima que no es necesaria la realización de un procedimiento de recopilación de antecedentes, devolverá los mismos al área de fiscalización respectiva a fin que se continúe con la tramitación establecida en las Circulares en análisis.

1.2. Del "análisis de antecedentes del proceso de control fiscal"

Las Circulares en comento agregan que los informes antes referidos se enviarán a la Oficina de Análisis de Elusión, la que analizará los antecedentes y los elevará para ante el director. Si éste lo estima necesario, podrá convocar al Comité Anti Elusión con la finalidad de consultar temas específicos en relación a la recomendación que efectuará.

Producto de este proceso, podrá arribarse a una de las siguientes conclusiones: (i) formular recomendaciones al informe y en su mérito, recabar nuevos antecedentes por parte de la Dirección Regional, Dirección de Grandes Contribuyentes o Subdirección de Fiscalización, según corresponda; (ii) realizar una fiscalización conforme a las reglas generales; (iii) remitir los antecedentes para dar inicio a un proceso de recopilación de antecedentes, conforme con lo previsto en el N° 10 del artículo 161 del Código Tributario; (iv) citar al o los contribuyentes conforme al artículo 63 del Código Tributario con las particularidades establecidas en el artículo 4 quinquies del mismo cuerpo legal; o (v) archivar los antecedentes.

En caso de que se decida citar, la confección de la citación, de acuerdo a los antecedentes que se tengan a la vista y en coordinación con la Oficina de Análisis de Elusión, será efectuada por la Dirección Regional, la Dirección de Grandes Contribuyentes o la Subdirección de Fiscalización, según cual sea la Unidad competente que inició el procedimiento mediante el informe remitido a la Oficina de Análisis de Elusión[324].

1.3. De la citación y presentación de requerimiento ante el Tribunal Tributario y Aduanero

Las Circulares agrega disponen que si el contribuyente da respuesta satisfactoria a la citación, o se allana a pagar el monto de los impuestos eludidos, el caso terminará mediante acta de conciliación, declaración rectificatoria y/o giro, según corresponda.

Por el contrario, si el contribuyente no diere respuesta o su respuesta no fuese satisfactoria, la Dirección Regional, la Dirección de Grandes Contribuyentes o la Subdirección de Fiscalización, previa coordinación con la Oficina de Análisis

324 Las Circulares precisan que en caso que se disponga seguir el procedimiento regulados en ellas, en un proceso de fiscalización iniciado al amparo del artículo 59 del Código Tributario, el mismo deberá reconducirse dentro del procedimiento administrativo de calificación de actos o negocios como elusivos.

de la Elusión, sugerirán la elaboración de un proyecto de requerimiento judicial a que se refiere el artículo 160 bis del Código Tributario, y remitirán los antecedentes necesarios a la Subdirección Jurídica para su confección.

Se agrega por las Circulares que corresponde al director decidir la presentación del requerimiento judicial para que se declare la elusión conforme al procedimiento del artículo 160 bis del Código Tributario, pudiendo en todo caso, solicitar a la Dirección Regional, Dirección de Grandes Contribuyentes, Subdirección Jurídica o a la Subdirección de Fiscalización, cualquier modificación que se estime necesaria para complementar el requerimiento. Igualmente, el Director podrá convocar al Comité Anti Elusión, que se creará mediante resolución, con la finalidad de consultar los puntos que estime pertinente.

Una vez decidido el ejercicio de la acción antielusiva, el director firmará el requerimiento y remitirá el original al Departamento Jurídico de la respectiva Dirección Regional o de la Dirección de Grandes Contribuyentes, para que este lo presente ante el Tribunal Tributario y Aduanero competente, poniendo fin a este procedimiento administrativo especial de fiscalización para la determinación de elusión tributaria por abuso o simulación.

Todas estas últimas materias se pasarán a analizar a continuación.

2. CITACIÓN PREVIA Y OBLIGATORIA

Como se adelantó, el SII no se encuentra facultado para iniciar directamente ante los tribunales un proceso destinado a que se declare la existencia del abuso o de la simulación tributaria, ya que previo a ello tiene el deber de citar al contribuyente a efectos de que este pueda dar las correspondientes explicaciones en la sede administrativa.

El inciso cuarto del art. 4 quinquies del CT regula este necesario trámite previo en los siguientes términos:

> "Previo a la solicitud de declaración de abuso o simulación y para los efectos de fundar el ejercicio de ésta, el Servicio deberá citar al contribuyente en los términos del artículo 63, pudiendo solicitarle los antecedentes que considere necesarios y pertinentes, incluidos aquellos que sirvan para el establecimiento de la multa del artículo 100 bis. No se aplicarán en este procedimiento los plazos del artículo 59".

En relación con la norma recién transcrita es pertinente destacar lo siguiente:

2.1. Carácter obligatorio de la citación y su calificación como presupuesto de validez del juicio. Consecuencias procesales

En primer término, la citación constituye un trámite administrativo prejudicial imperativo y obligatorio, como lo demuestra el claro tenor de la norma, conforme al cual el Servicio deberá citar al contribuyente. Ello se ve corroborado por la remisión que la norma hace al art. 63 del CT, el cual expresamente indica que la "citación deberá practicarse en los casos en que la ley la establezca como trámite previo".

A mayor abundamiento, el carácter obligatorio de la citación se ve confirmado por la interpretación auténtica que el legislador ha practicado respecto de las normas del CT que aluden a la citación como trámite previo. En efecto, el art. 10 de la Ley N° 20.322 del año 2009, que "Fortalece y Perfecciona la Jurisdicción Tributaria y Aduanera", expresa: "Declárase, interpretando los artículos 21, 22 y 27 del Código Tributario, que en los casos allí previstos el trámite establecido en el inciso segundo del artículo 63 es obligatorio". Si tal obligatoriedad fue auténticamente establecida respecto de normas que emplean los términos "previos los trámites establecidos en el artículo 63", dicha conclusión es aún más evidente tratándose de una norma como el art. 4 quinquies, en la que expresamente se afirma que "el Servicio 'deberá' citar al contribuyente en los términos del artículo 63".

Al respecto, en la Circular 65 el SII expresa que "la Citación es un trámite obligatorio que debe practicarse por parte del Servicio, de acuerdo con las instrucciones vigentes. Actualmente, la Circular N° 63 de 2000, que instruye sobre formularios a utilizar y establece procedimientos específicos para auditorías tributarias, norma la forma en que deben practicarse las citaciones".

Así, la citación ha sido consagrada como un presupuesto procesal necesario para el ejercicio de la acción de abuso o de simulación por parte del SII. Los presupuestos procesales han sido definidos por la doctrina como "aquellas circunstancias formales, establecidas por la ley procesal, que deben concurrir en el proceso para que sea posible la resolución sobre el fondo del asunto sometido a la consideración judicial, las cuales deben, además, observarse de oficio"[325]. Se trata de lo que la doctrina denomina el "presupuesto procesal del agotamiento de la vía administrativa previa", el cual ha sido recogido por ciertas leyes especiales[326].

---

325 Romero Seguel, Alejandro, *Curso de Derecho Procesal Civil. Los presupuestos procesales relativos al órgano jurisdiccional y a las partes*, t. II, Segunda Edición Actualizada, LegalPublishing/Thomson Reuters, 2014, p. 6.

326 Vid. Romero Seguel, Alejandro, *Curso de Derecho Procesal Civil. Los presupuestos procesales relativos al Procedimiento*, t. III, Segunda Edición Actualizada, LegalPublishing/Thomson Reuters, 2015, pp. 178 y ss.

En consecuencia, en el evento de que el Servicio omita este trámite administrativo previo y resuelva solicitar directamente la petición de declaración de existencia de abuso o de simulación a los tribunales, estos deberán necesariamente rechazar tal pretensión por no cumplir con un presupuesto procesal obligatorio.

Atendido lo anterior, aplicando lo dispuesto en el inciso final del art. 125 del CT, en caso de que no se acredite por el Servicio el cumplimiento de la citación previa y obligatoria, el juez tributario puede y debe dictar de oficio una resolución que ordene llevar a cabo la citación dentro de un plazo determinado, bajo apercibimiento de tener por no presentada por inadmisible la solicitud de declaración de abuso o simulación deducida por el SII.

Ahora bien, en caso de que el juez tributario no declare de oficio inadmisible el reclamo en los términos recién descritos, y por el contrario dé curso a la solicitud del SII, estimamos que el contribuyente, dentro de los primeros cinco días del término de emplazamiento –que en este proceso es de noventa días (art. 160 bis, inciso 2° del CT)– podrá solicitar la nulidad de todo lo obrado conforme a lo dispuesto en el art. 83 del CPC. Esto dará lugar a un incidente de previo y especial pronunciamiento.

En todo caso, sea que el contribuyente no solicite la nulidad procesal o bien esta sea rechazada por el juez tributario, en la contestación de la solicitud se puede oponer como excepción de fondo la inadmisibilidad de la solicitud de declaración de abuso o simulación por el hecho de encontrarse mal planteada la solicitud por adolecer de un presupuesto procesal especial. Ello es sin perjuicio de que además la circunstancia en análisis puede constituir el fundamento de un recurso de apelación o de casación en contra de la sentencia que dicte el juez tributario.

Incluso en el evento de que el contribuyente no oponga la antedicha excepción de fondo, igualmente los tribunales llamados a conocer del juicio –esto es, los Tribunales Tributarios y Aduaneros, las Cortes de Apelaciones y la Corte Suprema– se encuentran facultados para poder declarar de oficio la nulidad de todo lo obrado en cualquier etapa del juicio, en ejercicio de la potestad consagrada en el inciso final del art. 84 del CPC, conforme al cual "[e]l juez podrá corregir de oficio los errores que observe en la tramitación del proceso". Así lo ha resuelto recientemente la Corte Suprema[327].

327 Así, por ejemplo, en sentencia de fecha 14 de abril de 2015 dictada en los autos Rol N° 30.323-2014, la Corte Suprema, de oficio e invocando el inciso final del art. 84 del CPC, procedió a declarar la nulidad de todo lo obrado por constatar que se había omitido un presupuesto procesal de validez (en el caso no se observó un litis consorcio necesario

Para finalizar este apartado, resulta pertinente observar que todo lo recién expuesto rige tanto para el caso de que el Servicio no proceda a la citación previa y obligatoria de conformidad a la ley, o bien lo haga apartándose de la regulación legal. En consecuencia, si por ejemplo la citación no es despachada por el jefe de la Oficina respectiva o bien se otorga al contribuyente un plazo inferior a un mes para aportar antecedentes (como lo ordena el art. 63 del CT), se siguen las mismas consecuencias procesales que se han indicado. Lo mismo acontecerá en caso de que la citación no se despache a quien tenga poder para representar al contribuyente ante el SII, se notifique de un modo distinto al prescrito por la ley o en cualquier otra situación análoga.

2.2. Sentido y alcance de la remisión al art. 63 del CT

La disposición agrega que la citación se debe realizar "en los términos del art. 63 del CT", remisión que se entiende realizada específicamente al inciso segundo de tal norma, que dispone: "El Jefe de la Oficina respectiva del Servicio podrá citar al contribuyente para que, dentro del plazo de un mes, presente una declaración o rectifique, aclare, amplíe o confirme la anterior. Sin embargo, dicha citación deberá practicarse en los casos en que la ley la establezca como trámite previo. A solicitud del interesado dicho funcionario podrá ampliar este plazo, por una sola vez, hasta por un mes. Esta facultad podrá ser delegada en otros jefes de las respectivas oficinas".

En el evento de que el contribuyente citado no aportare los antecedentes específicos solicitados por el SII, tiene aplicación lo dispuesto en el inciso 11° del art. 132 del CT, conforme al cual no serán admisibles como medio de prueba en el juicio "aquellos antecedentes que, teniendo relación directa con las operaciones fiscalizadas, hayan sido *solicitados determinada y específicamente* por el Servicio al reclamante en la citación a que se refiere el artículo 63 y que este último, no obstante disponer de ellos, no haya acompañado en forma íntegra dentro del plazo del inciso segundo de dicho artículo".

---

pasivo impropio). En particular, la Corte resolvió: "Undécimo: Que el inciso final del artículo 84 del Código de Procedimiento Civil faculta a los tribunales para corregir de oficio los errores que observe en la tramitación del proceso, entendiéndose precisamente que la facultad de declarar la nulidad de oficio se encuentra establecida en protección de las garantías constitucionales, en particular del resguardo del debido proceso. De acuerdo a lo que se ha reflexionado y examinados los antecedentes del caso es claro que la única forma de reconducir válidamente este proceso es la declaración de nulidad de las actuaciones procesales posteriores a la contestación de la demanda".

Cabe destacar que esta sanción procesal resulta exclusivamente aplicable en la medida de que concurran las siguientes condiciones copulativas: (a) se debe tratar de antecedentes que digan directa relación con la operación que el Servicio pretende calificar como abusiva o simulada; (b) los antecedentes se deben encontrar en poder del contribuyente; y (c) se debe tratar de antecedentes "solicitados determinada y específicamente por el Servicio". De no cumplirse una cualquiera de estas condiciones, el contribuyente se encontrará plenamente habilitado para aportar los antecedentes al juicio, tal como lo ha resuelto recientemente la Excma. Corte Suprema[328]. En consecuencia, en el evento de que en la citación el SII hu-

328 En efecto, en sentencia de fecha 28 de septiembre de 2015, dictada en autos Rol N° 22.827-2014, la Corte Suprema resolvió lo siguiente acerca del inciso 11° del art. 132 del CT: "2° Que la exclusión probatoria establecida en la disposición transcrita exige la concurrencia copulativa de los siguientes requisitos: 1. Que los antecedentes excluidos tengan relación directa con las operaciones fiscalizadas; 2. Que dichos antecedentes hayan sido solicitados determinada y específicamente por el Servicio en la citación a la actuación de fiscalización; 3. Que el reclamante haya dispuesto de dichos antecedentes, y 4. Que el reclamante no los haya presentado en forma íntegra dentro de plazo. 3° Que de acuerdo al mérito del proceso, el juez del fondo no ha establecido que, al citar al reclamante, el Servicio le haya solicitado antecedentes determinados y específicos, sino que *sólo asienta que el ente fiscalizador requirió genéricamente antecedentes para salvar determinadas observaciones, por lo que no se encuentra probado el segundo de los requisitos necesarios para excluir la prueba*. Así, entonces, *al no haberse establecido los antecedentes determinados y específicos requeridos por el Servicio y no presentados oportunamente por el reclamante, la exclusión de prueba pretendida por la reclamada no resulta posible* sin infraccionar lo dispuesto en el artículo 132 del Código Tributario, dejando a la reclamante en la indefensión. 4° Que, por otra parte, el inciso duodécimo del artículo 132 transcrito en el razonamiento 1° supra exige al juez pronunciarse en la sentencia sobre la inadmisibilidad de prueba. Este pronunciamiento *no se satisface con una referencia genérica en la fundamentación de la sentencia a la exclusión de prueba no presentada oportunamente ante el Servicio, sino que exige uno en la parte resolutiva de la misma que señale los antecedentes específicos que resulten inadmisibles*, cuestión que refuerza la convicción de estos sentenciadores en orden a que el a quo ha procedido correctamente al análisis de los antecedentes aportados. 5° Que por lo demás, este tribunal ya ha señalado que "*la sede jurisdiccional dista de ser una 'segunda revisión' de los antecedentes presentados a la administración*, comprensión que se ve ratificada al analizar las disposiciones de excepción que coartan las posibilidades probatorias de las partes, sujetas previamente a la acreditación de precisos y determinados supuestos por parte de la administración, como lo es la contenida en el inciso 11° del artículo 132 del Código Tributario. Así, entonces, *los tribunales del grado han de emitir su dictamen sobre todos y cada uno de los asuntos propuestos por las partes*, de acuerdo a las normas procesales aplicables al caso, dictando sentencia estableciendo los hechos de la causa, sobre la base de la prueba rendida, y aplicando el derecho pertinente, de manera que la restricción funcional que propone el reclamado no se condice con la función asignada por la Constitución y las leyes a los tribunales de justicia, por lo que no hay error de derecho –y menos de carácter sustancial– al haber sido decidida la litis de acuerdo a los hechos y el derecho planteado en las fases procesales correspondientes" (SCS 11461-2014).

biere realizado una solicitud genérica (y por tanto no determinada ni específica) de antecedentes al contribuyente, y este no los hubiere aportado al Servicio, no rige la sanción procesal en análisis.

En todo caso, y aun tratándose de antecedentes "solicitados determinada y específicamente por el Servicio" y no aportados por el contribuyente en la citación, este siempre puede, conforme al mismo art. 132, probar que no acompañó la documentación por causas que no le hayan sido imputables, incluyendo el caso de haber solicitado al Servicio prórroga del plazo original para contestar la referida citación y ella no fue concedida o lo fue por un plazo inferior al solicitado.

De lo señalado aparece que en este caso el legislador tributario siguió, casi al pie de la letra, lo dispuestos en el art. 277 del CPC respecto de la medida prejudicial de exhibición de documentos. Así las cosas, y aun cuando no lo señale expresamente el art. 132 del CT, creemos que resulta evidente lo dispuesto en el art. 277 del CPC en orden a que el contribuyente podrá hacer valer en juicio los antecedentes no aportados en la citación, en la medida de que el Servicio los haga valer en apoyo de sus pretensiones.

2.3. Inaplicabilidad de los plazos establecidos en el art. 59 del CT

El art. 59 del CT establece que dentro de los plazos de prescripción, el Servicio podrá examinar y revisar las declaraciones presentadas por los contribuyentes. La misma norma agrega que cuando se inicie una fiscalización mediante requerimiento de antecedentes que el contribuyente deberá presentar al Servicio, se dispondrá del plazo de nueve meses (y en algunos casos, de doce meses), contado desde que el funcionario a cargo de la fiscalización certifique que todos los antecedentes solicitados han sido puestos a su disposición para, alternativamente, citar para los efectos referidos en el artículo 63, liquidar o formular giros.

En materia de abuso y simulación, no son aplicables los plazos referidos, por así disponerlo expresamente el inciso cuarto del art. 4 quinquies del CT, que señala que "[n]o se aplicarán en este procedimiento los plazos del artículo 59". El propio art. 59 del CT expresa, en su inciso tercero, que "tampoco se aplicarán estos plazos, en los casos a que se refieren los artículos 4° bis, 4° ter, 4° quáter y 4° quinquies".

Entendemos que el legislador estimó pertinente no imponer al Servicio un plazo máximo de fiscalización, como contrapartida al deber de dicha autoridad de tener que acreditar ante la justicia la existencia del abuso o de la simulación (art. 4 bis, inciso final), cuestión a la que nos referiremos más adelante. Con todo, el SII tiene un plazo especial de caducidad –de nueve meses a contar de la contestación de la citación para presentar la solicitud respectiva al juez tributario (art. 4 quinquies, inciso cuarto).

3. CUANTÍA MÍNIMA

El legislador dispuso, en el inciso segundo del art. 4 quinquies del CT, una cuantía mínima a efectos de que el SII pueda solicitar a la justicia la declaración de abuso o simulación. Dicha disposición expresa lo siguiente:

> "Esta declaración sólo podrá ser requerida en la medida que el monto de las diferencias de impuestos determinadas provisoriamente por el Servicio al contribuyente respectivo, exceda la cantidad equivalente a 250 unidades tributarias mensuales a la fecha de la presentación del requerimiento".

Se debe observar que a efectos de determinar la cuantía mínima de 250 UTM, esta se debe calcular con base en las "diferencias de impuestos", recordándose al efecto que en caso de abuso se exigirá la obligación tributaria que emana de los hechos imponibles establecidos en la ley (art. 4 ter, inciso final), y que en caso de simulación, los impuestos se aplicarán a los hechos efectivamente realizados por las partes, con independencia de los actos o negocios simulados (art. 4 quáter).

Sobre la materia la Circular 65 indica que "dicho monto no incluye cualquier recargo por intereses penales o multas a que potencialmente haya lugar". Y agrega que "[e]l límite antes señalado, también se aplicará tratándose de las diferencias de devolución de impuestos existente entre lo que haya determinado el contribuyente y el Servicio. Lo anterior, se encuentra fundado en el inciso final del artículo 4° quinquies del Código Tributario, por cuanto expresamente ordena al Servicio emitir la liquidación, giro o resolución que corresponda. Esta última circunstancia se da en caso de devoluciones de impuestos, e incluso cuando el Servicio pretende modificar el resultado tributario de un contribuyente.

Si bien el art. 4 quinquies alude a una "determinación provisoria" de la cuantía mínima, la misma en caso alguno puede ser infundada ni menos establecida de forma arbitraria por parte del Servicio; muy por el contrario, esta determinación debe basarse en antecedentes de hecho y de derecho que se deben acompañar en el requerimiento del SII. Precisamente por ello es que en el inciso primero del art. 160 bis se dispone que el Servicio "deberá solicitar la declaración de abuso o simulación a que se refiere el artículo 4° quinquies y, en su caso, la aplicación de la multa establecida en el artículo 100 bis ante el Tribunal Tributario y Aduanero competente, de manera fundada, acompañando los antecedentes de hecho y de derecho en que se sustenta y que permitan la determinación de los impuestos, intereses penales y multas a que dé lugar la declaración judicial a que se refiere este artículo".

A lo expuesto se debe agregar que la cuantía mínima constituye, al igual que la citación previa obligatoria, un presupuesto procesal que ineludiblemente deberá observar el Servicio, por lo que a este respecto tiene plena aplicación todo lo ya señalado acerca de las consecuencias procesales por omisión de un presupuesto. Así, desde luego, si la solicitud del SII no cumple con dicha cuantía, o si arriba a la misma de forma infundada o manifiestamente errada, el juez tributario deberá, de oficio, declarar inadmisible la solicitud de conformidad a lo dispuesto en el art. 125 del CT.

4. TRIBUNAL COMPETENTE

De conformidad al inciso primero del art. 4 quinquies del CT, la existencia del abuso o de la simulación a que se refieren los artículos 4° ter y 4° quáter será declarada, a requerimiento del director, por el Tribunal Tributario y Aduanero competente, de conformidad al procedimiento establecido en el artículo 160 bis.

Por su parte, el art. 119 del CT agrega que "[s]erá competente para conocer tanto de la declaración de abuso o simulación, establecida en el artículo 4° quinquies, como de la determinación y aplicación de la multa contemplada en el artículo 100 bis, el Tribunal Tributario y Aduanero en cuyo territorio jurisdiccional tenga su domicilio el contribuyente. Tratándose de contribuyentes personas jurídicas se entenderá que el domicilio de éstas corresponde al de la matriz".

Sobre la materia la Circular 65 agrega que "[p]ara efectos de determinar el domicilio del contribuyente requerido y/o de su matriz, se deberán aplicar lo dispuesto en el artículo 13 del Código Tributario y lo establecido en la Circular N° 31 de 2007 y su complementación contenida en la Circular N° 7 de 2008".

A efectos de determinar cuál es el Tribunal Tributario y Aduanero competente, se deben observar las reglas de competencia relativa y de distribución establecidas en el art. 3 de la Ley N° 20.322, recordándose además que el mismo cuerpo normativo regula la implicancia y recusación de los jueces (art. 9) y su subrogación (art. 10).

5. LEGITIMACIÓN ACTIVA DEL SII

La existencia del abuso o de la simulación únicamente podrá ser declarada por los tribunales "a requerimiento del Director". A su turno, el art. 5 número 4 de la Ley Orgánica del SII[329] señala que por "Director" debe entenderse el "Director del Servicio de Impuestos Internos".

Los términos expresos de la ley dejan en claro que constituye una atribución exclusiva y excluyente del director de Impuestos Internos la de presentar requerimientos por abuso o simulación tributaria, los que por tanto no podrán ser deducidos por los Directores Regionales ni por ningún otro funcionario del Servicio. Así también lo ha entendido el SII, en cuanto indicó en la Circular 65 que "[l]a solicitud de declaración judicial de la existencia de abuso o simulación debe efectuarla el Director del Servicio de Impuestos Internos, ante el Tribunal Tributario y Aduanero competente [...]".

De obrarse en contravención de lo que se viene indicando, se incurriría en un obrar que adolecería de nulidad de derecho público por contravención al art. 7 de la Constitución Política (en cuanto se trataría de un funcionario que estaría obrando fuera de la órbita de su competencia), sin perjuicio de ser además aplicables las correspondientes responsabilidades administrativas.

Dicho lo anterior, cabe preguntarse si el director puede o no delegar la facultad de presentar esta clase de requerimientos. Al respecto, podría sostenerse que esta potestad del director no es susceptible de ser delegada a ningún funcionario del SII[330], por el sencillo motivo de que no existe una ley que de modo expreso y específico contemple la atribución de delegar la facultad de requerir a los tribunales la solicitud de declaración de abuso o simulación, no

329 Decreto con Fuerza de Ley N° 7, del Ministerio de Hacienda, de 30 de septiembre de 1980.

330 Lo que evidentemente no obsta a que en el respectivo juicio designe abogados patrocinantes y apoderados judiciales de conformidad al art. 46 de la Ley Orgánica del SII, que dispone: "En los juicios y actuaciones en que intervenga el Servicio ante los Tribunales de cualquier denominación, el patrocinio y representación serán asumidos por el abogado que designe el Director o el Director Regional. Si no mediare designación específica, el patrocinio y representación corresponderá al abogado de mayor jerarquía de la respectiva Dirección Regional. Los abogados podrán delegar el poder en algún funcionario del Servicio que cumpla con los requisitos de estudio que se señalan en el inciso primero del artículo 2° de la ley N° 18.120./ El poder que confiera el Director y el Director Regional no requerirá la concurrencia personal de los mismos al Tribunal respectivo para la correspondiente autorización".

concurriendo así el requisito más básico y elemental para que pueda procederse a la delegación[331, 332].

Sin embargo, podría sostenerse que tal delegación es legalmente factible de realizar, con base en lo dispuesto en el art. 7 de la Ley Orgánica del SII, y en especial su literal j), que en amplios términos establece expresamente que el director tiene la atribución de "[a]utorizar a los Subdirectores, Directores Regionales o a otros funcionarios para resolver determinadas materias o para hacer uso de alguna de sus atribuciones, actuando 'por orden del Director', sin otras limitaciones que las que determine el propio Director".

El tema es susceptible de ser discutido, debiendo tener que resolverse con base en las normas y principios que rigen el Derecho Administrativo, a fin de establecer si lo dispuesto en el art. 7 letra j) de la Ley Orgánica del SII es o no suficiente para que el director delegue la facultad en comento.

En todo caso, lo que es indudable es que el SII es el único legitimado activamente para dar un inicio de declaración judicial de abuso o de simulación tributaria. Lo anterior es sin perjuicio de la facultad que el art. 164 del CT le otorga a los particulares de denunciar al Servicio la comisión de infracciones a la

331 Vid. Soto Kloss, Eduardo, *Derecho Administrativo. Temas Fundamentales*, LegalPublishing/ Abeledo Perrot, 2009, p. 156.

332 El CT únicamente contempla la delegación en las siguientes disposiciones: (i) el inciso 4° del art. 36 dispone que el presidente de la República puede delegar en el director del SII la facultad de ampliar el plazo para la presentación de documentos y antecedentes de carácter tributario exigidos por la ley o los reglamentos; (ii) de conformidad al art. 63, inciso 2°, un jefe de oficina puede delegar en otros jefes la citación a contribuyentes; y (iii) el actual art. 166, dispone que "El Director Regional podrá delegar en funcionarios del Servicio la aplicación de las sanciones que correspondan a su competencia". El actual texto de esta disposición se debe a las modificaciones incorporadas al CT por la Ley N° 20.322. Previo a ello, el art. 166 disponía que "El Director Regional podrá autorizar a funcionarios del Servicio para conocer y fallar reclamaciones y denuncias obrando 'por orden del Director Regional'"; como se sabe, dicha disposición fue declarada inconstitucional –y por tanto derogada– de oficio por parte del Tribunal Constitucional (sentencia de 26 de marzo de 2007 dictada en la causa Rol N° 681-2006), fundado, en síntesis, en que el antiguo art. 116 del CT establecía una delegación de facultades jurisdiccionales, cuestión que contravenía el art. 5 de la Constitución (por ser la jurisdicción un atributo de la soberanía y, en tal calidad, es indelegable) el deber de inexcusabilidad consagrado en el inciso segundo del artículo 76 de la Constitución, el principio del juez natural que se desprende del inciso cuarto del N° 3 del artículo 19 de la Carta Fundamental y los artículos 6°, 7° del mismo texto legal (sobre esta última materia, hoy completamente superada por la legislación pero de alto interés doctrinal, se puede consultar a Varas A., Paulino & Mohor A., Salvador, *Acerca de la Constitucionalidad de la Delegación de Facultades Jurisdiccionales por los Directores Regionales del Servicio de Impuestos Internos*, en Revista de Derecho de la Pontificia Universidad Católica de Valparaíso, t. XVIII, 1997, pp. 315 y ss.).

normativa tributaria. Sin embargo, y como se encarga de aclarar el inciso segundo de esta disposición, el denunciante no será considerado como parte en el juicio ni tendrá derecho alguno en razón de su denuncia.

6. PRESCRIPCIÓN Y CADUCIDAD

Los incisos 4° y 5° del art. 4 quinquies del CT regulan, respectivamente, la caducidad y la prescripción de la acción del SII para solicitar la declaración judicial de abuso o simulación.

6.1. Consideraciones generales

Como se sabe, prescripción extintiva y caducidad guardan semejanza en cuanto en ambas se produce la pérdida de un derecho como consecuencia de la inactividad de su titular durante un determinado plazo. Pero, claramente, se trata de dos instituciones diferentes.

La prescripción es una institución reglamentada en los arts. 2492 y siguientes del CC, teniendo la prescripción extintiva una regulación especial en los arts. 2514 y siguientes de dicho cuerpo normativo. Conforme a los términos del art. 2492, se puede definir la prescripción extintiva como un modo de extinguir las acciones o derechos ajenos, por no haberse ejercido dichas acciones y derechos durante cierto lapso de tiempo y concurriendo los demás requisitos legales.

Por su parte, si bien la caducidad no encuentra en nuestro ordenamiento jurídico una reglamentación orgánica, se trata de una figura acabadamente desarrollada por la jurisprudencia de nuestros tribunales. Al respecto, la Corte Suprema ha declarado que "la caducidad es la pérdida de la facultad de hacer valer un derecho como consecuencia de la expiración de un plazo fatal"[333]; el mismo tribunal ha resuelto que la caducidad es "aquella figura que determina, de modo automático e inexorable, la extinción de ciertos derechos, poderes o facultades, si no se realiza un acto específico dentro del plazo fijado a tal efecto por la ley"[334].

333 Corte Suprema, 19 de mayo de 1983, *RDJ*, t. 80, sec. 1, p. 34.

334 Corte Suprema, 28 de enero de 1988, Fallos del Mes 350, N° 2, p. 1012.

Sin ánimo de entrar a desarrollar en detalle este tema[335], para efectos de análisis es pertinente considerar las que, en concepto de la doctrina y jurisprudencia nacional, constituyen las principales diferencias entre caducidad y prescripción: *(a)* La prescripción debe ser alegada (art. 2493 del CC). La caducidad, en cambio, opera por el solo vencimiento del plazo y puede y debe ser declarada de oficio; *(b)* Los plazos de caducidad son fijos e invariables, y por tanto no operan a su respecto los institutos de la interrupción y suspensión de la prescripción; *(c)* La prescripción no extingue el derecho personal o crédito, únicamente pone fin a su exigibilidad la acción para demandarlo[336]. En el caso de la caducidad, es el derecho mismo (y su acción) el que se extingue; y *(d)* La prescripción es renunciable (art. 2494 del CC). La caducidad no lo es, porque en ella prima antes que nada el interés del legislador de estabilizar rápidamente una situación jurídica.

Teniendo en cuenta lo anterior, pasamos ahora a desarrollar la reglamentación de estas figuras en el art. 4 quinquies del CT.

6.2. Prescripción de la acción

El inciso quinto del art. 4 quinquies del CT establece que "[d]urante el tiempo transcurrido entre la fecha en que se solicite la declaración de abuso o simulación, hasta la resolución que la resuelva, se suspenderá el cómputo de los plazos establecidos en los artículos 200 y 201". Así, de esta norma, cuya finalidad es la de establecer un caso de "suspensión", aparece que la acción del SII para obtener la declaración judicial de abuso o simulación se rige por las reglas generales de prescripción extintiva contenidas en el CT.

Al respecto, se debe recordar que, siguiendo en principio lo dispuesto en el art. 2521 del CC, relativo a la prescripción de corto tiempo de las acciones relativas a impuestos –disposición hoy casi inaplicable por la regulación especial posteriormente dictada[337]–, el art. 200 del CT dispone un plazo de prescripción de tres años contados desde la expiración del plazo legal en que debió efectuarse el pago, para que el Servicio pueda liquidar un impuesto, revisar cualquier deficiencia en su liquidación y girar los impuestos a que hubiere lugar. El inciso

335 Un completo análisis de las diferencias entre prescripción y caducidad puede encontrarse en Domínguez Águila, Ramón, *La Prescripción Extintiva. Doctrina y Jurisprudencia*, Editorial Jurídica de Chile, 2004, pp. 125 y ss.

336 Ello es así porque de conformidad al art. 1470 N° 2 del CC las obligaciones civiles prescritas se transforman en naturales.

337 Domínguez, *Op. Cit.*, pp. 336 y ss.

segundo de la misma disposición agrega que el plazo de prescripción será de seis años para la revisión de impuestos sujetos a declaración, cuando esta no se hubiere presentado o la presentada fuere maliciosamente falsa. A su turno, el art. 201 del CT señala en los mismos plazos prescribirá la acción del Fisco para perseguir el pago de los impuestos, intereses, sanciones y demás recargos; agregándose que tal prescripción se interrumpirá en ciertos casos que la misma norma establece, entre los que se encuentra la interrupción "desde que intervenga requerimiento judicial".

En relación con la materia parece oportuno realizar los siguientes comentarios:

(a) A diferencia de lo expuesto por el SII en la Circular 65, en cuanto a que la NGA establecería un régimen objetivo de responsabilidad administrativa, en nuestro concepto la ley ha establecido un claro sistema subjetivo, siendo el abuso y la simulación sancionados en cuanto constituyan un obrar de mala fe por parte del contribuyente, conforme explicamos en un capítulo anterior.

Con ello, podría pensarse que la acción del SII para solicitar la declaración judicial de abuso o simulación siempre se sujetaría al plazo extraordinario de prescripción de seis años, en cuanto se trataría de casos de una declaración "maliciosamente falsa" en los términos del inciso segundo del art. 200 del CT. Ello es en nuestro concepto incorrecto, pues existe una diferencia sustantiva entre lo que es la mala fe –que bajo las ya analizadas figuras del abuso o la simulación pueden generar una responsabilidad especial tributaria– y lo que es una "declaración maliciosamente falsa", conducta que, reuniéndose los demás requisitos del tipo establecido en el art. 97 N° 4 del CT, da lugar a una responsabilidad penal, cuyo conocimiento y declaración compete a la justicia criminal y no a los tribunales tributarios.

Respecto de la materia, se observa que la doctrina y jurisprudencia mayoritarias afirman que la malicia en el contexto de los delitos tributarios significa dolo directo, con exclusión del dolo eventual[338]. Sin embargo, en nuestro concepto la mala fe constituye, desde una perspectiva civil, casos de dolo eventual y no de dolo directo[339].

De lo que se viene diciendo, se concluye que la acción para solicitar la declaración de abuso o simulación, aunque se sustenten en un obrar de mala fe por parte del contribuyente, igualmente se rige por el plazo de prescripción de

338 Matus, *Op. Cit.*, p. 267.

339 Vid. Boetsch, *Op. Cit.*, pp. 163 y ss.

tres años, sin perjuicio de ser aplicable la prescripción de seis años, en el evento de que efectivamente se den los supuestos establecidos en el art. 200 del CT[340].

(b) Atendido que el art. 4 quinquies exige, en su inciso tercero, citar al contribuyente en los términos del artículo 63 del CT, resulta aplicable a las acciones de abuso y simulación la prórroga del plazo de prescripción establecida en el inciso cuarto del art. 200 del mismo cuerpo legal. Esta dispone que "[l]os plazos anteriores se entenderán aumentados por el término de tres meses desde que se cite al contribuyente, de conformidad al artículo 63 o a otras disposiciones que establezcan el trámite de la citación para determinar o reliquidar un impuesto, respecto de los impuestos derivados de las operaciones que se indiquen determinadamente en la citación. Si se prorroga el plazo conferido al contribuyente en la citación respectiva, se entenderán igualmente aumentados, en los mismos términos, los plazos señalados en este artículo".

En concordancia con lo anterior, el propio art. 63 del CT señala, en su inciso final, que "[l]a citación producirá el efecto de aumentar los plazos de prescripción en los términos del inciso del artículo 200 respecto de los impuestos derivados de las operaciones que se indiquen determinadamente en ella".

(c) Finalmente, y en lo que se refiere a la regulación específica contenida en el art. 4 quinquies, cabe recordar que en él se estableció un caso especial de suspensión de la prescripción, la que operaría "durante el tiempo transcurrido entre la fecha en que se solicite la declaración de abuso o simulación, hasta la resolución que la resuelva".

En este punto, resulta importante recordar que la legislación tributaria modificó parcialmente las reglas que sobre la materia consagra el art. 2523 del CC, cuyo inciso primero dispone que "[l]as prescripciones mencionadas en los dos artículos precedentes [lo que incluye el art. 2521 sobre prescripción de las acciones tributarias, materia regulada con mayor detalle en los arts. 200 y 201 del CT] corren contra toda clase de personas, y no admiten suspensión alguna".

---

340 Lo recién expuesto se refiere a las acciones del Servicio en contra del contribuyente, pues en el caso de las acciones en contra de los diseñadores o planificadores de los actos, contratos o negocios constitutivos de abuso, el inciso final del art. 100 bis consagra un plazo de prescripción especial, en cuanto dispone que "[l]a prescripción de la acción para perseguir esta sanción pecuniaria será de seis años contados desde el vencimiento del plazo para declarar y pagar los impuestos eludidos". Al respecto, nos remitimos a lo expuesto sobre la materia en el capítulo en el que se analizó la figura infraccional del art. 100 bis del CT.

Tal principio general, conforme al cual las acciones de corto tiempo –incluidas las acciones tributarias– no se suspenden fue alterado por el inciso final del art. 201 del CT, pues en él se dispone: "Los plazos establecidos en el presente artículo y en el que antecede se suspenderán durante el período en que el Servicio esté impedido, de acuerdo a lo dispuesto en el inciso 2° del artículo 24, de girar la totalidad o parte de los impuestos comprendidos en una liquidación cuyas partidas o elementos hayan sido objeto de una reclamación tributaria".

Tal excepción a la regla general se sustenta en el hecho de que, mediando reclamación del contribuyente, se imposibilita al SII el poder proceder a la correspondiente liquidación de impuestos. Así, resulta justificada esta suspensión de la prescripción, pues se debe recordar que el fundamento de la suspensión es el otorgar una protección a quienes por alguna circunstancia –en este caso por el obrar del contribuyente– no están en condiciones de interrumpir la prescripción mediante el correspondiente ejercicio de las acciones ante los tribunales[341].

Ahora bien, este beneficio especial de la suspensión otorgado al Fisco, para el caso de verse imposibilitado de girar el impuesto, resulta del todo infundado y carente de sentido para el caso de las acciones de abuso y simulación.

En efecto, la suspensión resulta infundada ya que, a diferencia de lo que acontece en el evento al que alude el art. 24, inciso 2 del CT, en el caso del abuso y simulación el SII, lejos de encontrarse imposibilitado de interrumpir la prescripción, es el único legitimado para interponer el correspondiente requerimiento. De entender lo contrario, estaríamos en un caso injustificado de posibilitar la fabricación de una suspensión por parte de quien puede ejercer la acción. Tal entendimiento constituye, a nuestro modo de ver, un grave atentado al principio básico consagrado en el art. 2497 del CC (norma que concreta la igualdad ante la ley asegurada en el art. 19 N° 2 de la Constitución Política), conforme al cual las reglas relativas a la prescripción se aplican igualmente a favor y en contra del Estado.

Y lo que es más evidente, la suspensión a la que se refiere el art. 4 quinquies carece de todo sentido jurídico, ya que no tiene justificación el que la prescripción se suspenda en el evento de que el SII "solicite la declaración de abuso o simulación". Ello equivale a sostener que "la prescripción se suspende por la interrupción", cuestión del todo absurda, si se recuerda que la suspensión es una medida de protección precisamente para quienes, por ejemplo los incapaces, se encuentran imposibilitados de interrumpir la prescripción.

341 Domínguez, *Op. Cit.*, p. 319.

En este punto es importante recordar que ya la legislación común admite la interrupción de las prescripciones de corto tiempo. En efecto, de conformidad al inciso segundo del art. 2523 la prescripción de las acciones tributarias se interrumpe, entre otros casos, "[d]esde que interviene [el]equerimiento". Cabe observar que ello es replicado, prácticamente a la letra, por el art. 201 del CT, conforme al cual los plazos de prescripción se interrumpirán, entre otros casos, "desde que intervenga requerimiento judicial".

Resulta que la referencia a la prescripción que hace el art. 4 quinquies es del todo innecesaria, pues la solicitud de la declaración de abuso o simulación, que el SII ineludiblemente debe realizar por medio de un requerimiento judicial, constituye una hipótesis de interrupción de la prescripción conforme a los arts. 2523 del CC y 201 del CT. Pareciera que el legislador incurrió en un evidente error, pues en vez de emplear el término "interrupción" afirmó que la prescripción se "suspenderá". Así, nos encontramos en uno de los tantos casos en los que debe primar el real sentido de la ley o *ratio legis* por sobre el tenor literal de la norma, cuestión que precisamente se debe realizar de conformidad a las reglas de interpretación de la ley consagradas en los arts. 19 y ss. del CC[342].

---

342 Al respecto, cabe recordar que el inciso primero del art. 19 del CC expresa: "Cuando el *sentido de la ley* es claro no se desatenderá su tenor literal, a pretexto de consultar su espíritu". Buena parte de la doctrina y jurisprudencia han sostenido que en nuestro sistema siempre debe primar el tenor literal de las leyes. Sin embargo, un atento estudio de las reglas de interpretación, que cuenta con el apoyo de relevante y reciente doctrina lleva a concluir lo contrario, esto es, que siempre debe primar el sentido de la ley por sobre el tenor literal, cuestión que por lo demás es de toda lógica. Al respecto, se debe tener en consideración que el art. 19 del CC fue tomado del art. 13 del Código Civil de Luisiana, que establecía "cuando *una* ley es clara y libre de toda ambigüedad...". Como puede observarse, Bello modificó tal redacción y señaló "cuando el *sentido* de la ley es claro": por lo tanto, la claridad a la que se refiere el precepto es a una claridad de sentido, de contenido y alcance jurídico de la norma, y no su claridad gramatical. De este modo, una ley puede ser gramaticalmente perfecta, y sin embargo, su sentido jurídico puede ser ambiguo, oscuro o contradictorio; en otras palabras, el intérprete debe fijar en primer lugar el claro sentido y finalidad de la norma, sin estar obligado a ceñirse estrictamente a su tenor literal. La conclusión anterior –consistente en lo que prevalece es el sentido de la ley y no su tenor literal– se ve reafirmado por el art. 22 del mismo cuerpo legal, al decir que "el contexto de la ley servirá para ilustrar el *sentido* de cada una de sus partes"; a su vez, el art. 23 insiste en que "la extensión que deba darse a toda ley se determinará por su genuino *sentido*". Lo recién expuesto se encuentra desarrollado en Ducci Claro, Carlos, *Interpretación Jurídica*, Editorial Jurídica de Chile, 2ª Edición, 1977, pp. 100 y ss.; adicionalmente, un reciente y acabado estudio sobre la materia se encuentra en Guzmán Brito, Alejandro, *Las Reglas del Código Civil de Chile sobre Interpretación de las leyes*, LegalPublishing, 2011.

Insistimos en que este es el único entendimiento jurídicamente viable para lo dispuesto en el inciso quinto del art. 4 quinquies en comento. Cualquier otro entendimiento carece de sentido y contraviene la igualdad ante la ley.

En efecto, si se pretende hacer primar el riguroso sentido literal de la norma, implicaría que (i) el SII puede suspender la prescripción de las acciones tributarias por su propio obrar, a saber, mediante la solicitud de declaración judicial del abuso o simulación; (ii) dicha suspensión del plazo dura "hasta la resolución que la resuelva"; y esa resolución debe ser necesariamente negativa para el Servicio, en cuanto debe rechazar la declaración de abuso o simulación (de ser positiva para el SII corresponde proceder a la ejecución del fallo, sin que exista ningún problema de prescripción). Este entendimiento, insistimos, es inconstitucional al admitir al Fisco fabricarse, sin justificación alguna, un nuevo plazo de prescripción; y es un beneficio que nace a partir de que el SII pierda un juicio. Atendida la falta de toda razonabilidad de este hipotético entendimiento de la norma, resulta altamente improbable que lo invoque el Servicio, y que menos lo acoja los tribunales; de lo contrario, no quedará más remedio que, durante el proceso, se ejerza la correspondiente acción de inaplicabilidad por inconstitucionalidad ante el Tribunal Constitucional de conformidad al art. 93 N° 6 de la Constitución Política.

6.3. Caducidad de la acción

Despejado el tema de la prescripción de las acciones de abuso y simulación, corresponde analizar la caducidad de las mismas, materia a la que se refiere el inciso cuarto del art. 4 quinquies del CT en los siguientes términos:

"El Director deberá solicitar la declaración de abuso o simulación al Tribunal Tributario y Aduanero dentro de los nueve meses siguientes a la contestación de la citación a que se refiere el inciso anterior. El mismo plazo se aplicará en caso de no mediar contestación, el que se contará desde la respectiva citación. El precitado término no se aplicará cuando el remanente de plazo de prescripción de la obligación tributaria sea menor, en cuyo caso se aplicará éste último. Terminado este plazo, el Director no podrá solicitar la declaración de abuso o simulación respecto del caso por el que se citó al contribuyente o asesor".

Desde luego, estamos frente a un evidente caso de caducidad, en cuanto se establece un plazo fatal para que el director interponga ante los tribunales la solicitud de declaración judicial de abuso o simulación, como lo evidencia la última frase de la disposición recién citada: "Terminado este plazo, el Director no podrá solicitar la declaración de abuso o simulación respecto del caso por el que se citó al contribuyente o asesor".

Tratándose de un caso de caducidad, la acción se extinguirá *ipso iure* transcurrido el plazo de nueve meses, el que se contará desde la contestación de la citación; y en defecto de la contestación, el plazo de caducidad se contará desde la respectiva citación. En todo caso, agrega la norma, el referido plazo de caducidad será inferior a nueve meses en el evento que el remanente de plazo de prescripción de la obligación tributaria sea menor, pues en tal caso se aplicará este último.

Por tratarse de un plazo de caducidad, debe ser declarado de oficio por parte del juez tributario, siendo la oportunidad idónea para hacerlo la resolución que se pronuncie de conformidad al inciso segundo del art. 125 del CT; esto es, presentado el requerimiento después de transcurrido el plazo de caducidad, se debe necesariamente declarar inadmisible la solicitud del SII.

7. RITUALIDAD DEL PROCEDIMIENTO ESPECIAL DE DECLARACIÓN JUDICIAL DE LA EXISTENCIA DE ABUSO O SIMULACIÓN Y DE LA DETERMINACIÓN

Tal como lo anuncia expresamente el art. 4 quinquies, el procedimiento de declaración de abuso o simulación se rige por lo dispuesto en el art. 160 bis del CT, siendo aplicables, en lo no previsto por dicha disposición, la reglamentación del procedimiento general de las reclamaciones contenidas en los arts. 123 y siguientes del mismo cuerpo normativo, y asimismo las normas comunes a todo procedimiento contenidas en el Libro I del CPC.

7.1. Requerimiento del SII y su proveído

Como se ha indicado, es el director del SII quien debe realizar la solicitud judicial de declaración de abuso o simulación ante el juez tributario. En la Circular 65 se señala lo siguiente acerca de las formalidades de la solicitud:

> "El artículo 160 bis del Código Tributario establece que la solicitud debe ser fundada, acompañando todos los antecedentes de hecho y de derecho en que se sustenta y que permitan la determinación de los impuestos, intereses penales y multas a que dé lugar la declaración judicial.
> Se hace presente que la solicitud debe ser fundada, en tal sentido el escrito debe explicar de manera razonada la forma como el contribuyente cometió el abuso o simulación y la prueba con que en el transcurso del juicio se acreditará tal aseveración.

Además de lo antes señalado, el escrito debe cumplir con los requisitos generales a toda presentación judicial:

- Designación del tribunal ante quien se presenta.
- La individualización del Director o de la autoridad del Servicio a quien se le hayan delegado estas funciones, con indicación del nombre, apellido, oficio y domicilio.
- Constitución de patrocinio y otorgamiento de poder en abogados del Servicio. Se conferirá patrocinio y poder al Jefe del Departamento de Defensa Judicial o del Departamento Jurídico a cargo de la tramitación y poder a dos o más abogados en aquellas unidades jurídicas en que la dotación lo permita. El poder se conferirá con las atribuciones señaladas en el inciso primero del artículo 7° del Código de Procedimiento Civil.
- Firma de quien asume la representación del Servicio, del Jefe del Departamento de Defensa Judicial o del Jefe del Departamento Jurídico que, en su calidad de abogado, patrocine la presentación y de los abogados a quienes se otorgue poder.
- Acompañar Resolución de nombramiento de quien comparece en representación del Servicio, según proceda.
- Acompañar Resolución que establece el orden de subrogación correspondiente, cuando proceda.
- En caso de existir delegación de la representación judicial del Director, se deberá adjuntar copia del instrumento en que conste, cuando corresponda.
- La individualización del contribuyente con indicación del nombre, apellido, oficio y domicilio.
- Exposición clara de los hechos y fundamentos de derecho en que se apoya.
- Las peticiones concretas que se someten a la decisión del tribunal.
- Solicitar que durante la tramitación del proceso se envíe aviso, por correo electrónico al Servicio, del hecho de haber sido notificado de una o más resoluciones, individualizando la dirección de correo electrónico para estos fines, en los términos del artículo 131 bis, inciso 5° del Código Tributario.
- Se debe solicitar expresamente la condena en costas del contribuyente.
- En caso de ser necesario, se deberá solicitar expresamente en un otrosí la sanción para la persona natural o jurídica, debidamente individualizado, que haya diseñado o planificado los actos contratos o negocios constitutivos de abusos o simulación, según lo establecido en el artículo 100 bis del Código Tributario".

En la misma Circular 65 se expresa lo siguiente acerca de los antecedentes que se deben acompañar junto a la solicitud:

> "El artículo 160 bis del Código Tributario, ordena que la solicitud se presente con los antecedentes de hecho y de derecho que la sustentan.
> A estos fines el documento fundante será el informe elaborado por el área competente según el procedimiento establecido en el numeral VII precedente, cuyas conclusiones, fundadas en los hechos constatados por el aparato fiscalizador deben permitir sostener, plausiblemente, que el contribuyente requerido cometió el abuso o simulación en los términos de los artículos 4° ter o quáter del Código Tributario, que se le impute, según corresponda; como también el requerimiento, citación y notificaciones respectivas que se hubieren efectuado al contribuyente en la etapa de fiscalización; así como los documentos y demás antecedentes acompañados y/o tenidos a la vista en el proceso.
> El informe deberá individualizar en forma clara y detallada las operaciones que tuvieron por objeto evitar total o parcialmente la realización del hecho gravado, o la disminución de la base imponible o de la obligación tributaria, o la postergación del nacimiento de dicha obligación, en el caso de la aplicación del artículo 4° ter del Código Tributario.
> En el caso en que el Servicio impute simulación en los términos del artículo 4° quáter del Código Tributario, se deberán individualizar todos aquellos actos y negocios jurídicos que pretendan disimular la configuración del hecho gravado o la naturaleza de los elementos que constituya la obligación tributaria, o su verdadero monto o data de nacimiento.
> Junto con lo anterior, el informe deberá expresar las diferencias de impuestos entre lo declarado por el contribuyente y lo determinado por el Servicio o la modificación del resultado tributario según corresponda, lo que determinará la cuantía para los efectos de lo señalado en el inciso 2° del artículo 4° quinquies del Código Tributario y el monto de la multa establecida en el artículo 100 bis del mismo cuerpo normativo, y que se someterá a la aprobación del Tribunal Tributario y Aduanero competente".

Por nuestro lado, observamos que el requerimiento del SII debe cumplir con todos los requisitos establecidos en el art. 125 del CT, a lo que se agrega la disposición especial establecida en el inciso primero del art. 160 bis, que dispone que "[e]l Director deberá solicitar la declaración de abuso o simulación a que se refiere el artículo 4° quinquies y, en su caso, la aplicación de la multa establecida en el artículo 100 bis ante el Tribunal Tributario y Aduanero competente, de manera fundada, acompañando los antecedentes de hecho y de derecho en que se sustenta y que permitan la determinación de los impuestos, intereses penales y multas a que dé lugar la declaración judicial a que se refiere este artículo".

En este proceso tiene plena aplicación el inciso segundo del art. 125, que establece que "[s]i no se cumpliere con los requisitos antes enumerados [esto es, los del inciso primero del art. 125 y del inciso primero del art, 160 bis], el Juez Tributario y Aduanero dictará una resolución, ordenando que se subsanen las omisiones en que se hubiere incurrido, dentro del plazo que señale el tribunal, el cual no podrá ser inferior a tres días, bajo apercibimiento de tener por no presentada la reclamación. Respecto de aquellas causas en que se permita la litigación sin patrocinio de abogado, dicho plazo no podrá ser inferior a quince días".

Se debe observar que existen algunos requisitos cuya omisión es susceptible de ser subsanada por parte del SII, a saber, la indebida individualización del contribuyente demandado, la falta de una adecuada fundamentación de hecho y de derecho del requerimiento, la omisión de acompañar la documentación fundamente de la solicitud, la imprecisión o falta de claridad de las pretensiones, o bien la ausencia de antecedentes que permitan al tribunal determinar os impuestos, intereses penales y multas a que dé lugar la declaración judicial.

En caso de verificarse que el requerimiento no fue precedido de la citación al contribuyente en los términos del art. 63, el tribunal deberá ordenar la práctica de dicha diligencia administrativa, todo ello en los términos ya señalados con anterioridad, a los que nos remitimos.

En el evento de que el juez tributario constate la caducidad de la acción de abuso o simulación (institución que opera *ipso iure*, irrenunciable e insubsanable), lo deberá declarar de oficio, decretando sin más trámite la inadmisibilidad del requerimiento del SII. Lo mismo acontecerá en caso de que la solicitud del SII de cuenta que el monto de las diferencias de impuestos son inferiores a 250 unidades tributarias mensuales.

En cualquier caso, la resolución que declare inadmisible la solicitud del SII deberá ser notificada por carta certificada (art. 131 bis, inciso 3° del CT), y en contra de ella el Servicio podrá deducir, dentro del plazo de 15 días contados desde la notificación, recursos de reposición con apelación subsidiaria (la que se concederá en el solo efecto devolutivo), todo ello de conformidad al inciso segundo del art. 139 del CT.

7.2. ¿Podría el SII solicitar medidas precautorias?

Como se ha indicado, de conformidad al inciso final del art. 160 bis, en lo no previsto por el referido Párrafo 4°, y en cuanto la naturaleza de la tramitación lo permita, se aplicarán las demás normas contenidas en el Título II del Libro III del CT (arts. 123 a 148), que regula el procedimiento general de reclamaciones.

Entre las normas a las que se remite el inciso final del art. 160 bis se encuentra el art. 137 del CT, disposición que se refiere a las medidas precautorias que el Servicio puede solicitar en el procedimiento general de reclamaciones[343]. Entendemos que con base en ello la Circular 65 expresamente indica que el Servicio podría solicitar medidas cautelares en el proceso especial de declaración de elusión, indicándose lo siguiente al efecto:

> "El Servicio deberá analizar si el patrimonio del contribuyente ofrece suficientes garantías para responder de los resultados del juicio, o si existe motivo racional para estimar que éste ocultará sus bienes, situación en las cuales solicitará la medida cautelar reglada en el artículo 137 del Código Tributario.
> Para ello, se efectuará un análisis sobre la situación patrimonial del reclamante con el objeto de acreditar ante el Tribunal la existencia de las causales que habilitan la aplicación de la medida cautelar. Para estos efectos se deberá señalar en forma precisa los bienes sobre los cuales se solicita la medida cautelar, sean estos muebles o inmuebles, acompañando los antecedentes pertinentes relativos a la correspondencia de valores entre la tasación o valoración de éstos y el monto o cuantía del litigio.
> Sin perjuicio de lo anterior, siempre se podrán solicitar medidas cautelares tan pronto como se constate la concurrencia de la causal y cumplimiento de los requisitos que justifiquen la medida".

A nuestro entender, el entendimiento expresado por el SII en la Circular 65 es errado, ya que estimamos que en procesos especiales de declaración de elusión no cabe la solicitud de medidas cautelares. Al efecto, es importante recordar que

---

343 El art. 137 del CT dispone lo siguiente: "Cuando las facultades del contribuyente no ofrezcan suficiente garantía o haya motivo racional para creer que procederá a ocultar sus bienes, el Servicio podrá impetrar, en los procesos de reclamación a que se refiere este Título, la medida cautelar de prohibición de celebrar actos o contratos sobre bienes o derechos específicos del contribuyente. La solicitud de medida cautelar deberá ser fundada./ Esta medida cautelar se limitará a los bienes y derechos suficientes para responder de los resultados del proceso y se decretará, preferentemente, sobre bienes y derechos cuyo gravamen no afecte el normal desenvolvimiento del giro del contribuyente. Ella será esencialmente provisional y deberá hacerse cesar siempre que desaparezca el peligro que se ha procurado evitar o se otorgue caución suficiente./ La solicitud de medida cautelar se tramitará incidentalmente por el Tribunal Tributario y Aduanero, en ramo separado. En contra de la resolución que se pronuncie sobre aquélla sólo procederán los recursos de reposición y de apelación, dentro del plazo de cinco días contado desde la notificación. Si se interpusieran ambos, deberán serlo conjuntamente, entendiéndose la apelación en subsidio de la reposición. El recurso de apelación se concederá en el solo efecto devolutivo y será tramitado por la Corte de Apelaciones respectiva en cuenta y en forma preferente".

la remisión al proceso general que realiza el art. 160 bis se refiere a las normas que por su naturaleza fueren aplicables; y una de las materias del procedimiento especial que, por su naturaleza, no puede aplicarse al proceso especial de declaración de abuso o simulación, es la regulación de las medidas cautelares contenida en el art. 137 del CT.

Así lo comprueba, desde luego, los términos explícitos del art. 137, en cuanto dispone que en ciertas circunstancias "el Servicio podrá impetrar, *en los procesos de reclamación a que se refiere este Título,* la medida cautelar [...]".

Tal ámbito de aplicación circunscrito que el art. 137 reconoce es del todo evidente, en especial en lo que respecta a los juicios de abuso y simulación, pues mientras el proceso general de reclamaciones regula los juicios en los que ya existe una "liquidación, giro, pago o resolución que incida en el pago de un impuesto" (art. 124), en el juicio especial de abuso o simulación no existe tal liquidación ni giro, pues éstos únicamente podrán ser emitidos por el Servicio una vez que exista una sentencia condenatoria que se encuentre firme y ejecutoriada (art. 160 bis, inciso final).

Adicionalmente, en el juicio especial de abuso o simulación, por su propia naturaleza, no se da el básico y elemental *fummus boni iuris* que necesariamente debe concurrir para decretar una medida cautelar[344].

7.3. Emplazamiento al contribuyente y su contestación

El inciso segundo del art. 160 bis del CT establece –en el entendido que el requerimiento del SII fue declarado en definitiva admisible– que el tribunal deberá conferir "traslado al contribuyente y a los posibles responsables del diseño o planificación de los actos, contratos o negocios susceptibles de constituir abuso o simulación, por el término de noventa días".

En lo que se refiere a la notificación de la resolución que confiere traslado al contribuyente, la Circular 65 expresa que procede la aplicación de las normas generales, esto es, "la primera notificación habrá de efectuarse personalmente o del modo sustitutivo a esta, según lo establecido en los artículos 40 y 44 del Código de Procedimiento Civil, respectivamente". Se agrega al efecto que "[p]ara la aplicación de las normas antes señaladas, se hace necesario solicitar al

344 La doctrina nacional afirma que "[e]n rigor, no basta la mera amenaza de frustrar la ejecución futura de una sentencia, sino que debe acreditarse también el germen del derecho que se reclama y cuya eficacia puede ser amagada por el periculum in mora" (Romero Seguel, Alejandro, *Curso de Derecho Procesal Civil*, Editorial Jurídica de Chile, t. I, 2006, p. 61).

Tribunal que tome las medidas pertinentes para efectuar la primera notificación al contribuyente, como pueden ser la indicación de un receptor o la habilitación de un funcionario del tribunal, como ministro de fe".

Atendido que el art. 4 quinquies dispone que el Servicio únicamente podrá solicitar la declaración judicial de abuso o simulación en la medida que el monto de las diferencias de impuestos excedan 250 unidades tributarias mensuales, necesariamente las partes deberán comparecer de conformidad a la Ley N° 18.120, por así disponerlo el art. 129 del CT[345].

En cuanto al contenido de la contestación, el art. 160 bis señala que deberá realizarse una exposición clara de los hechos y fundamentos de derecho en que basa su oposición a la declaración de abuso o simulación o, en su caso, a la responsabilidad por el diseño o planificación de los actos, contratos o negocios constitutivos de abuso o simulación.

A diferencia de lo que acontece con el requerimiento del SII, los demandados en estos juicios no tienen la carga procesal de acompañar en la contestación los antecedentes que sustenten sus descargos, los cuales pueden aportarse en la audiencia especial de exposición de argumentos o durante el período de prueba del juicio, a los que nos referiremos más adelante.

7.4. Audiencia especial de exposición de argumentos

Vencido el plazo para evacuar el traslado, haya o no contestado el contribuyente o el posible responsable del diseño o planificación, el Tribunal citará a las partes a una audiencia que deberá fijarse a contar del séptimo día y no más allá del decimoquinto, contado desde la fecha de la notificación de dicha citación, con el objeto de que expongan sobre los puntos planteados tanto en la solicitud como en la contestación, en caso de que la hubiere (art. 160 bis, inciso tercero).

La ley expresamente faculta al contribuyente o al posible responsable a aportar en esta audiencia nuevos antecedentes, a los cuales el Servicio no haya tenido acceso previo, otorgándosele a este un plazo de quince días para emitir los descargos pertinentes.

345 El art. 129 del CT dispone: "En las reclamaciones a que se refiere el presente Título, sólo podrán actuar las partes por sí o por medio de sus representantes legales o mandatarios. Las partes deberán comparecer en conformidad a la [sic] normas establecidas en la ley N° 18.120, salvo que se trate de causas de cuantía inferior a treinta y dos unidades tributarias mensuales, en cuyo caso podrán comparecer sin patrocinio de abogado".

En lo que se refiere a la posibilidad de los demandados de aportar antecedentes en esta audiencia y en el término probatorio, se debe recordar lo ya expuesto con anterioridad, en el sentido de que si el contribuyente citado por el SII no aportare los antecedentes específicos solicitados por el Servicio, tiene aplicación lo dispuesto en el inciso 11° del art. 132 del CT, conforme al cual no serán admisibles como medio de prueba en el juicio "aquellos antecedentes que, teniendo relación directa con las operaciones fiscalizadas, hayan sido solicitados determinada y específicamente por el Servicio al reclamante en la citación a que se refiere el artículo 63 y que este último, no obstante disponer de ellos, no haya acompañado en forma íntegra dentro del plazo del inciso segundo de dicho artículo". En cuanto al sentido y alcance de esta norma, además de remitimos a lo ya expuesto con anterioridad, es pertinente considerar que la Circular 65, en lo que respecta a la solicitud de inadmisibilidad probatoria, señala que "en el escrito de descargos se deberán expresar todas las objeciones que se tengan sobre estos nuevos antecedentes, con el objeto de sostener legítimamente la pretensión que fundamenta la solicitud de declaración de abuso o simulación presentada por el Servicio".

7.5. ¿Es procedente la conciliación en estos juicios?

Un punto muy interesante a tratar, especialmente por no encontrarse actualmente regulado en el CT (sin perjuicio que forma parte de un proyecto de ley que hoy se discute en el Congreso, y al que se aludirá más adelante), se refiere a la posibilidad de poner término a los juicios tributarios en general, y a los relativos a la aplicación de la Norma General Anti Elusión en particular, mediante conciliación.

7.5.1. Consideraciones generales

El art. 148 del CT dispone que "[e]n todas aquellas materias no sujetas a disposiciones especiales del presente Libro, se aplicarán en cuanto fueren compatibles con la naturaleza de las reclamaciones, las normas establecidas en el Libro Primero del Código de Procedimiento Civil".

Si bien el trámite de Conciliación se encuentra regulado en Título II del Libro II Código de Procedimiento Civil, que regula el Juicio Ordinario, cabe recordar que el art. 3 del CPC (que precisamente se encuentra en su Libro I, sobre "Disposiciones Comunes a todo Procedimiento) dispone que "[s]e aplicará el procedimiento ordinario en todas las gestiones, trámites y actuaciones que no estén sometidos a una regla especial diversa, cualquiera que sea su naturaleza".

Adicionalmente, existen múltiples normas del CT que hacen aplicables al procedimiento tributario las reglas y principios del proceso civil[346], y por lo mismo estimamos que resulta importante tener en especial consideración a los mismos.

Pues bien, el art. 262 del CPC, que abre el Título sobre la Conciliación, dispone expresamente lo siguiente:

> "En todo juicio civil en que legalmente sea admisible la transacción, *con excepción de los juicios o procedimientos especiales de que tratan los Títulos* I, II, III, V y *XVI del Libro III*, una vez agotados los trámites de discusión y siempre que no se trate de los casos mencionados en el artículo 313, el juez llamará a las partes a conciliación y les propondrá personalmente bases de arreglo".[347]

En consecuencia, de acuerdo al CPC no cabe el trámite obligatorio de la conciliación en el juicio especial regulado en el Título XVI del Libro III de dicho cuerpo normativo, esto es, en los Juicios de Hacienda, los que por definición son aquellos en los que tiene "interés el Fisco y cuyo conocimiento corresponda a los tribunales ordinarios" (art. 748 CPC)[348]. Si bien los juicios en análisis no son de conocimiento de los tribunales ordinarios, sino que de tribunales especiales (como lo son los TTA[349]), igualmente se desprende el principio de que, de acuerdo a las reglas generales, no cabe la conciliación en los juicios en que esté involucrado el interés fiscal.

---

346 Vid. arts. 122, 130, 132, 134 y 145 del CT. Lo mismo acontece en la Ordenanza de Aduanas (*v. gr.* arts. 119, 120, 125, 128 y 129 I).

347 La conciliación pasó a ser un trámite obligatorio del juicio ordinario en virtud de la Ley N° 19.134 de 1994.

348 Cierta doctrina explica la exclusión de la conciliación en los juicios de hacienda en el hecho de que "por regla muy general, en virtud de normas contenidas en la Ley Orgánica del Consejo de Defensa del Estado, está prohibida la transacción en los juicios de hacienda" (Figueroa Y., Juan Agustín, y Morgado S.M., Erika, Procedimientos civiles e incidentes, LegalPublishing, 2013, p. 79). No concordamos plenamente con la última frase de dicha cita, pues, como se verá más adelante, de acuerdo a la referida ley orgánica la transacción no está prohibida en términos generales, sino que se acepta abiertamente, estableciéndose, eso sí, una serie de requisitos especiales para su celebración; y precisamente son tales requisitos los que explican que la conciliación no sea un trámite obligatorio en los juicios de hacienda.

349 De acuerdo al art. 1 de la Ley N° 20.322, "Los Tribunales Tributarios y Aduaneros son órganos jurisdiccionales letrados, *especiales* e independientes en el ejercicio de su ministerio [...]".

Por ende, es posible entender que los principios del proceso civil no habilitan –o, a lo menos, no propenden– a que se resuelvan por vía de conciliación casos en los que tenga interés el Fisco, como son precisamente los casos de que conocen los TTA.

Adicionalmente, cabe tener en cuenta que si bien en ciertos casos particulares los TTA han llamado a conciliación, ello ha sido objeto de oposición por parte del SII[350].

Lo expuesto permite concluir que, si se busca que exista el trámite obligatorio de conciliación ante los TTA, resulta necesario e ineludible que exista una reforma legal especial y expresa sobre la materia, a fin de despejar toda duda sobre la materia. Tal ha sido el entendimiento del legislador, y precisamente por ello es que, en el marco de un proyecto de ley que busca el perfeccionamiento de los TTA y al que nos referiremos más adelante, se busca incorporar como trámite obligatorio del proceso el llamado a conciliación.

Sin perjuicio de lo anterior, y como se desarrollará en el siguiente apartado, estimamos que con la legislación actualmente vigente igual es posible poner término a estos juicios por conciliación, cuyo llamado evidentemente será de carácter facultativo, y no obligatorio para el TTA.

7.5.2. En cuanto a la posibilidad de poner término por conciliación a un juicio tributario y aduanero, conforme a la legislación actualmente vigente

En nuestro concepto, y por los motivos ya adelantados, conforme a la legislación actualmente en vigencia es factible poner término a un juicio tributario en virtud de llamado conciliación facultativo que practique el juez.

Al respecto, es relevante tener en cuenta lo siguiente:

i. Desde un punto de vista sustantivo, es posible terminar por conciliación "todo juicio civil en que legalmente sea admisible la transacción" (art. 262 CPC).

350 Es lo que aconteció, por ejemplo, en el juicio tributario causa RIT GR-02-00014-2012, seguida en contra del SII, en la que el TTA de la Región de Tarapacá llamó a una audiencia de conciliación. El SII se opuso a esta audiencia argumentando que la figura procesal de la conciliación se encuentra en el Libro II del CPC, y por ende no procede aplicarla en los procedimientos generales de reclamo tributario. Finalmente, el TTA rechazó la reposición del SII fundado en que la conciliación no es incompatible con este tipo de procedimientos.

Al respecto, cabe recordar que al regular la materia, el Código Civil es claro en permitir en términos amplios la transacción, de modo tal que es posible transigir (y por tanto, conciliar) por regla general, salvo en los casos en que ello se encuentra prohibido[351], y que son los establecidos en los arts. 2449 a 2555, ambos inclusive, del CC.

Pues bien, en la referida normativa no se prohíbe celebrar una transacción en casos en que se encuentre involucrado el interés fiscal. Por tanto, es necesario concluir que no existe obstáculo para celebrar una conciliación juicios que versen sobre dichas materia y que sean de conocimiento de los TTA.

Tan claro es lo anterior, que precisamente el art. 262 CPC tuvo que establecer una excepción expresa para excluir el trámite obligatorio de la conciliación en los juicios de hacienda, lo cual presupone que en los mismos "es legalmente admisible la transacción". De otro modo, no hubiera sido necesario establecer la excepción.

ii. Ratifica la posibilidad de transigir (y por tanto, de conciliar) en los juicios en que se encuentra involucrado el interés fiscal lo dispuesto en la Ley Orgánica del Consejo de Defensa del Estado[352].

De conformidad al art. 2 de dicho cuerpo normativo, "[e]l Consejo de Defensa del Estado tiene por objeto, principalmente, la defensa judicial de los intereses del Estado"; y, a la luz de las facultades que al CDE le otorga el art. 3 de su ley orgánica, claramente su principal finalidad se refiere a los intereses fiscales o de carácter patrimonial.

Pues bien, el artículo 7 de la LOCDE dispone expresamente lo siguiente:

> "*El Consejo de Defensa del Estado*, con el voto de las tres cuartas partes de sus miembros en ejercicio y en sesión especialmente convocada con tal objeto, *podrá acordar transacciones en los procesos en que intervenga*. En el acta de la sesión en que se adopte el acuerdo de transigir deberá dejarse constancia de los fundamentos que se tuvieron para ello.
>
> Del mismo modo, podrá aprobar la celebración de acuerdos reparatorios en los procedimientos penales en que intervenga como querellante.

351 En este sentido se pronuncia, Vodanovic, Antonio, *Contrato de Transacción*, 1987, p. 81.

352 D.F.L. N° 1, de 28 de julio de 1993, del Ministerio de Hacienda, publicado en el Diario Oficial de fecha 7 de agosto de 1993.

> Podrá también, con el voto de la mayoría de los miembros en ejercicio, aceptar el pago en cuotas de las deudas que le corresponda cobrar, aun en los casos que éstas consten en sentencias ejecutoriadas. El Consejo fijará el número de cuotas en que se dividirá la deuda y las épocas de pago y determinará, en el mismo acto, el reajuste y el interés con que aquélla deberá solucionarse, pudiendo eximir de intereses, sean éstos futuros o ya devengados, al obligado, si sus facultades económicas lo justificaren.
> Tratándose de asuntos que afecten a los gobiernos regionales, a las municipalidades, a los servicios descentralizados de la Administración del Estado o a los organismos privados en que el Estado o sus instituciones tengan aporte o participación mayoritarios o igualitarios, se requerirá además el consentimiento de la entidad respectiva.
> Los acuerdos a que se refieren los incisos anteriores, deberán ser aprobados por resolución del Ministerio de Hacienda cuando se trate de sumas superiores a tres mil unidades tributarias mensuales".

En consecuencia, es claro que el ordenamiento jurídico admite la posibilidad de transigir, y por tanto de conciliar, en juicios en los que se encuentra comprometido el interés fiscal.

Por lo expuesto, estimamos que, de conformidad a nuestro ordenamiento jurídico, en la actualidad es perfectamente posible poner término por conciliación a un proceso en el que esté envuelto interés fiscal (tributario o aduanero), y por tanto los TTA se encuentran facultados para poder llamar a una conciliación.

Por lo demás, las Circulares 65 y 41/2016 expresan que "si el contribuyente da respuesta satisfactoria a la citación, o se allane a pagar el monto de los impuestos eludidos, el caso terminará mediante acta de conciliación [...]". Por tanto, en su normativa el SII claramente dispone que un caso de elusión puede terminarse por conciliación durante la etapa administrativa previa al juicio, y evidentemente lo mismo se podría hacer una vez iniciado el correspondiente proceso judicial de declaración de abuso o simulación".

7.5.3. *Proyecto de ley que busca establecer como obligatorio el llamado a conciliación en la mayoría de los procesos tributarios*

Mediante el Mensaje N° 1232-362 de 27 de enero de 2015 (Boletín 9892-07), se dio inicio a un proyecto de ley que busca perfeccionar la justicia tributaria y aduanera. Entre las varias materias a las que se refiere el proyecto, precisamente busca incorporar el trámite de conciliación en los procedimientos tributarios y aduaneros. Al efecto, el Mensaje expresa lo siguiente:

> "La experiencia de los jueces tributarios en estos años ha demostrado que estas materias, así como la mayoría de los conflictos judiciales en nuestro país, pueden ser solucionadas por las partes durante la tramitación del juicio en forma previa a la sentencia. En muchas ocasiones cuando los antecedentes del caso lo permitan y, en la medida que se cuente con la conducción de un juez imparcial e independiente que propone a las partes en litigio las bases para un acuerdo, se constata que es posible acelerar la resolución de los juicios sin la necesidad de largos y costosos procedimientos judiciales. De este modo se permite que aquellos que continúen su tramitación, incluso llegando al conocimiento de los Tribunales Superiores de Justicia, sean aquellos en que realmente exista una controversia que no pueda ser resuelta previamente.
> En este sentido, la conciliación como equivalente jurisdiccional, cumple la función procesal de reemplazar a una sentencia definitiva, cuando las partes en litigo son capaces de resolver sus diferencias en sede jurisdiccional, de forma previa a la dictación del fallo.
> Las bondades de este mecanismo se perciben no solo en cuanto supone un ahorro de recursos del Estado y de los contribuyentes, sino en cuanto es capaz de disminuir los tiempos de resolución de las contiendas jurídicas. Dichas características hacen de la conciliación una herramienta que no sólo es perfectamente compatible con la naturaleza de los pleitos tributarios y aduaneros, sino que la hacen muy deseable para contar con una más eficiente administración de justicia en estas materias. El hecho de que el eventual acuerdo entre la administración tributaria y aduanera y el respectivo contribuyente se lleve a cabo en el marco de un procedimiento judicial, dota asimismo a este trámite de la debida transparencia.
> [...]".

El proyecto de ley en cuestión ha tenido una eficiente tramitación en el Congreso, en el cual la norma referente al llamado a conciliación no ha tenido mayores modificaciones. En particular, el último trámite legislativo tenido a la vista en este trabajo es el Oficio N° 12.375 de 2 de marzo de 2016, enviado por la Cámara de Diputados al Senado al finalizar el primer trámite constitucional. En dicho oficio, en el cual se mantiene casi a la letra el proyecto original, realizando una modificación al art. 132 del CT, e incorporando un nuevo art. 132 a dicho cuerpo normativo, los que expresarían, en lo que por ahora interesa, lo siguiente:

8. Modifícase el artículo 132 en el siguiente sentido:
a) Agrégase el siguiente inciso segundo, nuevo, pasando el actual inciso segundo a ser tercero y así sucesivamente:
"Vencido el plazo a que se refiere el inciso anterior, haya o no contestado el Servicio, *el Tribunal Tributario y Aduanero, de oficio o a petición de parte, deberá llamar a las mismas a conciliación de conformidad al artículo 132 bis*, citándolas para tales efectos a una audiencia oral. En dicha audiencia, *el Juez Tributario y Aduanero propondrá las bases de arreglo, sin que las opiniones emitidas con tal propósito lo inhabiliten* para seguir conociendo de la causa. La audiencia de conciliación se desarrollará en forma continua y podrá prolongarse en sesiones sucesivas, hasta su conclusión. Constituirán, para estos efectos, sesiones sucesivas, aquellas que tuvieran lugar en el día siguiente o subsiguiente de funcionamiento ordinario del Tribunal".
b) Reemplázase, en el inciso segundo, que pasa a ser tercero, la expresión "anterior, haya o no contestado el Servicio", por "primero, en caso que el Juez no hubiere llamado a las partes a conciliación, o rechazada ésta cuando lo hubiere hecho".
d) Incorpóranse los siguientes incisos decimoséptimo y decimoctavo, nuevos, pasando el actual decimosexto a ser decimonoveno:
"Vencido el término de prueba, y dentro de los diez días siguientes, las partes podrán hacer por escrito las observaciones que el examen de la prueba les sugiera. Cumplido este plazo, se hayan o no presentado escritos, *el Tribunal Tributario y Aduanero, a petición de parte, podrá llamar a las mismas a conciliación de conformidad al artículo 132 bis*, citándolas para tales efectos a una audiencia en los términos del inciso segundo.
Si se rechaza la conciliación, existan o no diligencias pendientes, el Tribunal deberá citar a las partes a oír sentencia".

9. Agrégase el siguiente artículo 132 bis, nuevo:
"Artículo 132 bis.- La conciliación a que se refiere el artículo 132 podrá ser total o parcial. Será materia de conciliación el litigio sometido al conocimiento del Tribunal Tributario y Aduanero, incluyendo la existencia de los elementos que determinan la ocurrencia del hecho gravado establecido en la ley; la cuantía o monto del o los impuestos determinados y de los reajustes, intereses o multas; la calificación jurídica de los hechos conforme a los antecedentes aportados en el procedimiento, la ponderación o valoración de las pruebas respectivas y la existencia de vicios o errores manifiestos de legalidad, ya sea de forma o fondo, siempre que todo lo anterior haya sido alegado expresamente por el contribuyente en el reclamo o se trate de casos en que el tribunal pueda pronunciarse de oficio.
En ningún caso la conciliación podrá consistir en la mera disminución del monto

del o los impuestos adeudados, salvo cuando ello se funde en la existencia de errores de hecho o de derecho en su determinación, o en antecedentes que permitan concluir que no concurren los elementos del hecho gravado establecido en la ley o cuando los impuestos determinados resulten ser excesivos conforme a los demás antecedentes tenidos a la vista con motivo de la conciliación. La conciliación tampoco podrá tener por objeto el saneamiento de aquellos vicios de fondo que den lugar a la nulidad del acto administrativo reclamado, ni de los vicios de forma que cumplan con los requisitos a que se refiere el párrafo segundo del numeral 8° del artículo 1° de la ley N°20.322. En la o las audiencias de conciliación que se lleven a cabo, el Servicio, conforme a sus facultades legales, podrá proponer la condonación total o parcial de los intereses penales o multas aplicados, conforme a los criterios generales que fije mediante resolución.

El llamado a conciliación no procederá en los procedimientos reglados en los artículos 4° quinquies, 100 bis, 160 bis, 161 y 165 de este Código; en aquellos que digan relación con hechos respecto de los cuales el Servicio haya ejercido la acción penal, y en los reclamos de liquidaciones, resoluciones o giros de impuesto que se relacionen con los hechos conocidos en los procedimientos a que se refiere este inciso.

El juez deberá rechazar el acuerdo cuando no se cumplan los requisitos que establece este artículo o recaiga sobre materias respecto de las cuales no se admite conciliación.

Sobre las bases de arreglo y la conciliación efectuada conforme a los incisos anteriores deberá pronunciarse el Director, quien podrá aceptarla o rechazarla. La decisión del Director, cuando consista en aceptar la conciliación, deberá contener los fundamentos de hecho y de derecho en que se basa, y las condiciones de dicha aceptación. El Director deberá pronunciarse sobre la conciliación dentro de los treinta días siguientes al término de la audiencia, estando facultado para aceptarla o rechazarla total o parcialmente. En caso de no pronunciarse en dicho plazo, se entenderá que rechaza las bases de arreglo y la conciliación.

De la conciliación total o parcial se levantará acta que consignará las especificaciones del arreglo y los antecedentes de hecho y de derecho en que se funda, la cual suscribirán el juez y las partes. Una vez aprobada la conciliación mediante resolución fundada por el Tribunal Tributario y Aduanero, se considerará como sentencia ejecutoriada para todos los efectos legales. Contra la resolución que aprueba la conciliación solo procederá el recurso contemplado en el inciso primero del artículo 182 del Código de Procedimiento Civil"[353].

353 Resulta importante considerar, a la luz de lo dispuesto en el art. 77 de la Constitución Política de la República y en el art. 16 de la Ley Orgánica del Congreso Nacional, y de lo resuelto por el Tribunal Constitucional (vid. Fallos relativos a la Ley de Pesca y al Consejo

7.5.4. *De la discutible exclusión en el proyecto de ley del llamado a conciliación en los juicios sobre declaración judicial de la existencia de abuso o simulación tributaria*

Sin duda alguna, el proyecto de ley en comento resulta loable en cuanto despeja cualquier duda acerca de la posibilidad de terminar por conciliación los juicios tributarios y aduaneros, estableciendo diversas oportunidades procesales para que se logre un acuerdo conciliatorio.

Con todo, tanto en el proyecto original como en su actual estado emanado de la Cámara de Diputados expresamente se dispone que "*El llamado a conciliación no procederá en los procedimientos reglados en los artículos 4° quinquies, 100 bis, 160 bis*", y por tanto expresamente se pretende excluir la posibilidad de poder poner término mediante un acuerdo conciliatorio a los juicios sobre declaración de abuso y simulación tributaria.

Los motivos de dicha exclusión se encuentran en el siguiente pasaje del mensaje presidencial:

> "Es importante destacar, en cualquier caso, que la incorporación de la conciliación a los procedimientos tributarios y aduaneros, no afecta la naturaleza legal de las obligaciones tributarias y el estatuto constitucional en virtud del cual sólo una ley puede crear, modificar o suprimir tributos o exenciones, sin que les quepa a las partes del procedimiento la posibilidad de modificar los supuestos jurídicos que determinan el hecho imponible.
> Es por estas razones que se han excluido del ámbito de la conciliación aquellas materias en las que lo discutido es la obligación tributaria en términos abstractos o las posibles conductas que impliquen dejar sin aplicación los hechos imponibles establecidos en la ley mediante los supuestos de abuso de las formas jurídicas o simulación, según la regulación de la cláusula general anti elusión contenida en el Código Tributario".

Si bien a nivel doctrinal el tema no ha sido objeto de mayor desarrollo, vale la pena considerar como antecedente la opinión manifestada por Vodanovic

---

Nacional de Televisión), que el proyecto de reforma en análisis sea necesariamente consultado a la Corte Suprema, especialmente porque establece que será una atribución de los TTA la de aprobar o no un acuerdo conciliatorio, ya que por ello –y por otros aspectos del proyecto– se trata de una Ley Orgánica Constitucional, la cual además de requerir la referida consulta, tiene un quórum especial de cuatro séptimos de los diputados y senadores en ejercicio, de conformidad al artículo 66 de la Constitución Política de la República.

en su monografía relativa al contrato de transacción, escrita el año 1985 (esto es, estando en plena vigencia el principio de legalidad tributaria al que alude el mensaje en el párrafo recién citado). Al efecto, y recordando que en nuestro ordenamiento jurídico el principio que rige es que la conciliación cabe en todos los casos en que la transacción sea legalmente admisible (art. 262 del CPC), este autor expresaba lo siguiente:

> "Transacción sobre impuestos.- Si bien las leyes sobre impuestos son de orden público, el producto de ellos, el dinero que importan, forma parte no del dominio público o bienes nacionales de uso público, sino que de los bienes del Estado o bienes fiscales, que son alienables y prescriptibles. Por eso las leyes permiten, en determinadas condiciones, que las dudas o los litigios que surjan en torno de ellos puedan solucionarse con el Servicio de Impuestos Internos, por medio de convenios que encierran transacciones.
> El Código Tributario señala que el mandato que inviste una persona natural o jurídica que actúa por cuenta de un contribuyente no tiene otra formalidad que la de constar por escrito (artículo 9°, inciso 1°). En cuanto a su extensión, alcance y validez está sometido a las reglas generales. En consecuencia, ha establecido la jurisprudencia, que si del contexto del mandato aparece que el mandante no dio al mandatario la facultad de comprometer sus bienes aceptando una transacción en la fijación del porcentaje del impuesto reclamado como lo hizo, debe concluirse que se extralimitó en el ejercicio de su representación sobrepasando la intención que el reclamante tuvo al conferírsela.
> Leyes tributarias especiales contemplan transacciones sobre impuestos por el solo ministerio de la ley. Así, por ejemplo, de acuerdo con la Ley N° 18.337, de 4 de septiembre de 1984, el contribuyente que se acoge al beneficio contemplado en el artículo 7° de ella con respecto a determinadas órdenes de pago, queda en esta parte la reclamación transigida por el solo ministerio de la ley; pero no en cuanto a las órdenes o giros respecto de los cuales no se invocó el beneficio, en relación a los cuales la reclamación o proceso se mantiene vigente"[354].

Ahora bien, y entrando al fondo del punto que plantea el mensaje –como es que una conciliación en juicios sobre elusión implicaría una vulneración del principio de legalidad tributaria–, resulta pertinente observar que efectivamente por esencia toda transacción requiere de concesiones recíprocas, lo que implica

354 VODANOVIC, *Op. Cit.*, pp. 101-102.

necesariamente que cada parte debe acceder a realizar una renuncia, remisión o condonación. Así las cosas, entendemos que lo que se afirma en el mensaje para excluir la conciliación en los juicios sobre elusión es que tratándose de tributos impuestos por la ley, la autoridad no se encuentra facultada para poder renunciar a ellos en virtud del principio de legalidad. Al efecto, se debe considerar que el CT otorga a los directores regionales del Servicio de precisamente la posibilidad de rebajar e incluso condonar sanciones e intereses, pero no el impuesto en sí[355].

Dicho argumento, en apariencia sólido, es en nuestro concepto errado, por un muy sencillo motivo: en una eventual conciliación o transacción el Servicio no estaría renunciando ni condonando un impuesto, sino exclusivamente a su particular pretensión de existencia de un impuesto[356]. Ello es aún más evidente en los juicios de declaración judicial de abuso o simulación, ya que en ellos ni siquiera existe una liquidación y giro por parte del SII, sino que única y exclusivamente su pretensión procesal de que se establezca por los tribunales que existió un abuso o simulación, para recién ahí proceder a liquidar el impuesto. Por tanto, previo a la existencia de una sentencia firme, no hay más que una mera aspiración procesal por parte del Fisco, a la cual evidentemente puede renunciar en pos de obtener una concesión recíproca.

Es más, esta exclusión es contradictoria con el resto del proyecto, el cual expresamente establece que puede ser "materia de conciliación" la "existencia de los elementos que determinan la ocurrencia del hecho gravado establecido en la ley", así como "la calificación jurídica de los hechos". Pues, dichas materias –que según el proyecto son materia de conciliación– serán precisamente una de las principales controversias en torno a las cuales versarán los juicios sobre elusión, por lo que no se ve motivo del porqué en ellos no se puede arribar a un acuerdo conciliatorio.

Expuesto lo anterior, solo puede explicarse la reticencia del legislador de incorporar los procesos relativos a la declaración de elusión al hecho de que se pueda provocar una suerte de "precedente" en tales acuerdos. Al efecto, cabe recordar que la conciliación, en cuanto equivalente jurisdiccional, produce el efecto de cosa juzgada, la que por regla generalísima produce únicamente efectos

---

355 Vid. arts. 6 letra B N° 3, 6 letra B N° 4 y 56 del CT.

356 En este sentido, se ha sostenido que "el objeto de la transacción es la controversia, la *litis*, surgida o potencial acerca de una relación jurídica referente a un bien. Se transige no ya la *relación ni* el *bien, sino sobre* la relación acerca del bien, es decir, en suma, la *litis,* en torno a la relación" (Barbero, *Sistema de Derecho Privado*, p. 547, citado por Vodanovic, *Op. Cit.*, p. 81).

relativos para las partes del proceso de conformidad al art. 3 del CC. Por ende, a falta de una norma que establezca expresamente un efecto *erga omnes*[357] *o reflejo*[358] *de la cosa juzgada, esta siempre tendrá efecto relativo, cuestión que es aún más clara en materia de conciliación, ya que se trata de un acuerdo entre las partes del proceso*[359].

En todo caso, y si bien no existe ni en el CT, en la OA ni en la Ley N° 20.322 una disposición que le otorgue efectos *erga omnes*, absolutos ni reflejos a la cosa juzgada emanada de los procesos seguidos ante los TTA, si lo que se busca es evitar la invocación de acuerdos conciliatorios como precedentes, resultaría pertinente que en la reforma se incorpore un artículo en el que expresamente se disponga que en caso alguno la conciliación (sea en general o bien en juicios sobre declaración de elusión) podrá ser considerada como precedente, aun cuando se refiera a materias similares.

En fin, es de esperarse que en lo que resta de tramitación al proyecto de ley sobre perfeccionamiento de los TTA, se elimine la exclusión de la conciliación como vía alternativa de poner término a los juicios sobre declaración de abuso o simulación. Como hemos visto, tal exclusión resulta altamente discutible, siendo sin duda beneficioso la posibilidad de arribar a acuerdos conciliatorios en estas materias, por los mismos motivos que lo es hacerlo en los demás juicios tributarios y aduaneros.

7.6. Recepción de la causa a prueba. Término probatorio y medios de prueba

Vencido el plazo del SII para emitir descargos relativos a los antecedentes aportados por los demandados en la audiencia especial antes referida, el tribunal deberá analizar si resulta o no pertinente recibir la causa a prueba, en la medida de que exista controversia acerca de hechos sustanciales y pertinentes.

Al respecto, el TTA deberá dictar una resolución en la que señale los puntos sobre los cuales debe recaer la prueba. A diferencia de lo que acontece en el procedimiento general de reclamaciones, en el cual es posible deducir en contra de esta resolución reposición con apelación subsidiaria (art. 132, inciso segundo), en los juicios de declaración de abuso o simulación solo procederá el recurso de reposición dentro del plazo de cinco días, como expresamente indica el art. 160 bis.

---

357 Vid. art. 315 y 1246 del CC.

358 Vid. art. 178 del CPC.

359 En este sentido, cabe aplicar *mutatis mutandi* lo dispuesto en el art. 2461 del CC, que expresa que "[l]a transacción no surte efecto sino entre los contratantes".

En la Circular 65 se sostiene que dicha limitación –en cuanto solo procede la reposición– únicamente se refiere a la impugnación de la resolución que recibe la causa a prueba. Y se agrega que tal limitación no rige en la impugnación de la resolución que decide no recibir la causa a prueba: "En aquellos casos en los que el tribunal dicte una resolución que implique no recibir la causa a prueba, estimándose que correspondía dicha recepción por existir controversia sobre hechos substanciales y pertinentes, se deberá recurrir en su contra mediante el recurso de reposición apelando en forma subsidiaria. Lo anterior en razón de que la limitación recursiva a la reposición solamente está circunscrita al caso que se reciba la causa a prueba, no así tratándose de la situación contraria en que no se reciba la causa a prueba. La instrucción encuentra sustento normativo en lo dispuesto en el inciso final del artículo 160 bis del Código Tributario, que hace aplicables las normas del procedimiento general de reclamaciones entre las cuales se encuentra el 148 del mismo cuerpo legal, que hace un reenvío a las normas generales del Libro Primero del Código de Procedimiento Civil".

Recibida la causa a prueba, el tribunal abrirá un término probatorio de veinte días en la medida que hubiere controversia sobre algún hecho sustancial y pertinente (art. 160 bis, inciso cuarto).

En lo demás se aplica al término probatorio de estos juicios las disposiciones del art. 132 del CT, lo que se traduce, en síntesis, en lo siguiente:

a. Dentro del término probatorio deberá rendir toda la prueba. Sin perjuicio de ello, cuando hayan de practicarse diligencias probatorias fuera del lugar en que se sigue el juicio, o si durante el término de prueba ocurren entorpecimientos que imposibiliten la recepción de esta, el TTA podrá ampliar, por una sola vez, el término probatorio por el número de días que estime necesarios, no excediendo en ningún caso de diez días, contados desde la fecha de notificación de la resolución que ordena la ampliación.
b. En cuanto a los medios de prueba, se sigue un criterio amplio, en cuanto es admisible cualquier medio probatorio apto para producir fe. Sobre la materia es pertinente observar lo siguiente acerca de ciertos medios de prueba:

   b.1. Sobre la prueba testimonial, el CT contiene una serie de reglas especiales. Por de pronto, en el procedimiento no existirán testigos inhábiles, sin perjuicio de lo cual el tribunal podrá desechar de oficio a los que notoriamente aparezcan comprendidos en alguna de las situaciones del artículo 357 del CPC, sobre inhabilidades absolutas para declarar.

   A efectos de poder rendir prueba testimonial, en los primeros dos días del probatorio cada parte deberá acompañar una nómina de los testigos de que piensa valerse, con expresión de su nombre y apellido, domicilio y profesión u oficio. Solo se examinarán testigos que figuren en dicha nómina. En cuanto al número de testigos, se admitirá a declarar hasta un máximo de cuatro testigos por punto de prueba. Y en lo que se refiere a su examinación, se podrán dirigir a cualquier testigo preguntas tendientes a demostrar su credibilidad o falta de ella.

b.2. El CT también contiene una regulación especial de la prueba de oficios. Al efecto, se dispone que el TTA dará lugar a la petición de oficios cuando se trate de requerir información pertinente sobre los hechos materia del juicio, debiendo señalarse específicamente el o los hechos sobre los cuales se pide el informe.

Tratándose de solicitudes de oficios a las que acceda el TTA, este deberá disponer su despacho inmediato a las personas o entidades requeridas, quienes estarán obligadas a evacuar la respuesta dentro del plazo que al efecto fije el tribunal, el que en todo caso no podrá exceder de quince días. A petición de la parte que lo solicita o de la persona o entidad requerida, el plazo para evacuar el oficio podrá ser ampliado por el tribunal, por una sola vez y hasta por quince días más, cuando existan antecedentes fundados que lo aconsejen. Los mismos plazos indicados en el inciso precedente regirán para los peritos, en relación a sus informes, desde la aceptación de su cometido.

b.3. En lo que se refiere a la prueba confesional, es importante recordar que el director, los subdirectores y los directores regionales no tendrán la facultad de absolver posiciones en representación del Servicio.

b.4. En lo relativo a la prueba documental, en la Circular 65 se expresa que "[c]on la antelación necesaria, el Servicio deberá presentar todos los instrumentos, públicos o privados y demás antecedentes con los que cuente y funden la solicitud de abuso o simulación, señalando en la presentación que hechos sustanciales, pertinentes y controvertidos se acreditan con la prueba aportada, no bastando la mera enunciación descriptiva de los documentos".

b.5. En lo que se refiere a los demás medios de prueba reglados por la legislación común, resultan aplicables dichas normas, cuestión que refrenda la Circular 65[360].

360 En efecto, en la Circular 65 se indica lo siguiente: (i) en lo que se refiere al informe de peritos, se sostiene que "se debe hacer presente que la única forma que asegura la debida imparcialidad del perito, es la aplicación en su nombramiento de lo dispuesto en los artículos 409 y

Para finalizar, se debe hacer presente que, por su relevancia, todo lo relativo a la carga y apreciación de la prueba será analizado en un apartado especial.

7.7. Observaciones a la prueba

El inciso cuarto del art. 160 bis dispone que "concluido el término probatorio, se otorgará a las partes un plazo de cinco días para efectuar observaciones a la prueba rendida, tras lo cual el Tribunal resolverá en un plazo de veinte días".

Por la remisión del art. 148 del CT al Libro I del CPC, se entiende que en estos procesos los TTA se encuentran facultados para poder decretar medidas para mejor resolver en los términos del art. 159 del CPC.

7.8. Sentencia

Como se indicó en el apartado anterior, el legislador le otorgó a los TTA un plazo de veinte días para pronunciar sentencia. Por la remisión del art. 148 del CT al Libro I del CPC, se entiende que, por aplicación del art. 64 de este último, el plazo para dictar sentencia no es fatal. Sin perjuicio de ello, una injustificada demora en la dictación del fallo podría afectar la calificación del juez tributario de conformidad a lo dispuesto en el art. 12 de la Ley N° 20.332.

Sin perjuicio de lo que se indicará más adelante, desde ya se debe considerar que la ley establece que el Tribunal apreciará la prueba de acuerdo a las reglas de la sana crítica.

En términos generales la sentencia, sea que declare o no la existencia del abuso o simulación, deberá cumplir con los requisitos establecidos en el art. 170 del CPC, atendida la tantas veces referida remisión realizada por el art. 148 del CT. Consecuencialmente, también se deberán respetar necesariamente las disposiciones contenidas en el Auto Acordado de la Corte Suprema sobre la Forma de las Sentencias. Todo ello so pena de incurrir el fallo en el vicio de casación en la forma establecido en el art. 768 N° 5 del CPC.

---

siguientes del Código de Procedimiento Civil". Vale decir, cualquier otro informe de carácter técnico que se acompañe al juicio otorgándole la calidad de informe pericial, no es tal ya que no asegura la debida imparcialidad e independencia de quienes aparecen suscribiéndolo; *(ii)* en cuanto a la inspección personal del tribunal se afirma que las partes "podrán solicitar al Tribunal la inspección personal de este a lugares que se requiera la apreciación visual del juez, y que sean pertinentes para la resolución de la solicitud de abuso o simulación efectuado por el Servicio. El ejercicio de este medio probatorio, se regirá por las disposiciones señaladas en los artículos 403 y siguientes del Código de Procedimiento Civil".

Adicionalmente, el art. 160 bis del CT exige que la sentencia reúna ciertos requisitos especiales tanto en su parte considerativa como resolutiva:

a. En lo que se refiere a la parte considerativa, el art. 160 bis dispone que el juez tributario "deberá fundar su decisión teniendo en consideración la *naturaleza económica* de los hechos imponibles conforme a lo establecido en el artículo 4° bis"[361].

   Con ello, evidentemente el legislador no ha excluido del razonamiento del juez tributario las consideraciones de derecho, ni menos ha dispuesto que se puede declarar el abuso o la simulación teniendo exclusivamente en cuenta razonamientos económicos. Así lo comprueba el que tanto el requerimiento del SII como la contestación contengan sus "fundamentos de derecho"; y por lo demás precisamente por la necesidad de tener que fundar los TTA su decisión en el derecho, que expresamente se admite el juicio sea conocido por la Corte Suprema vía recurso de casación en el fondo. Por lo demás, el art. 4 quinquies expresamente dispone que en la sentencia se debe dejar constancia "de los antecedentes de hecho y de derecho en que funda" la calificación de un acto u operación como abusivo o simulado.

   Lo que el legislador ha querido significar es que su decisión no puede ser puramente jurídica, sino que, adicionalmente, debe sustentarse en los aspectos económicos que las partes hubieren alegado y acreditado en el proceso.

b. En lo que se refiere a la parte resolutiva del fallo, cuando este acoge la solicitud del SII, el inciso final del art. 4 quinquies dispone que "[e]n caso que se establezca la existencia de abuso o simulación para fines tributarios, el Tribunal Tributario y Aduanero deberá así declararlo en la resolución que dicte al efecto, dejando en ella constancia de los actos jurídicos abusivos o simulados, de los antecedentes de hecho y de derecho en que funda dicha calificación, determinando en la misma resolución el monto del impuesto que resulte adeudado, con los respectivos reajustes, intereses penales y multas, ordenando al Servicio emitir la liquidación, giro o resolución que corresponda".

361 Esta disposición constituye una concreción del art. 144 del CT, que dispone: "Los fallos pronunciados por el tribunal tributario deberán ser fundados. La omisión de este requisito, así como de los establecidos en el inciso decimocuarto del artículo 132, será corregida de conformidad con lo dispuesto en el artículo 140". A su turno, el art. 140 del CT establece: "En contra de la sentencia de primera instancia no procederá el recurso de casación en la forma ni su anulación de oficio. Los vicios en que se hubiere incurrido deberán ser corregidos por el Tribunal de Apelaciones que corresponda".

7.9. Régimen de recursos

Sin perjuicio de los recursos especiales ya analizados (relativos a la impugnación de la resolución que declara inadmisible el requerimiento, y a la reposición en contra del auto de prueba), en los juicios de declaración judicial de abuso o simulación resulta aplicable lo dispuesto en el art. 133 del CT, conforme al cual las resoluciones que se dicten durante el juicio solo serán susceptibles del recurso de reposición, el cual deberá interponerse dentro del término de cinco días, contados desde la notificación correspondiente. La misma disposición agrega que la resolución que falle la reposición no es susceptible de recurso alguno.

En lo que respecta al régimen de recursos para impugnar la sentencia que se pronuncia por los TTA en estos juicios, el mismo se encuentra reglamentado en el inciso quinto del art. 160 bis, que dispone lo siguiente:

a. *Aclaración, rectificación o enmienda.* En primer término, resulta aplicable lo dispuesto en el art. 138 del CT, que señala que "[n]otificada que sea la sentencia que falle el reclamo no podrá modificarse o alterarse, salvo en cuanto se deba, de oficio o a petición de parte, aclarar los puntos oscuros o dudosos, salvar las omisiones o rectificar los errores de copia, de referencias o de cálculos numéricos que aparezcan en ella".
b. *Apelación.* En contra de la resolución que se pronuncie sobre la solicitud de declaración judicial de abuso o simulación procederá el recurso de apelación, el que deberá interponerse en el plazo de quince días contado desde la notificación respectiva, y se concederá en ambos efectos. La apelación se tramitará en cuenta, a menos que cualquiera de las partes, dentro del plazo de cinco días contado desde el ingreso de los autos en la Secretaría de la Corte de Apelaciones, solicite alegatos.
   Resulta también aplicable lo dispuesto en el art. 140 del CT, que dispone que en contra de la sentencia de primera instancia no procederá el recurso de casación en la forma ni su anulación de oficio. Los vicios en que se hubiere incurrido deberán ser corregidos por el Tribunal de Apelaciones que corresponda.
c. *Casación en la forma y en el fondo.* Finalmente, el art. 160 bis dispone que en contra de la resolución de la Corte de Apelaciones procederá el recurso de casación en el fondo o la forma.
   A nuestro entender, toda sentencia que declare un abuso o simulación siempre y necesariamente podrá ser impugnada por medio del recurso de casación en el fondo, pues la aplicación de la Norma General Anti Elusión ineludiblemente implica un ejercicio de calificación de actos y contratos,

materia eminentemente jurídica. En este sentido, LÓPEZ SANTA MARÍA sostiene que "[l]a calificación de los contratos es una *cuestión de derecho*, de manera que, a diferencia de las cuestiones de hecho, la Corte Suprema puede revisarla por vía del recurso de casación en el fondo"[362].

Por aplicación del art. 145 del CT, los recursos de casación que se interpongan en contra de las sentencias de segunda instancia, se sujetarán a las reglas contenidas en el Título XIX del Libro Tercero del Código de Procedimiento Civil.

7.10. Cumplimiento de la sentencia que declara el abuso o la simulación

Por último, en lo que se refiere al cumplimiento de la sentencia firme que declara el abuso o la simulación, el art. 160 bis del CT dispone que "[l]a liquidación, giro, resolución o multa, que se emitan en cumplimiento de la sentencia firme dictada en el procedimiento que declare la existencia del abuso o de la simulación o la responsabilidad por el diseño o planificación de los actos, contratos o negocios constitutivos de abuso o simulación, no serán susceptibles de reclamo alguno".

La misma disposición agrega que las controversias que surjan respecto al cumplimiento de la sentencia serán resueltas en forma incidental por el Tribunal que la dictó.

8. CARGA Y APRECIACIÓN DE LA PRUEBA

Para finalizar este capítulo, hemos estimado pertinente dedicar un apartado exclusivo al tema de la carga de la prueba, y de su apreciación, en los juicios de declaración de abuso y simulación.

8.1. Carga de la prueba

Esta sensible materia se encuentra regulada de forma expresa en el inciso final del art. 4 bis del CT, que a la letra dice lo siguiente:

> "Corresponderá al Servicio probar la existencia de abuso o simulación en los términos de los artículos 4° ter y 4° quáter, respectivamente. Para la determinación

362 LÓPEZ SANTA MARÍA, *Op. Cit.*, t. I, pp. 141-142.

del abuso o la simulación deberán seguirse los procedimientos establecidos en los artículos 4° quinquies y 160 bis".

En nuestro entendimiento, esta disposición no es más que una concreción de los principios generales de nuestro ordenamiento jurídico, conforme a los cuales la mala fe (que en la materia en análisis debe adoptar las figuras de abuso o simulación) necesariamente debe ser probada, a menos que exista una ley expresamente establezca lo contrario, cuestión que evidentemente no acontece en la materia. Como ya indicamos capítulos atrás, si la buena fe se presume, resulta del todo lógico y evidente que la mala fe debe ser debidamente acreditada por el Servicio[363].

En relación con la materia, y tal como hemos tenido oportunidad de sostener en el pasado[364], no tiene aplicación general la presunción (de derecho) de mala fe por error de derecho consagrada en el art. 706 del CC, que señala: "pero el error en materia de derecho constituye una presunción de mala fe, que no admite prueba en contrario".

La imposibilidad de aplicar en general, y desde luego en los casos de abuso y de simulación tributaria, la antedicha presunción de derecho de mala fe, se sustenta, en síntesis, en los siguientes argumentos: *(a)* por un motivo histórico, en cuanto Bello se inspiró para construir el inciso final del artículo 706 en los textos de Pothier, para quien el error de derecho constituye mala fe únicamente en la posesión; *(b)* el artículo 2268 del Código Civil francés, que inspiró nuestro CC, dispone que "[l]a buena fe se supone siempre y quien alega la mala fe deberá probarla". Esta norma no distingue entre el error de hecho y de derecho, y por ello la doctrina y jurisprudencia mayoritaria estima que la presunción comprende

363 Comprueba lo expuesto el hecho de que la misma Ley de Reforma Tributaria introdujo una muy especial disposición, contenida en el art. 14, Letra E), número 2 (sobre "Reglas Especiales") en la que se consagró una muy excepcional presunción de abuso o simulación en los siguientes términos: "En caso de no presentarse la referida declaración por parte del constituyente del trust, se presumirá, salvo prueba en contrario, que la constitución del trust constituye abuso o simulación conforme a lo dispuesto en los artículos 4 bis y siguientes del Código Tributario, aplicándose la tributación que corresponda de acuerdo a la calidad de los intervinientes y la naturaleza jurídica de las operaciones. La entrega maliciosa de información incompleta o falsa en las declaraciones que establece esta letra, se sancionará en la forma prevista en el primer párrafo del número 4 del artículo 97, del Código Tributario". Siendo esta una norma excepcional, la misma debe ser aplicada estrictamente al caso descrito en ella, estando vedada su aplicación analógica a otras situaciones, por similares que sean a la citada hipótesis normativa.

364 Boetsch, *Op. Cit.*, pp. 161 y ss.

tanto a quien sufre un error de hecho y de derecho; *(c)* considerando que la presunción de la buena fe es de carácter general, se debe concluir que el inciso final del art. 706 es de carácter excepcional, y por lo tanto su interpretación debe ser restrictiva, con lo cual la presunción de mala fe solo se aplica a la posesión y nunca a otras materias, a menos que existiese una norma expresa en ese sentido, cuestión que no acontece.

Desde antiguo, la jurisprudencia apoya esta solución, pues ha señalado que si el inciso cuarto del art. 706 fuera de aplicación general, y por consiguiente se aplicara a los contratos, resultaría el absurdo jurídico de que por el solo hecho de declararse la ilegalidad de ellos, se declararía también la mala fe de las partes; ya que por tratarse de un error de derecho no le sería permitido probar lo contrario[365].

Despejado lo anterior, se debe observar que, tal como lo ha indicado la doctrina y como lo ha resuelto de modo reiterado la Corte Suprema, las normas sobre *onus probandi* constituyen leyes reguladoras de la prueba. Por tal motivo su alteración constituye una infracción de ley que, de haber influido sustancialmente en lo dispositivo del fallo, posibilita deducir un recurso de casación en el fondo[366].

Finalmente, se debe indicar que el legislador pone de cargo del Servicio el tener que acreditar "la existencia de abuso o simulación", por lo que resulta ineludible para el SII el tener que aportar medios probatorios suficientes que demuestren tanto la concurrencia copulativa de los requisitos para configurar un caso de abuso (en los términos del art. 4 ter) o de simulación (en los términos del art. 4 quáter), así como los efectos precisos y reales de tales conductas, todo ello en los términos ya analizados en capítulos anteriores, a los que nos remitimos.

8.2. Apreciación de la prueba

De conformidad al art. 160 bis, el Tribunal apreciará la prueba de acuerdo a las reglas de la sana crítica. Complementando esta disposición, el art. 132 dispone que al apreciar las pruebas de esta manera (esto es, conforme a la sana crítica), el tribunal deberá expresar en la sentencia las razones jurídicas y las simplemente

---

365 *GJ* 1895, sent. 2518, p. 487; *GJ* 1895, sent. 1840, p. 12; *GJ*, 1894, sent. 773.

366 En efecto, la jurisprudencia de la Excma. Corte Suprema es uniforme sobre la materia: "*Se entienden vulneradas las normas que gobiernan la prueba, fundamentalmente cuando los sentenciadores invierten el onus probandi*, rechazan las pruebas que la ley admite, aceptan las que ésta rechaza, desconocen el valor probatorio de las que se produjeron en el proceso cuando la ley le asigna un determinado de carácter obligatorio o alteran el orden de precedencia que la ley le señala" (Corte Suprema, 22 de Marzo de 2010, número de ingreso 5900-2008).

lógicas, científicas, técnicas o de experiencia en virtud de las cuales les asigna valor o las desestima.

La misma norma agrega que, en general, tomará en consideración la multiplicidad, gravedad, precisión, concordancia y conexión de las pruebas o antecedentes del proceso que utilice, de manera que el examen conduzca lógicamente a la conclusión que convence al sentenciador.

La disposición asimismo señala que, no obstante lo anterior, los actos o contratos solemnes solo podrán ser acreditados por medio de la solemnidad prevista por la ley. En aquellos casos en que la ley requiera probar mediante contabilidad fidedigna, el juez deberá ponderar preferentemente dicha contabilidad.

Por nuestra parte, debemos observar que, si bien es cierto que un sistema de sana crítica otorga un grado de libertad al juez para efectos de poder cumplir con su tarea de valorar la prueba, dicha flexibilidad debe ser ejercitada de manera justa y objetiva, sin poder ser entendida como una posibilidad que permita dar cabida a un sesgo en el análisis de la valoración de los antecedentes al que está llamado efectuar el sentenciador para establecer los hechos que servirán de base de su pronunciamiento.

En este sentido, COUTURE afirma que "el juez que debe decidir con arreglo a la sana crítica no es libre de razonar a voluntad, discrecionalmente, arbitrariamente. Esta manera de actuar no sería sana crítica, sino libre convicción. La sana crítica es la unión de la lógica y de la experiencia sin excesivas abstracciones de orden intelectual, pero también sin olvidar esos preceptos que los filósofos llaman de higiene mental, tendientes a asegurar el más certero y eficaz razonamiento"[367].

Cabe entonces distinguir la convicción íntima del tribunal, de un sistema de valoración de la prueba según la sana crítica, en la labor del juez del fondo se encuentra sujeta al respeto de los principios de la lógica, de las máximas de la experiencia y a la fundamentación completa de los hechos, cuya infracción permite anular la sentencia[368].

---

367 COUTURE, Eduardo, *Fundamentos de Derecho Procesal Civil*, Ediciones Depalma Buenos Aires, 1993, p. 271.

368 Así ha sido resuelto por la Corte Suprema en innumerables oportunidades. A modo de ejemplo: Corte Suprema, 5 de Octubre del 2000, Rol N° 2087-2000. "[...] la causal de anulación de una sentencia consiste en infringir las leyes reguladoras de la prueba, en tanto subsume un problema de valoración de la prueba es más bien propia del sistema de prueba legal o tasada: no obstante, si los principios del correcto entendimiento humano que gobiernan el sistema de sana crítica son preteridos al punto de desvirtuar de modo arbitrario en la apreciación y valoración de la prueba, lo que razonablemente esos medios indican, se violan, sin duda, los principios normativos de la sana crítica y los límites que

Al efecto, la Corte Suprema ha dado un contenido concreto al concepto de sana crítica. En ese sentido ha señalado que "esto significa que los jueces, mediante la realización de un proceso intelectual interno y subjetivo, buscan descubrir la verdad por los medios que aconsejan la razón y el criterio racional y no tienen necesidad de ceñirse a las limitaciones propias del sistema de prueba legal, por lo que no es posible, como principio general, invocar el quebrantamiento del Derecho a través de la contravención a las leyes reguladoras de la prueba en esta clase de procesos. El predicamento anterior no debe ser entendido, en caso alguno, como una autorización dada por el legislador a los jueces para prescindir de las elementales normas del buen juicio sobre la valoración de la prueba ni para permitir la completa arbitrariedad o el antojo del sentenciador para el establecimiento de los hechos del juicio, sin que exista un posterior control del máximo tribunal de la República y, en consecuencia esta Corte, a través de la casación en el fondo está facultada, en este proceso, para invalidar el fallo que se examina, por ser ello procedente"[369].

9. PROCEDIMIENTO DE DECLARACIÓN JUDICIAL DE LA FIGURA INFRACCIONAL DEL ART. 100 BIS DEL CT

El proceso relativo a la imposición de la sanción establecida en el art. 100 bis se rige por el mismo procedimiento ya analizado. Es más, de la regulación del procedimiento contenida en el art 160 bis, aparece que el SII debe necesariamente solicitar de manera conjunta la declaración de abuso o simulación tanto respecto del contribuyente como de quien diseñó o planificó los actos, contratos o negocios en los que el Servicio basa su pretensión, cuestión que en todo caso se expresa en la Circular 65[370].

---

dicho sistema impone a los jueces. Estos principios básicos constituyen las leyes reguladoras de este sistema probatorio y su vulneración, con influencia sustancial en lo dispositivo del fallo, conduce a la nulidad del mismo".

369 Corte Suprema, 10 de Junio de 1999, *RDJ*, Tomo XCVI (1999), N° 2 (mayo-agosto), Sección 4.

370 En efecto, en la Circular 65, a propósito de la forma de ejercer la acción del art. 100 bis del CT, se afirma que "[s]e solicitará la aplicación de la multa *conjuntamente* con la solicitud de declaración de abuso o simulación ante el Tribunal Tributario y Aduanero, de manera fundada, acompañando los antecedentes de hecho y de derecho en que se sustenta y que permita la determinación de la cuantía de la multa".

Tal imperativo resulta de toda lógica, pues en uno y otro caso la discusión será la misma, aunque mirada desde distintas perspectivas. Por tanto, en el evento de que el Servicio inicie procedimientos separados, será procedente la acumulación de autos de conformidad a lo dispuesto en los arts. 92 y siguientes del CPC. Todo ello a fin de evitar el riesgo de que se pronuncien sentencias contradictorias y se multipliquen inútilmente los juicios[371].

En todo caso, la tramitación conjunta del procedimiento en contra del contribuyente y del diseñador o planificador no habilita al SII para solicitar que ambos obren conjuntamente por medio de un procurador común (en los términos de los arts. 12 y siguientes del CPC), pues en estos casos no concurren los requisitos copulativos indicados en el artículo 19 inciso 2° del CPC. Básicamente esto es así porque las excepciones y defensas no deben ser necesariamente idénticas, en cuanto cada demandado alegará la improcedencia de la solicitud por diversos motivos, cuestión que por lo demás reconoce expresamente el inciso segundo del art. 160 bis, en cuanto dispone que "la contestación deberá contener una exposición clara de los hechos y fundamentos de derecho en que basa su oposición a la declaración de abuso o simulación o, en su caso, a la responsabilidad por el diseño o planificación de los actos, contratos o negocios constitutivos de abuso o simulación". Cabe recordar que el inciso segundo del referido art. 19 señala que la figura del procurador común solo tiene lugar en la medida que "los demandados sean dos o más y *opongan idénticas* excepciones o defensas". Debe enfatizarse que lo que exige la ley para la designación de un procurador común es la "identidad" de excepciones y no que coincidan algunas[372]. Por ello, el artículo 20 del mismo cuerpo legal establece que "si son distintas entre sí las acciones de los demandantes o las defensas de los demandados, cada uno de ellos podrá obrar separadamente

---

371 STOEHREL MAES, Carlos Alberto, *De las disposiciones comunes a todo procedimiento y de los incidentes*, sexta edición, Editorial Jurídica de Chile, 2015, p. 156.

372 La identidad solo puede predicarse cuando las excepciones o defensas opuestas son las mismas, no similares ni parcialmente parecidas, sino iguales. Para ello, no basta con que una de las defensas de las partes sea idéntica sino que deben serlo todas. Así, por lo demás lo ha reafirmado la jurisprudencia: "El nombramiento de procurador común, cuando son varios los demandados, sólo procede en concepto de la ley, si éstos oponen idénticas excepciones o defensas. Mientras no contesten la demanda no puede apreciarse si concurren las circunstancias de ser unas mismas las excepciones opuestas. En consecuencia, es extemporáneo declarar que los demandados deben litigar por procurador común antes de la contestación de la demanda" (Iltma. Corte de Apelaciones de Valdivia, sentencia de fecha 8 de enero de 1926, *RDJ*, t. 23, sec. 2ª, p. 60. En el mismo sentido, Iltma. Corte de Apelaciones de Santiago, sentencia de fecha 27 de agosto de 1928, *RDJ*, t.25, sec. 2ª, p. 55).

en el juicio, salvo las excepciones legales". Lo recién indicado se ve refrendado por lo expuesto en la Circular 65, la cual precisamente reconoce la hipótesis de que se declare judicialmente el abuso o simulación del contribuyente, pero se rechace la imposición de la sanción establecida en el art. 100 bis del CT[373].

La única nota distintiva que la Circular 65 señala con relación al proceso de imposición de la multa del art. 100 bis del CT se refiere a la prueba, respecto de la cual se señala lo siguiente:

> "Se debe hacer presente que, como en todo procedimiento infraccional, la carga probatoria recae en el Servicio de Impuestos Internos, quien se podrá valer de todos los medios de prueba que le franquea la ley a efecto de producir convicción en el Tribunal acerca de la participación de la persona natural o jurídica en el diseño o planificación de los actos, contratos o negocios constitutivos de abuso o simulación y en el caso que sea pertinente, de la falta de diligencia en la supervisión y dirección del representante legal o de los responsables de la persona jurídica respecto de la cual se haya acreditado que realizó la planificación.
> Para los propósitos antes señalados, resultará relevante acompañar los informes evacuados por los asesores que planificaron o diseñaron los actos, contratos o negocios constitutivos de abuso o simulación, como las propuestas de honorarios, y en general, cualquier otro documento que contenga la identificación del autor o autores de la planificación y los objetivos del mismo.
> En el caso que el Servicio de Impuestos Internos no cuente con alguno de los antecedentes señalados anteriormente, podrá solicitar al tribunal que conoce del proceso que ordene la exhibición de los documentos que acrediten la participación del planificador o diseñador en los actos constitutivos de abuso o simulación y que estén en su poder, sin perjuicio de los demás medios probatorios que se estimen pertinente, v. gr. absolución de posiciones".

Al respecto, nos remitimos a lo ya indicado en el capítulo en el que se analizó la figura infraccional del art. 100 bis.

---

373 En particular, en la Circular 65 se expresa que "en el evento que se acoja la solicitud de declaración de elusión, pero se rechace la aplicación de la multa, el Servicio podrá apelar contra esta sentencia ante la Ilustrísima Corte de Apelaciones correspondiente conforme a lo dispuesto en el artículo 138 del Código Tributario".

CAPÍTULO X
CONSULTAS AL SII RELATIVAS AL ABUSO Y A LA SIMULACIÓN

La Ley de Reforma Tributaria introdujo al CT una disposición especial –no contemplada en el proyecto de ley original– relativa a las consultas que los contribuyentes pudieren realizar en materia de abuso y simulación.

En particular, el art. 26 bis de este cuerpo normativo (considerando las modificaciones introducidas por la Ley de Reforma a la LRT) dispone lo siguiente:

> "Los contribuyentes u obligados al pago de impuestos, que tuvieren interés personal y directo, podrán formular consultas sobre la aplicación de los artículos 4° bis, 4° ter y 4° quáter a los actos, contratos, negocios o actividades económicas que, para tales fines, pongan en conocimiento del Servicio. Asimismo, toda persona podrá formular consultas con el objeto de obtener respuestas de carácter general, no vinculantes, en relación con el caso planteado, las cuales no quedarán sujetas a las disposiciones del presente artículo. El Servicio publicará en su sitio de internet las respuestas respectivas.
>
> El Servicio regulará mediante resolución la forma en que se deberá presentar la consulta a que se refiere este artículo, así como los requisitos que ésta deberá cumplir. El plazo para contestar la consulta será de noventa días, contados desde la recepción de todos los antecedentes necesarios para su adecuada resolución. El Servicio podrá requerir informes o dictámenes de otros organismos, o solicitar del contribuyente el aporte de nuevos antecedentes para la resolución de la consulta. El Servicio, mediante resolución fundada, podrá ampliar el plazo de respuesta hasta por treinta días.
>
> Expirado el plazo para contestar sin que el Servicio haya emitido respuesta, la consulta se tendrá por no presentada para todos los efectos legales[374].

374 Originalmente, el inciso cuarto del art. 26 bis disponía lo siguiente: "Expirado el plazo para contestar sin que el Servicio haya emitido respuesta, *se entenderá rechazada la consulta*".

La respuesta tendrá efecto vinculante para el Servicio únicamente con relación al consultante y el caso planteado, y deberá señalar expresamente si los actos, contratos, negocios o actividades económicas sobre las que se formuló la consulta, son o no susceptibles de ser calificadas como abuso o simulación conforme a los artículos 4° bis, 4° ter y 4° quáter. La respuesta no obligará al Servicio cuando varíen los antecedentes de hecho o de derecho en que se fundó".

Conforme lo indicado en el inciso segundo del artículo recién citado, el SII reglamentó en la Circular 65 (en particular en su capítulo V, denominado "Procedimiento de Consulta Pública en materia de medidas Anti Elusión", el cual fue complementado y parcialmente enmendado mediante la Circular 41/2016 a raíz de las modificaciones introducidas por la Ley de Reforma a la LRT) la forma y requisitos de la consulta establecida en el art. 26 bis del CT, el que califica como una medida preventiva orientada a regular las conductas elusivas.

A continuación se analizarán las dos clases de consultas que contempla el art. 26 bis del CT: las vinculantes (respecto de las cuales impartió instrucciones la Circular 65) y las no vinculantes (respecto de las cuales impartió instrucciones la Circular 41/2016).

1. CONSULTAS VINCULANTES

1.1. Titulares del derecho a consulta

En primer término, aparece que únicamente podrían elaborar una consulta sobre abuso o simulación tributarias quienes "tuvieren interés personal y directo" en un caso concreto, con lo cual se entiende que no es posible realizar consultas de orden genérico a efectos de generar un precedente administrativo que posea una vinculación *erga omnes*.

Sobre la materia, la Circular 65 expresa que "[p]or *contribuyentes*, conforme la definición contenida en el N° 5° del artículo 8 del Código Tributario se entienden las personas naturales o jurídicas, o los administradores o tenedores de bienes ajenos afectados por impuestos. Por su parte, por *obligados al pago*, se entienden aquéllos sujetos que tienen la obligación de enterar los tributos en arcas fiscales, actuando incluso como retenedores".

Agrega el SII que "el *interés personal y directo* a que hace alusión el precepto legal dice relación exclusivamente con un *interés de índole económico*, que pueda afectar al patrimonio del consultante". En todo caso, se agrega que ello "es sin perjuicio de aquellas consultas que los contribuyentes efectúen relativas a la interpretación administrativa de las disposiciones tributarias que correspondan, en cuyo caso se aplicarán las instrucciones pertinentes existentes a la fecha o que en lo sucesivo se dicten sobre el particular".

Así, solo puede consultar un contribuyente que de algún u otro modo tenga interés –por cierto tributario– en el acto, contrato, negocio o actividad económica de que se trata. Corolario de ello es que, como expresa el inciso final del art. 26 bis, el pronunciamiento del SII producirá efectos relativos, cuestión que en todo caso debe ser matizada conforme se indicará más adelante.

1.2. Cuestiones formales

La Circular 65 se encargó de regular ciertas cuestiones de orden formal, lo cual fue complementado mediante la Resolución Ex. N° 69 de 11 de julio de 2016, que "Establece la forma en que se deberá presentar la consulta vinculante del artículo 26 bis del Código Tributario y los requisitos que ésta debe cumplir".

Al efecto, en lo que se refiere a las "materias a consultar", la Circular 65 indica que los sujetos que cumplan con las condiciones antes señaladas "podrán consultar si los actos, contratos, negocios o actividades económicas que expongan claramente ante el Servicio, configuran alguna de las hipótesis de abuso de forma jurídica o simulación a que se refieren los artículos 4° bis, 4° ter y 4° quáter del Código Tributario".

En cuanto a la "forma de la consulta", la Circular 65 señala que las consultas "se efectuarán, por escrito, adjuntas a un formulario de identificación del consultante. La consulta deberá ser convenientemente fundada y contener la exposición clara y detallada de la totalidad de las negociaciones que se pretende efectuar y por las cuales se consulta. Asimismo, se deberá acompañar a esta los antecedentes necesarios para la adecuada resolución de la presentación". Al efecto, la Resolución N° 69, además de reiterar lo recién expuesto agrega que la consulta escritas deberá realizarse "mencionando expresamente que se efectúa en virtud del artículo 26 bis del Código tributario y que se trata de una consulta vinculante", pues "[e]n caso que el interesado no explicite que su consulta se formula al tenor de lo dispuesto en el artículo 26 bis del Código Tributario, en carácter de vinculante, degenerará en una consulta no vinculante; aplicándose lo dispuesto en las instrucciones que la regulan, especialmente respecto del tipo de respuesta y sus efectos"[375].

---

375 La Resolución N° 69 agrega que "el consultante deberá adjuntar el Formulario N° 2117 debidamente firmado por el contribuyente, u obligado al pago de impuestos, personalmente o mediante su representante legal o mandatario".

En lo que se refiere a la "autoridad competente", la Circular 65 expresa que la solicitud o consulta "se podrá ingresar en la Dirección Nacional o en la Dirección Regional con competencia sobre el lugar en que se ubica el domicilio del consultante o la Dirección de Grandes Contribuyentes, según corresponda, para cuyo efecto mediante resolución se establecerá el procedimiento de ingreso de la consulta y el órgano encargado de resolverla. La presentación se remitirá en forma expedita para ante la Unidad competente de la Dirección Nacional encargada de efectuar el pronunciamiento respectivo. En todos los casos, la respuesta será notificada al consultante directamente por la Dirección Nacional".

Se agrega por la Circular 65 que "para los fines de la adecuada gestión de las consultas que se formulen", como asimismo para los fines de establecer ámbito del carácter vinculante de la respuesta del SII, "el Servicio implementará un sistema informático que permita seguir el flujo de tramitación y los plazos involucrados en los trámites que éste contemple, así como un repositorio o catálogo numerado de las consultas específicas efectuadas y las respuestas formuladas".

En lo que se refiere a los plazos de respuesta a la consulta, el art. 26 dispone que el SII tendrá un plazo de noventa días hábiles para contestarla. Conforme a la misma norma el plazo comenzará a correr "desde la recepción de todos los antecedentes necesarios para su adecuada resolución". Al efecto, en la Circular 65 se afirma que se "considerarán como 'necesarios' al tenor de la norma transcrita aquellos documentos útiles e indispensables para dar una adecuada respuesta a la consulta, debiendo el contribuyente procurar acompañar estos en su presentación". Se agrega que "el Servicio dará cuenta de que posee todos los antecedentes necesarios para su adecuada resolución a través de una 'certificación de conformidad' que será emitida inmediatamente recibidos todos los antecedentes indicados por el contribuyente en su presentación. Dentro del plazo de resolución el Servicio podrá, de conformidad al inciso segundo de artículo 26 bis, 'solicitar del contribuyente el aporte de nuevos antecedentes para la resolución de la consulta'. Esta solicitud de nuevos antecedentes deberá efectuarse mediante resolución fundada, debiendo dar razones de la necesidad de estos para una adecuada respuesta. En tal caso, la certificación de conformidad emitida inicialmente quedará sin efecto y el plazo de noventa días hábiles para resolver la consulta se computará una vez que los nuevos antecedentes sean aportados y la nueva 'certificación de conformidad' sea expedida".

Se termina indicando por el SII que "el requerimiento de informes o dictámenes a otros organismos, solicitada de conformidad al inciso segundo del citado artículo, no suspenderá ni interrumpirá el plazo para evacuar la consulta"; y que "[e]n caso de omitirse la certificación mencionada anteriormente, el plazo de noventa días hábiles principiará en la fecha en que se realizó la consulta. Con todo, el plazo que tiene el Servicio para entregar una respuesta a la consulta podrá ampliarse por treinta días hábiles, según establece el inciso tercero del artículo analizado. La resolución mediante la cual se amplía el plazo para dar respuesta deberá ser fundada expresando los motivos por los cuales estima necesaria dicha ampliación, y en caso de estar motivada por la falta de algún antecedente deberá explicitar el o los antecedentes faltantes".

1.3. ¿Consulta *ex ante* o *ex post*?

Una cuestión que no resulta del todo clara a la luz del tenor del art. 26 bis es si la consulta debe realizarse en forma preventiva, esto es, antes de que el contribuyente hubiere ejecutado el correspondiente acto, contrato, negocio o actividad; o si, por el contrario, dicha consulta debe realizarse ya ejecutados dichos actos.

Despejado lo anterior, e interpretando armónica y sistemáticamente las normas sobre abuso y simulación tributarias, resulta que la consulta únicamente puede regir como análisis preventivo, como por lo demás también lo entiende el SII en la Circular 65, en cuanto califica la consulta precisamente como una "medida preventiva".

A nuestro entender, el carácter esencialmente preventivo de la consulta en análisis se explica principalmente por el hecho de que, conforme al CT solo son los tribunales de justicia los llamados a establecer si un determinado hecho, acto o contrato constituye o no un abuso o simulación. Por ende, si el SII, a raíz de un proceso de consulta, estimare que se ha incurrido en abuso o simulación, generaría un "efecto vinculante [...] con relación al consultante" (en los términos del inciso final del art. 26 bis), cuestión claramente prohibida por la legislación, como ya se observó al analizar los aspectos procesales de esta figura.

Adicionalmente, y en lo que respecta a los asesores tributarios, es pertinente considerar que de poder consultarse acerca de actos ya ejecutados, significaría que existiría una suerte de "invitación a autoincriminarse", cuestión que en caso alguno tolera nuestro ordenamiento jurídico. Como se sabe, al derecho administrativo sancionador le resultan aplicables los principios y garantías del proceso penal, entre las que destaca precisamente el principio de la no autoincriminación, como lo ha resuelto en reiteradas oportunidades la Corte Suprema, el Tribunal Constitucional[376], la Contraloría General de la República[377], cuestión que encuentra uniforme respaldo en la doctrina[378].

Para finalizar, estimamos importante considerar que la consulta reglada en el art. 26 bis es de naturaleza eminentemente facultativa, por lo que en caso alguno podría un contribuyente verse en la obligación de consultar ni podría ser ello exigido por el Servicio vía regulación administrativa; ya que ello excedería con creces la potestad reglamentaria del SII sobre la materia, la cual, de conformidad a lo indicado en el inciso art. 26 bis del CT, se circunscribe a la forma y los requisitos de la consulta.

En efecto, para dar debida ejecución a su potestad reglamentaria, resulta ineludible que el SII la deba ejercer de conformidad al principio de juridicidad consagrado en los artículos 6 y 7 de la Constitución Política de la República, lo que impone la estricta sujeción a lo que la ley prescribe, so pena de ser el acto nulo. Precisamente por ello es que el artículo 2 de la Ley N° 18.575 Orgánica Constitucional de Bases Generales de la Administración del Estado dispone que los órganos de la Administración del Estado "someterán su acción a la Constitución y a las leyes" y que "deberán actuar dentro de su competencia y no tendrán más atribuciones que las que expresamente les haya conferido el ordenamiento jurídico". Por lo expuesto es que, como bien acota la doctrina, esta potestad normativa jamás puede ser utilizada a fin de complementar o innovar en lo regulado por la ley[379], cuestión que por lo demás ha sido plenamente corroborada

376 "Que, los principios inspiradores del orden penal contemplados en la Constitución Política de la República han de aplicarse, por regla general, al derecho administrativo sancionador, puesto que ambos son manifestaciones del iuspunendi propio del Estado" (Sentencias del Excmo. Tribunal Constitucional Rol N° 244/1996 de fecha 26 de agosto de 1996; Rol N° 480/2006 de 27 de julio de 2006, y Rol N° 1.233 de/2008 de 13 de enero de 2009). "Que la aplicación de las garantías constitucionales del derecho penal al derecho administrativo sancionador tiene una larga duración en el derecho chileno, pues ya hace cuarenta años, la Corte Suprema interpretó que la voz 'condenado' del artículo 11 de la Constitución de 1925 era aplicable a quienes cumplían sanciones administrativas" (Sentencia del Excmo. Tribunal Constitucional Rol N° 480/2006 de 27 de julio de 2006).

377 Dictámenes N°s 27.108 de 1969, 21.815 de 1983, 41.736 de 2004, N°s 21.464 de 1989, y 29.136 de 1999, 81.058 de 1974, 16.141 de 1977 y 20.991 de 1984.

378 Como ya se ha indicado, la doctrina ha sostenido que la diferencia entre el ilícito gubernativo (administrativo) y el penal es exclusivamente cuantitativo.

379 Soto Kloss, Eduardo, *Derecho Administrativo. Bases Fundamentales*, T. II "El principio de juridicidad", Ed. Jurídica de Chile, 1996, pp. 72-73.

por la Contraloría General de la República[380] y por los Tribunales Superiores de Justicia[381].

1.4. Del carácter provisional y relativo del pronunciamiento del Servicio. Principio de igualdad y no discriminación

De conformidad al inciso final del art. 26 bis, el pronunciamiento que emita el SII respecto de una consulta relativa a abuso o simulación producirá efectos relativos, en cuanto dispone que "[l]a respuesta tendrá efecto vinculante para el Servicio únicamente con relación al consultante y el caso planteado".

De ello se sigue, como primera cuestión, que declarado por el SII que el caso consultado no es susceptible de ser calificado como abuso o simulación, su respuesta le resulta enteramente vinculante al propio Servicio. Por ende, de llevarse a cabo por el contribuyente la respectiva operación en los mismos términos expuestos en la consulta, le está vedado en términos absolutos al SII cuestionar la misma con base en las figuras de abuso o simulación. Ello no es más que la concreción del principio conforme al cual se prohíbe contravenir los propios actos (*venire contra factum proprium non valet*), el que, como se ha indicado, tiene amplia acogida en el Derecho Administrativo.

Ello es así en la medida de que no hubiere existido una variación de los antecedentes de hecho o de derecho en que se fundó el SII, pues en tal evento "la respuesta no obligará al Servicio", como afirma el inciso final del art. 26 bis. Así, el pronunciamiento del SII es esencialmente provisorio, en cuanto podría variar por cuestiones de hecho o de derecho.

Al efecto, en la Circular 65 se indica que: *(i)* "se entenderá que han *variado las circunstancias* cuando existan antecedentes nuevos que den cuenta de actos, contratos, negocios o actividades económicas distintos de aquellos que el Servicio tuvo en consideración al momento de emitir su respuesta. Esta variación se verificará contrastando la parte expositiva de la respuesta con los documentos aportados por quien efectuó la consulta o por los organismos a quienes se les

380 La jurisprudencia administrativa de la Contraloría General de la República da cuenta de que contravienen la ley las normas administrativa que: (a) pretenden establecer otras condiciones o exigencias diversas de aquellas que la ley ha previsto; (b) fijan elementos distintos a los que la ley ha establecido; (c) alteran el sentido de las disposiciones de la ley; (d) crean trámites que la ley no prevé; (e) impone requisitos para una materia que la ley impuso; etc. Vid. Dictamen N° 03.558 de 26 de septiembre de 1996.

381 Vid. Soto Kloss, Eduardo, *Ley y Reglamento: sus relaciones en el Derecho Chileno*, Revista Ius Publicum N° 3/1999, 35-47.

requirió informes o dictámenes"; *(ii)* "existirá un cambio o, utilizando el término de la norma, una *variación en el derecho* cuando las normas citadas en la respuesta otorgada por el Servicio han sufrido alguna modificación legal o, en su defecto, se ha publicado un nuevo precepto legal que afecte los actos, contratos, negocios o actividades económicas consultadas. En contraposición, no se entenderá que existe variación en el derecho si ha existido un nuevo criterio interpretativo del Servicio de Impuestos Internos".

La Circular 65 agrega que "[e]n caso que exista algún cambio de hechos o derecho, el contribuyente podrá volver a consultar y adecuar su actuación de acuerdo al nuevo pronunciamiento del Servicio. En tal caso, se entenderá que el contribuyente ha actuado de buena fe, haciendo aplicable el principio consagrado en el artículo 26 del Código Tributario; el cual prohíbe el cobro con efecto retroactivo cuando el contribuyente se haya ajustado de buena fe a una determinada interpretación".

Por otro lado, de lo dispuesto en el art. 26 bis aparece que tal efecto vinculante es de carácter relativo, esto es, únicamente será la persona del consultante quien se podrá aprovechar de la respuesta favorable del Servicio, y en consecuencia al SII le estará vedado solicitar la declaración de abuso o simulación solo respecto de dicho contribuyente.

Íntimamente ligado con lo anterior, es necesario hacer la siguiente observación: el efecto relativo del pronunciamiento únicamente se refiere a su parte resolutiva, pero no a su parte considerativa y análisis, la cual tiene un efecto absoluto y *erga omnes*. Ello no se deriva del principio consagrado en el primer inciso del art. 26 CT[382], sino que es una imposición derivada de la garantía constitucional de igualdad ante la ley y de no discriminación reconocida en el art. 19 N° 2 de la Constitución Política, que dispone que "[l]a Constitución asegura a todas las personas: [...] 2° La igualdad ante la ley [...] Ni la ley ni autoridad alguna podrán establecer diferencias arbitrarias".

En consecuencia, un contribuyente tiene el justo derecho a poder obrar en concordancia con lo ya resuelto por el SII sobre una consulta, en la medida de que

---

382 El inciso primero del art. 26 del CT dispone: "No procederá el cobro con efecto retroactivo cuando el contribuyente se haya ajustado de buena fe a una determinada interpretación de las leyes tributarias sustentada por la Dirección o por las Direcciones Regionales en circulares, dictámenes, informes u otros documentos oficiales destinados a impartir instrucciones a los funcionarios del Servicio o a ser conocidos de los contribuyentes en general o de uno o más de éstos en particular".

su situación sea igual a la consultada[383]. Desde luego, tal contribuyente no podrá sostener que a su respecto el Servicio ha perdido su legitimación para instar por la declaración de abuso o simulación (por aplicación del efecto relativo), pero sí puede exigir que se le otorgue por la autoridad el mismo trato. En consecuencia, si tal contribuyente realiza una consulta fundada en uno o más pronunciamientos del SII y este modifica su interpretación –pese a tratarse del mismo caso fáctico y jurídico–, puede recurrir de protección a fin de que se deje sin efecto el pronunciamiento que le ha sido desfavorable. Ello sin perjuicio de poder ejercer las correspondientes acciones especiales, y desde luego oponer como excepción la contravención de los propios actos del Servicio en el correspondiente juicio de declaración de abuso o simulación.

1.5. Efectos del silencio negativo

El art. 26 bis establece que el SII debe pronunciarse sobre la consulta en un plazo de 90 días (ampliables hasta por 30 días), contados desde la "recepción de todos los antecedentes necesarios para su adecuada resolución". Atendido que la configuración del hito a partir del cual comienza a regir el plazo será determinado por el propio Servicio, y sumado que a este se le otorga la facultad especial de "requerir informes o dictámenes a otros organismos, o solicitar del contribuyente el aporte de nuevos antecedentes", es altamente probable que el plazo en el cual se deba responder a la consulta sea, en la práctica, muy superior al establecido por el legislador.

Como sea, y si bien el SII tiene la posibilidad de manejar sus plazos para dar respuesta a la consulta, se debe observar que en el inciso cuarto del art. 26 bis se contempla una hipótesis especial de silencio negativo[384], en cuanto se dispone

383 En igual sentido, Massone afirma que "resulta contraproducente que se impida que otra persona, ubicada en un mismo escenario, no pueda sacar ventaja de la respuesta, por cuanto ello rompe la igualdad y convierte la respuesta en un privilegio manifiestamente arbitrario" (*Op. Cit.*, t. I, p. 635).

384 El silencio negativo se encuentra regulado, en término generales, en el artículo 65 de la Ley N° 19.880 sobre Bases de Procedimientos Administrativos, que dispone: "Artículo 65. Silencio Negativo. Se entenderá rechazada una solicitud que no sea resuelta dentro del plazo legal cuando ella afecte el patrimonio fiscal. Lo mismo se aplicará en los casos en que la Administración actúe de oficio, cuando deba pronunciarse sobre impugnaciones o revisiones de actos administrativos o cuando se ejercite por parte de alguna persona el derecho de petición consagrado en el numeral 14 del artículo 19 de la Constitución Política (inciso primero). En los casos del inciso precedente, el interesado podrá pedir que se certifique que su solicitud no ha sido resuelta dentro de plazo legal. El certificado se otorgará

que "[e]xpirado el plazo para contestar sin que el Servicio haya emitido respuesta, *la consulta se tendrá por no presentada para todos los efectos legales*". Es pertinente observar que esta redacción es fruto de la modificación incorporada al art. 26 bis por la Ley de Reforma a la LRT, ya que originalmente el inciso cuarto de esta norma señalaba que "[e]xpirado el plazo para contestar sin que el Servicio haya emitido respuesta, *se entenderá rechazada la consulta*".

Esta modificación resulta positiva en cuanto vino a despejar cualquier duda que podría surgir en torno a los efectos de lo que el SII denominaba "rechazo ficto" de una consulta. En todo caso, y aun con el texto original, que se hubiera entendido "rechazada la consulta" no tenía otro efecto que el de otorgar al contribuyente la certeza de que el SII no se pronunciaría sobre su planteamiento, pero en caso alguno ello implicaba una declaración tácita de abuso o simulación[385]. Lo recién indicado se encontraba explicitado en la Circular 65, en cuanto se indicaba –en un punto que fue reemplazado por la Circular 41/2016– que el denominado rechazo ficto "no significa un pronunciamiento en cuanto a si la operación consultada es o no susceptible de ser calificada como abuso o simulación, sino que se entiende que la consulta misma fue *rechazada sin emitirse pronunciamiento del fondo del asunto*".

La Circular 41/2016 señala que en caso de que el SII no dé respuesta dentro de plazo, "el contribuyente u obligado al pago de impuestos que haya efectuado la consulta podrá volver a presentarla en caso que el Servicio no haya emitido respuesta por haberse cumplido el plazo antes señalado". Y agrega que "los efectos serán los mismos en caso que el Servicio efectivamente se pronuncie señalando que conforme a la información con que cuenta no puede emitir un pronunciamiento".

---

sin más trámite, entendiéndose que desde la fecha en que ha sido expedido empiezan a correr los plazos para interponer los recursos que procedan" (inciso segundo). A su turno, el art. 66 del mismo cuerpo normativo se refiere se los efectos del silencio administrativo en los siguientes términos: "Los actos administrativos que concluyan por aplicación de las disposiciones de los artículos precedentes, tendrán los mismos efectos que aquéllos que culminaren con una resolución expresa de la Administración, desde la fecha de la certificación respectiva".

385 En efecto, que se hubiera entendido "rechazada la consulta" en caso alguno podría haber implicado un pronunciamiento tácito del Servicio en orden a que el caso consultado efectivamente da cuenta de un abuso o simulación. Ello porque el principio básico en materia de abuso y simulación tributarias es que es de cargo del Servicio acreditar su existencia (art. 4 bis, inciso final), y es del todo evidente que no puede eludir dicha carga por vías directas o indirectas, y menos con base en su propio obrar, o mejor dicho fundado en su inacción frente a una consulta planteada por un contribuyente.

2. CONSULTAS NO VINCULANTES

Como se anticipó, la Ley de Reforma a la LRT incorporó al art. 26 bis del CT una segunda clase de consultas sobre la Norma General Anti Elusión, que el SII ha denominado "no vinculantes", incorporando la siguiente frase al inciso primero de dicha disposición: "Asimismo, toda persona podrá formular consultas con el objeto de obtener respuestas de carácter general, no vinculantes, en relación con el caso planteado, las cuales no quedarán sujetas a las disposiciones del presente artículo. El Servicio publicará en su sitio de internet las respuestas respectivas".

Según se indicó en el mensaje de la Ley de Reforma a la LRT, esta modificación se incorporó a fin de "ampliar los sujetos que podrán obtener de la administración tributaria un pronunciamiento anticipado sobre criterios de carácter general relativos a la aplicación de la norma general anti elusión". En todo caso, el mismo mensaje agrega que "[c]on todo, dada la naturaleza de la consulta en estos casos, es decir, que no se exigirá un interés comprometido por el consultante, la respuesta no podrá tener carácter 'vinculante' general ni particular. Además, se establece que el Servicio de Impuestos Internos deberá publicar sus respuestas".

En este contexto, no pareciera ser necesaria la incorporación de esta segunda clase de consulta general y no vinculante, pues debe recordarse que el art. 6 letra B del CT dispone en su numeral primero lo siguiente: "Dentro de las facultades que las leyes confieren al Servicio, corresponde: [...] B. A los Directores Regionales en la jurisdicción de su territorio: 1°. Absolver las consultas sobre la aplicación e interpretación de las normas tributarias".

Sin perjuicio de lo anterior, sí resulta destacable que el art. 26 bis ordene al SII que publique en su sitio de internet la respuestas que dé a las consultas generales, pues con ello los contribuyentes podrán contar con una adecuada compilación de los pronunciamientos administrativos que se dicten sobre la materia.

En relación a estas consultas no vinculantes, la Circular 41/2016 impartió, en lo que interesa, las siguientes instrucciones:

i. En cuanto a los sujetos que pueden efectuar esta clase de consultas, las mismas pueden ser formuladas por "cualquier persona", a diferencia de lo que acontece en las consultas vinculantes antes analizadas.
ii. En lo que se refiere al carácter no vinculante de esta clase de consultas, el SII señala que "esto significa que la respuesta dada por la Institución no podrá oponerse en una futura instancia de fiscalización". Agrega el Servicio que "[d]icho efecto no vinculante se explica por dos razones evidentes, a saber: la ausencia de interés comprometido por parte del consultante y el carácter general de la consulta, en cuanto no se trata de un caso real y concreto. En

este sentido, al no requerirse invocar un interés comprometido y mediante una descripción general de los antecedentes de hecho y de derecho del caso que se consulta, se establece un mecanismo de consulta que incluye un pronunciamiento general sobre la interpretación de las normas jurídicas y sobre los efectos eventualmente elusivos o no de ciertos actos, contratos o serie o conjunto de ellos, materia de la misma. El conocimiento por parte del consultante e incluso de los funcionarios del Servicio de tales criterios, tenderá a favorecer la certeza jurídica de los contribuyentes y la administración, en cuanto a los fundamentos generales de hecho y de derecho que este Servicio seguirá en el ejercicio de sus facultades".

iii. Se agrega por el SII, en lo que se refiere a la autoridad competente para pronunciarse acerca de las consultas no vinculantes, que "[l]a solicitud podrá ingresar en la Dirección Nacional o en la Dirección Regional con competencia sobre el lugar en que se ubica el domicilio del consultante o en la Dirección de Grandes Contribuyentes, según corresponda. La presentación se remitirá en forma expedita a la Unidad competente de la Dirección Nacional encargada de coordinar y apoyar la preparación de la respuesta respectiva".

iv. Por último, también resulta pertinente observar que el SII afirma que "[s]i bien, las consultas no vinculantes no están sujetas al plazo que establece el artículo 26 bis del Código Tributario para absolver las consultas vinculantes; considerando la necesidad que el procedimiento a que se sometan las mismas sea racional y justo, se instruye a las áreas encargadas de absolverlas que siempre se deberá procurar dar una pronta respuesta a las mismas, no excediéndose de los 90 días hábiles".

CAPÍTULO XI
CONSIDERACIONES RELATIVAS A LA APLICACIÓN TEMPORAL DE LAS NORMAS SOBRE ABUSO Y SIMULACIÓN TRIBUTARIA

1. DISPOSICIÓN TRANSITORIA APLICABLE A LA NORMA GENERAL ANTI ELUSIÓN

Para finalizar este trabajo, resulta pertinente considerar que el artículo decimoquinto transitorio dispone lo siguiente respecto a la entrada en vigencia de las normas sobre abuso y simulación:

> "*Las modificaciones al Código Tributario regirán transcurrido un año desde la publicación de la ley*, con excepción de lo dispuesto en el número 25, letra b. del artículo 10°, que regirá a partir del 1 de enero de 2015.
> No obstante lo dispuesto en el inciso precedente, lo establecido en los artículos 4° bis, 4° ter, 4° quáter, 4° quinquies, 100 bis, 119 y 160 bis del Código Tributario *sólo será aplicable respecto de los hechos, actos o negocios, o conjunto o serie de ellos, a que se refieren dichas disposiciones, realizados o concluidos a partir de la entrada en vigencia de las mismas*".

Esta materia ha sido tratada en tres circulares emitidas por el SII: la Circular N° 55 de 16 de octubre de 2014, que instruyó en general sobre la vigencia y transición de las normas de la LRT; la hoy derogada Circular N° 55 de 24 de junio de 2015, que de modo específico se refirió a la vigencia de las disposiciones que contienen la Norma General Anti Elusión; y por la Circular N° 42 de 11 de julio de 2016, dictada a causa de las disposiciones contenidas en la Ley de Reforma a la LRT, mediante la cual se complementó a la Circular 55/2014, y se derogó la Circular 55/2015.

A la luz de la disposición transitoria antes citada, resulta meridianamente claro que las diversas modificaciones introducidas por la LRT al CT –salvo una excepción que no dice relación con la materia analizada en este trabajo– entraron en vigencia el día 30 de septiembre del año 2015, fecha en la que se cumplió un año contado desde la publicación de la LRT en el Diario Oficial.

Adicionalmente, y conforme a lo dispuesto en el inciso segundo de esta disposición transitoria, el SII no podrá impugnar ningún hecho, acto, operación o negocio "realizado o concluido" con anterioridad a dicha fecha, aun cuando reúnan todos los requisitos de abuso o simulación tributaria. Esto no es más que una concreción del principio de irretroactividad de la ley consagrado en el art. 9 del CC, que dispone que "[l]a ley puede sólo disponer para lo futuro, y no tendrá jamás efecto retroactivo".

En nuestro concepto, la referida irretroactividad –y por ende la inaplicabilidad de las normas sobre abuso y simulación tributarias– rige incluso respecto de actos cuyos efectos tributarios sean alcanzados por la operación renta del año 2016 y posteriores, en atención a que el legislador atiende a la "realización" o "conclusión" de los actos y negocios, esto es, a su consumación o ejecución efectiva, mas no alcanza a sus efectos, lo que perfectamente pueden perdurar en el tiempo.

Con todo, el SII, en la primera interpretación que realizó acerca de esta disposición transitoria en la Circular N° 55/2015, afirmaba que la normativa anitelusión resultaba plenamente aplicable a los actos de ejecución diferida (aquellos cuyos efectos se van cumpliendo progresivamente, en el plazo estipulado por las partes) y a los de tracto sucesivo (aquellos cuyas obligaciones van naciendo y extinguiéndose sucesiva y periódicamente mientras dure su vigencia) que, habiéndose celebrado antes del 30 de septiembre de 2015, continuaran produciendo efectos con posterioridad a esa fecha. En particular, la Circular 55/2015 del SII afirmaba que "una *interpretación sistemática* de las normas que limitan la retroactividad no puede poner en riesgo la *finalidad que el propio legislador tuvo en consideración* al establecer las normas permanentes del Código Tributario (normas generales anti elusión), permitiendo espacios de elusión que esas mismas normas buscan evitar"[386].

386 En tal sentido, la Circular 55/2015 expresaba lo siguiente: "A este fin, las expresiones 'realizado' y 'concluido', se emplean para excluir los hechos, actos o negocios o conjunto o serie de ellos, que se han ejecutado, celebrado o perfeccionado íntegramente en un tiempo pasado (antes del 30 de septiembre de 2015).

De este modo, es posible que hechos, actos o negocios o conjunto o serie de ellos, aun iniciados antes del 30 de septiembre de 2015, sean alcanzados por las normas permanentes anti elusivas cuando, existiendo abuso o simulación, se encuentre pendiente el cumplimiento de sus efectos jurídicos o tributarios a la fecha de entrar en vigencia las referidas normas. En este tipo de casos, esos efectos jurídicos o tributarios, susceptibles de ser considerados

Tal interpretación del SII no resultaba ajustada a derecho, pues precisamente siguiendo un principio sistemático de interpretación, que sea efectivamente armónico con nuestro ordenamiento jurídico, se debe concluir que en las hipótesis planteadas por el Servicio –actos a plazo o condición, de tracto sucesivo, y aquellos cuyos efectos tributarios no se hayan consumado íntegramente antes del 30 de septiembre de 2015– no resultan aplicables las disposiciones que consagran la Norma General Anti Elusión.

Lo anterior, atendido que el principio y regla general en materia de aplicación de las leyes es el de la no retroactividad. Este, como afirma la doctrina, encuentra su justificación en la seguridad jurídica, por cuanto el interés general, que no es aquí sino la resultante de los intereses individuales, exige que lo hecho regularmente bajo una ley sea considerado válido y, en consecuencia, inamovible, a pesar del cambio de criterio del legislador[387]. Como se ha indicado, dicho principio y regla general se encuentra consagrado en el art. 9 del Código Civil, el cual si bien únicamente es vinculante para el juez, el legislador debe respetar en el sentido que, de querer darle un efecto retroactivo excepcional; así lo debe señalar en forma expresa, formal e inequívoca. En otras palabras, aunque el referido art. 9 es una ley ordinaria que puede ser derogada por otra ley, "esta derogación debe ser cierta y formalmente decretada por el legislador; de otro modo, el artículo 9° mantiene su imperio"[388]. Precisamente por ello es que la Excma. Corte Suprema ha resuelto que "[e]l legislador, para romper el principio de la irretroactividad de las leyes y establecer una situación excepcional, como lo es la retroactividad, debe hacerlo en forma explícita e inequívoca, empleando términos formales y claros"[389].

Consecuencia de lo anterior es que la retroactividad es de derecho estricto y en consecuencia debe aplicarse en forma restrictiva. En este sentido, la Excma. Corte Suprema ha resuelto "que la disposición de la Ley N° 6.020 que estableció la retroactividad para los efectos del aumento de sueldos, es una regla de excepción, que debe interpretarse y aplicarse en forma restrictiva, esto es, conforme a

---

elusivos, se producen una vez que los hechos o actos jurídicos se 'realizan' o 'concluyen' bajo el imperio de las normas anti elusivas permanentes. Tal será el caso, por ejemplo, de actos o contratos: a) Sujetos a un plazo o condición, ya sea en cuanto al perfeccionamiento mismo del acto o contrato, así como para el nacimiento de los derechos u obligaciones que de ellos emanan o su exigibilidad (efectos jurídicos pendientes); b) De 'tracto sucesivo'; o, c) En general, aquellos cuyos efectos tributarios no se hayan consumado o materializado íntegramente antes del 30 de septiembre de 2015 [...]".

387 ALESSANDRI, SOMARRIVA & VODANOVIC, *Ob. Cit.*, p. 223.

388 ALESSANDRI, SOMARRIVA & VODANOVIC, *Ob. Cit.*, p. 225.

389 *RDJ*, t. 86, sec. 1°, p. 96.

sus propios términos y, como se refiere a sueldos, no puede alcanzar a los sobresueldos provenientes de horas extraordinarias trabajadas"[390].

Lo que se viene diciendo tiene especial relevancia en materia tributaria. Al efecto, MASSONE señala que "el rechazo a la retroactividad se ha basado en uno o más fundamentos, tales como: legalidad, certeza, seguridad jurídica, previsibilidad, confianza, igualdad, capacidad contributiva, derecho de propiedad, efecto liberatorio del pago, libertad económica y la improcedencia de la sorpresa en la acción del Estado"; y agrega que "En Chile, desde hace ya años, sucesivos gobiernos, de distinto signo político, se han abstenido, en forma clara e intencional, de proponer o propiciar medidas tributarias que afecten a hechos ya ocurridos o, incluso, a hechos cuyo desarrollo haya sólo comenzado"[391].

Aplicando lo recién expuesto a la materia en análisis, se concluye que la recta interpretación de la disposición transitoria en análisis impone concluir que a aquellos actos celebrados antes del 30 de septiembre de 2015 pero que por cualquier hipótesis produzcan efectos o se continúen desarrollando o ejecutando con posterioridad a esa fecha, no les resulta aplicable la Norma General Anti Elusión.

Entender lo contrario e invocar al efecto una supuesta "finalidad del legislador", como lo postulaba la Circular 55/2015 del SII, implicaba darle un efecto retroactivo a esta normativa sin que el legislador así lo hubiere permitido expresamente, cuestión manifiestamente contraria a derecho por los motivos ya expuestos[392]. Precisamente por ello es que, con ocasión de la Ley de Reforma a

---

390 *RDJ*, t. XL, sec. 1°, p. 147.

391 Acto seguido, el mismo autor agrega que "[e]sta práctica se ha visto alterada, a raíz del terremoto y maremoto de 27 de febrero de 2010 y de la Ley N° 20.455 (D.O. de 31 julio 2010), que introdujo modificaciones tributarias transitorias y permanentes destinadas, entre otras cosas, a financiar la reconstrucción" (MASSONE, *Op. Cit.*, t. I, p. 877).

392 De igual forma, ASTE criticó la interpretación contenida en la Circular 55/2015: "Discrepamos de la interpretación sistémica que el órgano fiscalizador hace, puesto que no parece correcto que se considere como válida una interpretación que implica desconocer el derecho que el particular tiene respecto de los efectos jurídicos de los actos, contratos o negocios jurídicos ejecutados o celebrados en el marco de un derecho sustantivo radicalmente distinto. Cuando el legislador dice que la ley aplica a los hechos, actos, contratos o negocios jurídicos realizados o concluidos a partir del 30 de septiembre del año 2015, lo que está diciendo es que no aplica a los actos o contratos que no están perfeccionados a esa fecha, según la naturaleza propia de cada uno de ellos [...] Lo verdaderamente sistémico es que el intérprete hubiere considerado la Constitución, y los derechos que ella, le reconoce a los ciudadanos, entre ellos, el derecho a desarrollar las actividades económicas, respetando las normas que la regulan. Obviamente que esa disposición, razona sobre la base de las normas vigentes a esa fecha y no a las que se dicten con posterioridad, porque resulta imposible conocer el futuro. Parece propio de un país bananero que el órgano fiscalizador

la LRT, el legislador interpretó de forma auténtica a la disposición transitoria en análisis, lo que impuso al SII derogar la Circular 55/2015, todo ello conforme se pasa a desarrollar en el siguiente apartado.

2. INTERPRETACIÓN AUTÉNTICA DE LA DISPOSICIÓN TRANSITORIA CONTENIDA EN LA LEY DE REFORMA DE LA LRT

Atendido que la disposición transitoria había generado diversos entendimientos sobre la aplicación temporal de la Norma General Anti Elusión, se incluyó la Ley de Reforma a la LRT una norma interpretativa cuya finalidad fue precisamente aclarar la materia. En buena medida, la interpretación que hemos sostenido en el apartado anterior se ve ratificada por la interpretación auténtica contenida en la Ley de Reforma a la LRT, el cual expresa lo siguiente en su artículo octavo:

> "Para los efectos de lo dispuesto en el inciso 2° del artículo decimoquinto transitorio de la ley 20.780, se entenderá que los hechos, actos o negocios, o conjunto o serie de ellos, a que se refieren los artículos 4° bis, 4° ter, 4° quáter, 4° quinquies, 100 bis, 119 y 160 bis del Código Tributario, se han realizado o concluido con anterioridad al 30 de septiembre de 2015, cuando sus características o elementos que determinan sus consecuencias jurídicas para la legislación tributaria, hayan sido estipulados con anterioridad a esa fecha, aun cuando sigan produciendo efectos a partir del 30 de septiembre de 2015. De acuerdo a lo anterior, el Servicio de Impuestos Internos no podrá aplicar tales disposiciones respecto de los efectos

---

se autoatribuya competencia para revisar y objetar un contrato que se ha perfeccionado antes, basado en que el hecho de que se trasto sucesivo lo habilita, o aduciendo que existe un plazo o una condición pendiente, puesto que eso no tiene que ver con la conclusión de un contrato. Los contratos concluyen cuando se perfeccionan. Basta revisar el diccionario de la RAE para asumir lo dicho, puesto que de acuerdo a ese diccionario, se concluye algo cuando se acaba o termina. Por lo tanto el contrato se acaba o termina como tal, cuando queda perfeccionado en su naturaleza, puesto que es ahí, y no antes ni después, donde queda firme como contrato. Lo que viene después es el cumplimiento, que no cambia al contrato en su naturaleza. Tampoco lo muta, ni lo concluye, porque éste concluyó cuando se perfeccionó. Lo que hace simplemente es materializar lo que ya está acabado o concluido. No pueden las partes alterar lo que acordaron y que está produciendo efecto, porque los contratos son leyes para ellos. De hecho, las leyes que se le aplican de acuerdo a la misma ley sobre efecto retroactivo, que data del año 1861, y que se contiene en el apéndice del Código Civil, son las leyes que están vigentes a la fecha de su celebración, puesto que por mandato del artículo 22 de esa ley, estás deben entenderse incorporadas al contrato" (ASTE. *Curso... Op. Cit.*, t. I, pp. 426-427).

producidos con anterioridad al 30 de septiembre de 2015. Respecto de los efectos que se produzcan a contar de esta última fecha, provenientes de hechos, actos o negocios, o conjunto o serie de ellos realizados o concluidos con anterioridad a ella, tampoco se aplicarán tales disposiciones, salvo cuando a partir de la citada fecha se hayan modificado las características o elementos que determinan sus consecuencias jurídicas para la legislación tributaria de los referidos hechos, actos o negocios, o conjunto o serie de ellos, en cuyo caso se aplicarán sólo respecto de los efectos posteriores que surjan a consecuencia de tal modificación, en cuanto esta última y sus referidos efectos, conforme a las disposiciones legales citadas, sean considerados como constitutivos de abuso o simulación".

Así, y tal como lo resume el Mensaje, "[r]especto de la norma general anti elusión, ella se aplica respecto de los hechos, actos o negocios, o conjunto o serie de ellos, realizados o concluidos a partir de la vigencia de esta norma. Se precisará que la norma no incluye los casos en que los elementos para determinar sus efectos tributarios se encuentren fijados con anterioridad a la citada vigencia, tomando los resguardos necesarios para evitar que esta precisión se constituya en una ventana de potencial elusión".

En particular, con la Ley de Reforma a la LRT pasa a ser claro que el conjunto de disposiciones que regulan la Norma General Anti Elusión carecen de todo efecto retroactivo, en atención a lo siguiente:

(i) Resulta absolutamente inaplicable la Norma General Anti Elusión respecto de hechos, actos o negocios que se han realizado o concluido con anterioridad al 30 de septiembre de 2015, cuando sus características o elementos que determinan sus consecuencias jurídicas para la legislación tributaria hayan sido estipulados con anterioridad a esa fecha, y cuando hubieren producido sus efectos antes de la misma fecha.
En igual sentido, la Circular 42/2016 dispone que "[r]especto de aquellos actos cuyos efectos tributarios se consumaron o produjeron íntegramente antes del 30 de septiembre de 2015, el Servicio se encuentra impedido de aplicar las disposiciones del articulado que regula la normativa general anti elusiva incorporada al Código Tributario por la Ley N° 20.780".

(ii) En principio, por regla general y sea cual sea la naturaleza jurídica del acto o contrato (y sea cual sea el motivo jurídico por el cual se difieran la producción de los efectos del acto), tampoco resulta aplicable la Norma General Anti Elusión respecto de hechos, actos o negocios que se han

realizado o concluido con anterioridad al 30 de septiembre de 2015, cuando sus características o elementos que determinan sus consecuencias jurídicas para la legislación tributaria, hayan sido estipulados con anterioridad a esa fecha, aun cuando sigan produciendo efectos a partir del 30 de septiembre de 2015[393]. Así lo dispone expresamente la norma interpretativa en análisis: "Respecto de los efectos que se produzcan a contar de esta última fecha, provenientes de hechos, actos o negocios, o conjunto o serie de ellos realizados o concluidos con anterioridad a ella, tampoco se aplicarán tales disposiciones".

Coherente con ello, la Circular 42/2016 dispone que el Servicio no podrá aplicar la normativa general anti elusiva respecto de los "[h]echos, actos, negocios o conjunto o serie de ellos 'realizados o concluidos' con anterioridad al 30 de septiembre de 2015 y no modificados con posterioridad a la misma fecha, no obstante que continúen produciendo efectos tributarios después".

(iii) Excepcionalmente –lo que impone una interpretación restringida– la Norma General Anti Elusión podría aplicarse a actos y negocios celebrados con anterioridad al 30 de setiembre de 2015, solo en la medida que concurran copulativamente los siguientes requisitos: (a) que se trate de actos que continúen produciendo efectos con posterioridad al 30 de septiembre de 2015; y (b) adicionalmente, que con posterioridad al 30 de septiembre de 2015 los contribuyentes hubieren modificado las características o elementos que determinan las consecuencias jurídicas para la legislación tributaria de los hechos, actos o negocios.

Se debe destacar que en estos casos se podrá aplicar la Norma General Anti Elusión "sólo respecto de los efectos posteriores que surjan a consecuencia

393 La redacción de esta norma interpretativa contenida en el proyecto de Ley de Reforma a la LRT era diversa, ya que se regulaba especialmente –y derechamente se modificaba la LRT– el caso de los contratos de tracto sucesivo, en cuanto se disponía lo siguiente: "Con todo, serán aplicables las disposiciones legales citadas en el presente artículo a los actos o contratos, realizados o concluidos con anterioridad al 30 de septiembre de 2015, y cuyos derechos y obligaciones se produzcan o ejerzan sucesivamente en el tiempo, como por ejemplo, en el caso de contratos de tracto sucesivo o sujetos a condiciones o plazos suspensivos, respecto a los efectos que se produzcan con posterioridad al 30 de septiembre de 2018, hayan o no sido modificados en los términos ya señalados con posterioridad al 30 de septiembre de 2015, sin perjuicio de las demás facultades ya citadas. Respecto a los efectos que se produzcan antes del 30 de septiembre de 2018, solo se aplicarán estas normas en caso que se modifiquen tales contratos o actos en los términos ya indicados".

de tal modificación, en cuanto esta última y sus referidos efectos, conforme a las disposiciones legales citadas, sean considerados como constitutivos de abuso o simulación". Por ende, la modificación en sí misma debe ser la constitutiva de abuso o simulación.

Así, para dar aplicación a la Norma General Anti Elusión en esta hipótesis, necesaria e ineludiblemente se requiere de un obrar por parte del contribuyente posterior al 30 de septiembre de 2015, cuya finalidad hubiere sido modificar "las características o elementos que determinan las consecuencias jurídicas para la legislación tributaria". Por tanto, si con posterioridad a tal fecha se realiza cualquier modificación que no incida en tales características o elementos, no puede aplicarse la Norma General Anti Elusión.

En relación a esta hipótesis, consistente en actos realizados o concluidos antes del 30 de septiembre de 2015 pero modificados con posterioridad a esa fecha, la Circular 42/2016 dispone que "el Servicio podrá fiscalizar los efectos posteriores que surjan a consecuencia de la modificación o modificaciones de que se trate, en la medida que se cumpla con los siguientes requisitos: i) Que exista una modificación del hecho, acto, contrato o negocio particular o de uno o más de los que conforman un conjunto o serie de ellos. Para estos fines se entiende que existe modificación cuando se altera, muta o transforma, de cualquier manera uno o más de los elementos de los actos o negocios, o características de los hechos, o conjunto o serie de ellos, que los conforman. ii) Que la modificación incida de manera determinante en las consecuencias jurídicas tributarias; esto es, que altere, mute o transforme los elementos de la obligación impositiva, como son los sujetos, el hecho gravado, la tasa, la base imponible o el régimen de exenciones aplicables; su nacimiento o exigibilidad. iii) La alteración, mutación o transformación de los elementos mencionados en el literal precedente, por si misma o por los efectos que genera en la negociación modificada, pueda ser considerada eventualmente como constitutiva de un abuso o simulación por aplicación de los artículos 4° ter o 4° quáter del Código Tributario".

Cabe agregar que la misma la Circular 42/2016 concluye que "[a] estos efectos, se debe considerar que si el negocio primitivo resulta ser, teóricamente elusivo; pero la modificación posterior al 30 de septiembre de 2015, a que se le somete, carece de las características elusivas, ni tampoco las genera en el acto modificado, el Servicio no estará facultado para aplicar la Normativa General Anti elusión".

Se debe observar que en este aspecto la Ley de Reforma a la LRT no pretende modificar lo dispuesto en el artículo decimoquinto transitorio de la LRT, sino que constituye el ejercicio de interpretación legal o auténtica a que se refiere el inciso primero del artículo 3 del CC, que dispone que "[s]ólo toca al legislador explicar o interpretar la ley de un modo generalmente obligatorio". Consecuencia de esto es que tiene aplicación lo dispuesto en el inciso segundo del artículo 9 del mismo cuerpo normativo, en cuanto prescribe que "las leyes que se limiten a declarar el sentido de otras leyes, se entenderán incorporadas en éstas; pero no afectarán en manera alguna los efectos de las sentencias judiciales ejecutoriadas en el tiempo intermedio"[394].

Lo que se viene diciendo es de especial relevancia para los casos en que, no habiéndose aprobado aún como ley definitiva la contenida en la Ley de Reforma a la LRT, se genere una controversia acerca de la aplicación temporal de la Norma General Anti Elusión. En efecto, en tales casos los jueces tributarios pueden otorgarle al artículo decimoquinto transitorio el sentido establecido en dicha ley, por el hecho de que la misma nada modifica, sino que únicamente pretende otorgar un adecuado entendimiento o interpretación a una norma transitoria actualmente en vigencia.

394 En igual sentido, la Circular 42/2016 señala que "[e]l artículo octavo transitorio, de la Ley N° 20.899, contiene una interpretación auténtica del artículo decimoquinto transitorio, de la Ley N° 20.780, sobre la vigencia de dichas normas. Motivo por el cual la norma objeto de análisis y estas instrucciones, no alteran la vigencia de la Normativa General Anti elusiva sino que interpretan la aplicación de ésta en relación a los hechos, actos o negocios, o conjunto o serie de ellos que se han realizado o concluido con anterioridad al 30 de septiembre de 2015".

BIBLIOGRAFÍA

ABELIUK MANASEVICH, *Las obligaciones*, cuarta edición actualizada y aumentada, Editorial Jurídica de Chile, 2003, p. 1.044.

ALCALDE RODRÍGUEZ, Enrique, *Hacia una reformulación del concepto de 'causa' y su proyección en el Código Civil*, en Homenaje a Profesores de Derecho Civil, Universidad del Desarrollo, pp. 161-193.

ALCALDE RODRÍGUEZ, Enrique, *La simulación y los terceros: consideraciones civiles y penales*, en Revista Chilena de Derecho, Vol. 27 N° 2, 2000, pp. 265-289.

ALCALDE RODRÍGUEZ, Enrique, *La Corte Suprema y el 'precedente': del dicho al hecho...*, columna de opinión publicada por el sitio de Internet "El Mercurio Legal".

ALCALDE RODRÍGUEZ, Enrique, *La responsabilidad de los directores de sociedades anónimas*, Ediciones UC, 2013.

ALESSANDRI BESA, Arturo, *La nulidad y la Rescisión en el Derecho Civil chileno*, tercera edición actualizada, Editorial Jurídica de Chile, 2010.

ALESSANDRI RODRÍGUEZ, Arturo, *De la Compraventa y de la Promesa de Venta*, Editorial Jurídica de Chile, 2003.

ALESSANDRI RODRÍGUEZ, Arturo, *Tratado Práctico de las Capitulaciones matrimoniales, de la sociedad conyugal y de los bienes reservados de la mujer casada*, Editorial Universitaria, 1935.

ALESSANDRI R., Arturo, SOMARRIVA U., Manuel y VODANOCIC H., Antonio, *Tratado de las Obligaciones*, Editorial Jurídica de Chile, 2004.

ALESSANDRI R., Arturo, SOMARRIVA U., Manuel y VODANOVIC H., Antonio, *Tratado de Derecho Civil. Partes Preliminar y General*, Editorial Jurídica de Chile, 1998.

ALFERILLO, Pascual Eduardo, *Reflexiones sobre la vinculación de la 'mala fe' con los factores de atribución subjetivos*, en *Tratado de la Buena Fe en el Derecho*, Tomo II, Director Marcos M. Córdoba, Editorial La Ley, 2004, pp. 221-254.

ALTAMIRANO, Alejandro, *Derecho tributario. Teoría general*, Editorial Marcial Pons, Buenos Aires, 2012.

ÁLVAREZ, Paola, BERMÚDEZ, Rodrigo, CAVADA, Juan Pablo & WILKINS James, *Opiniones sobre constitucionalidad e inconstitucionalidad de las medidas contra elusión contenidas en el Proyecto de Ley de Reforma Tributaria (2014)*, Biblioteca del Congreso Nacional de Chile.

ÁLVAREZ-CLARO, Rafael Palomero, *Las medidas antiabuso en la fiscalidad internacional*, en Revista de Instituto de Estudios Fiscales, Cuaderno de Formación vol. 15/2012, pp. 125-138.

ARA GONZÁLEZ, Carlos, *Reforma tributaria. Una guía para comenzar su estudio*, Thomson Reuters, 2014.

ASTE MEJÍAS, Christian, *Reforma tributaria*, Thomson Reuters, 2015.

ASTE MEJÍAS, Christian, *Curso sobre Derecho y Código Tributario*, Thomson Reuters, 2016.

AVILÉS HERNÁNDEZ, Víctor Manuel, *Legalidad tributaria*, primera edición, Editorial Jurídica de Chile, 2005.

AVILÉS HERNÁNDEZ, Víctor Manuel, *Legalidad tributaria y mecanismos antielusión*, segunda edición, Editorial Jurídica de Chile, 2014.

AVILÉS HERNÁNDEZ, Víctor Manuel, *Comentario a la sentencia de la Excelentísima Corte Suprema en el caso denominado "Embonor", por reclamo presentado por dicha empresa en contra de una actuación del Servicio de Impuestos Internos*, publicado por el instituto Libertad y Desarrollo.

BARAONA GONZÁLEZ, Jorge, *La Nulidad de los Actos Jurídicos*, Ed. Universidad Javeriana, Bogotá, 2012.

BARROS BOURIE, Enrique, *Tratado de Responsabilidad Extracontractual*, Editorial Jurídica de Chile, 2012.

BASCUÑÁN RODRÍGUEZ, Antonio, *Deber de confidencialidad y secreto profesional del abogado,* en Revista de Estudios de la Justicia N° 15, 2011.

BERMÚDEZ SOTO, Jorge, *El principio de confianza legítima en la actuación de la Administración como límite a la potestad invalidatoria*, en Revista de Derecho (Valdivia), vol. 18, N° 2, 2005.

BETTI, Emilio, *Teoría de la Interpretación Jurídica*, Compilación y traducción de Alejandro Vergara Blanco, Ediciones UC, 2015.

BETTI, Emilio, *Teoría general de las obligaciones*, Tomo I, Editorial Revista de Derecho Privado, Madrid, 1969.

BOETSCH GILLET, Cristián, *La Buena Fe Contractual*, Editorial Jurídica de Chile, 2014.

BORDA, Alejandro, *La teoría de los actos propios*, Ed. Abeledo-Perrot, Buenos Aires, 2000.

BRZOVIC, Franco, *Ley de evasión y elusión tributaria*, en Revista de Derecho Universidad Finis Terrae, N° 5, 2001.

BUSTOS ALVARADO, Claudio, *Norma antielusiva: ¿fin de la planificación tributaria?*, columna de opinión publicada por el sitio de Internet "El Mercurio Legal" el día 19 de agosto de 2015.

BUSTOS ALVARADO, Claudio, *Norma antielusiva General: ¿necesidad o capricho?*, columna de opinión publicada por el sitio de Internet "El Mercurio Legal" el día 2 de noviembre de 2015.

CALATAYUD PRATS, Ignacio, *Comentario al artículo 15 de la Nueva Ley General Tributaria. Conflicto en la aplicación de la Norma Tributaria*, Hacienda Canaria, s/f.

Calderón Carrero, José Manuel & Ruiz Almendral, Violeta, *La codificación de la "doctrina de la sustancia económica" en EE.UU. como nuevo modelo de norma general anti-abuso: la tendencia hacia el "sustancialismo"*, en Revista Quincena Fiscal N° 15-16, 2010, pp. 37-75.

Cordero Quinzacara, Eduardo, *Derecho Administrativo Sancionador. Bases y principios en el Derecho Chileno*, LegalPublishing, 2014.

Coronel Jonés, César, *La Simulación de los Actos Jurídicos*, Editorial Nomos, Bogotá, 1989.

Corral Talciani, Hernán, *De la ignorancia de la ley. El principio de su inexcusabilidad*, Editorial Jurídica de Chile, 1987.

Corral Talciani, Hernán, *Lecciones de responsabilidad Civil Extracontractual*, Segunda Edición actualizada, LegalPublishing, 2013.

Couture, Eduardo, *Fundamentos de Derecho Procesal Civil*, Ediciones Depalma Buenos Aires, 1993.

Cury Urzúa, Enrique, *Derecho Penal. Parte General*, Tomo I, Editorial Jurídica de Chile, 2ª Edición actualizada, 1988.

Cury Urzúa, Enrique, *Derecho Penal. Parte General*, Ediciones Universidad Católica de Chile, 2005.

De Rivacoba y Rivacoba, Manuel, *El Delito de Contrato Simulado*, Editorial Jurídica Conosur, 1992.

Delgado Pacheco, Abelardo, *Las Normas Antielusión en la Jurisprudencia Tributaria Española*, Editorial Aranzadi, 2004.

Delgado Pacheco, Abelardo, *Las medidas Antielusión en la Fiscalidad Internacional*, en Revista ICE N° 825, 2005, pp. 97-118.

Diez-Picazo, Luis, *La doctrina de los actos propios. Estudio crítico sobre la jurisprudencia del Tribunal Supremo*, Editorial Bosch, Barcelona, 1963.

Diez Duarte, Raúl, *La Simulación de Contrato en el Código Civil Chileno*, Editorial Jurídica de Chile, 1982.

Diez Duarte, Raúl, *Contrato Simulado. Estructura Civil y Penal. Teoría Jurídica y Práctica Forense*, Editorial Jurídica Cono Sur, 1995.

Domínguez Águila, Ramón, *Teoría General del Negocio Jurídico*, Editorial Jurídica de Chile, 1977.

Domínguez Águila, Ramón, *La Prescripción Extintiva. Doctrina y Jurisprudencia*, Editorial Jurídica de Chile, 2004.

Domínguez Águila, Ramón, *Fraus Omnia Corrumpit. Notas sobre el Fraude en el Derecho Chileno*, en Revista de Derecho, Universidad de Concepción, N° 189, año LIX, 1991, pp. 7 y ss.

Donaldson, J. Bruce, *When Substance-over-Form Argument is available to the Taxpayer*, en Marquette Law Review, vol. 48, 1964.

Ducci Claro, Carlos, *Interpretación Jurídica*, Editorial Jurídica de Chile, 2ª Edición, 1977.

EKDAHL ESCOBAR, María Fernanda, *La doctrina de los actos propios*, Ed. Jurídica de Chile, Santiago, 1989.

ETCHEVERRY ORTHUSTEGUY, Alfredo, *Derecho Penal*, t. IIO, Editorial Jurídica de Chile, 1997.

ERNST & YOUNG, *GAAR rising. Mapping tax enforcement's evolution*, 2013.

EY ABOGADOS, *Cláusula General Antiabuso tributaria en España: propuestas para una mayor seguridad jurídica*, Fundación Impuestos y Competitividad, 2015.

EVANS DE LA CUADRA, Enrique & EVANS ESPIÑEIRA, Eugenio, *Los tributos ante la Constitución*, Editorial Jurídica de Chile, 1997.

EYZAGUIRRE BAEZA, Cristóbal & RODRÍGUEZ DÍAZ, Javier, *Expansión y límites de la buena fe objetiva - A propósito del "Proyecto de principios latinoamericanos de derecho de los contratos"*, en Revista de Derecho Privado N° 21, julio de 2013, pp. 137-216.

FERMANDOIS VÖHRINGER, Arturo, *Derecho Constitucional Económico. Regulación, tributos y propiedad*, t. II, Ediciones UC, 2010.

FERREIRA RUBIO, Delia Matilde, *La Buena fe. El principio general en el Derecho Civil*, Editorial Montecorvo, 1984.

FIGUEROA Y., Juan Agustín, y MORGADO S.M., Erika, *Procedimientos civiles e incidentes*, LegalPublishing, 2013.

FUEYO LANERI, Fernando, *Cumplimiento e incumplimiento de las obligaciones*, Ed. Jurídica de Chile, 2004.

FUEYO LANERI, Fernando, *Instituciones de Derecho Civil Moderno*, Editorial Jurídica de Chile, Santiago, 1990.

FUEYO LANERI, Fernando, *El Fraude a la ley*, en Revista de Derecho y Jurisprudencia, tomo LXXXVIII, 1991, pp. 25 y ss.

GARCÍA ESCOBAR, Jaime, *Sombras Chinescas se otean en Lotananza: Cláusula o Norma General Antielusiva*, publicado en el sitio web del Instituto Chileno de Derecho Tributario (www.ichdt.cl).

GARCÍA ESCOBAR, Jaime. *La naturaleza jurídica de la elusión tributaria*, publicado en el sitio web del Consejo de Defensa del Estado (www.cde.cl).

GARCÍA ESCOBAR, Jaime & ÁLVAREZ MAYA, Carolina, *Análisis de algunos aspectos de una rabiosa reforma stalinista: la cláusula general antielusiva y la sanción que propone el artículo 100 bis del Código Tributario*, en Revista Actualidad Jurídica N° 30, julio 2014, pp. 49 - 78.

GONZÁLEZ HOCH, Francisco, *Elementos de la culpabilidad en la interferencia contractual por terceros*, Memoria de Licenciatura, Facultad de Derecho de la Universidad de Chile, 1995.

GONZÁLEZ ORRICO, Jaime Andrés, *Notas sobre el procedimiento para declarar la existencia de abuso o simulación en el Proyecto de reforma Tributaria (boletín 9290-05)*, en Revista Actualidad Jurídica N° 30, julio 2014, pp. 79-108.

GONZÁLEZ ORRICO, Jaime Andrés, *Reflexiones en torno a la potestad de la administración tributaria para la calificación de hechos, actos o negocios jurídicos. El nuevo artículo 4° bis del Código Tributario*, en Revista Actualidad Jurídica N° 32, julio 2015, pp. 227-243.

GROPPI, Tania & PONTHOUREAU, Marie-Claire (Editoras), *The Use of Foreign Precedents by Constitutional Judges*, Hart Publishing Ltd., Oxford, 2013.

GUZMÁN BRITO, Alejandro, *Las Reglas del Código Civil de Chile sobre Interpretación de las leyes*, LegalPublishing, 2011.

GUZMÁN BRITO, Alejandro, *Tipo, función y causa de la negocialidad*, Revista de Derecho de la Pontificia Universidad Católica de Valparaíso XLI, 2013, segundo semestre, pp. 39-67.

GUZMÁN BRITO, Alejandro, *La Interpretación Administrativa en el Derecho Chileno*, LegalPublishing, 2014.

HARTMUT, Maurer, *Introducción al derecho administrativo alemán*, Universidad Santo Tomás, Bogotá, 2008.

IRRIBARRA SOBARZO, Eduardo, *Análisis sobre el fallo Tributario de Coca Cola Embonor contra el Servicio de Impuestos Internos*, publicado en el sitio web del Instituto Chileno de Derecho Tributario (www.ichdt.cl).

JEQUIER LEHUEDÉ, Eduardo, *La obtención ilícita de la fuente de la prueba en el proceso civil. Análisis comparativo del ordenamiento jurídico chileno*, en Revista Chilena de Derecho, vol. 34, N° 3, 2007, pp. 457-494.

JIMÉNEZ GONZÁLEZ, Belén, *El motivo económico válido en las operaciones de reestructuración empresarial*, Trabajo de Máster, Universidad Complutense de Madrid, 2015.

LARROUMET, Christian, *Teoría General del Contrato*, Editorial Temis, Bogotá, 1993.

LEÓN HURTADO, Avelino, *La Voluntad y la Capacidad en los Actos Jurídicos*, Editorial Jurídica de Chile, 1963.

LONDOÑO MARTÍNEZ, Fernando, *Tipicidad y legalidad en el derecho administrativo-sancionatorio*, en Revista de Derecho (Valdivia), vol XXVII, N° 2, 2014 pp. 147-167.

LÓPEZ FRÍAS, Ana, *Los Contratos Conexos. Estudio de Supuestos Concretos y Ensayo de una Construcción Doctrinal*, José María Bosch Editor S.A., Barcelona, 1994

LÓPEZ SANTA MARÍA, Jorge, *Los Contratos. Parte General*, Editorial Jurídica de Chile, Cuarta edición revisada y ampliada, 2005.

LÓPEZ SANTA MARÍA, Jorge, *Las Cadenas de Contratos o Contratos Coligados*, en Revista de Derecho de la Universidad Católica de Valparaíso N° XIX (1998)

LYON PUELMA, Alberto, *Personas Jurídicas*, Ediciones UC, 2003.

LYON PUELMA, Alberto, *La voluntad virtual derivada de la 'naturaleza' del contrato determinada por su causa*, en Estudios de Derecho Civil, t. III, AbeledoPerrot/LegalPublishing Chile, 2011, 207-232.

MADISON D., Allen, *The tension between textualism and substance-over-form doctrines in Tax Law*, en Santa Clara Law Review, vol. 43, num. 3, 2003.

MARIAL, Héctor, *La doctrina de los actos propios y la Administración Pública*, Ediciones Depalma, Buenos Aires, 1994.

MARTÍNEZ COHEN, Rafael, *El error, la simulación, el fraude a la ley y el abuso de un derecho en el Derecho Tributario chileno*, en Revista de Derecho de la Pontificia Universidad Católica de Valparaíso XXIX, 2007, pp. 351-378.

MARTÍNEZ COHEN, Rafael, *El error y la simulación lícita en el derecho tributario*, en "La Semana Jurídica", N° 355.

MARTÍNEZ COHEN, Rafael, *La elusión, el abuso del derecho y el fraude a la ley en el derecho tributario chileno*, en "La Semana Jurídica", N° 366.

MASSONE PARODI, Pedro, *Principios de Derecho Tributario. Aspectos Generales*, cuarta edición actualizada y ampliada. Thomson Reuters, 2016.

MATUS ACUÑA, Jean Pierre, *Aspectos Penales de la Reforma Tributaria*, en Revista de Derecho, Facultad de Derecho de la Universidad de Chile, Escuela de Postgrado, N° 6, diciembre 2014, pp. 261-268.

MATUS A., Jean Pierre y RAMÍREZ G., María Cecilia, *Lecciones de Derecho Penal Chileno. Parte Especial*, t. II, Thomson Reuters, 2015.

MEDINA PÉREZ, José, La *buena fe en la doctrina, la legislación y la jurisprudencia*, Memoria de prueba para optar al grado de licenciado en la facultad de Ciencias Jurídicas y Sociales de la Universidad de Chile, 1950.

MEZA ROJAS, Rafael, *Elusión y normas antielusivas a la luz de la Constitución Política de la República*, Memoria para optar al grado de licenciado en ciencias jurídicas y sociales, Universidad de Chile, 2015.

MILLÁN GUTIÉRREZ, Iván, *Tratamiento Penal del Contrato Simulado*, Tesis para optar al grado de Magíster en Derecho Penal, Facultad de Derecho de la Universidad de Chile, 2011.

MONTECINOS ARAYA, Jorge, *De la elusión y la evasión tributaria*, en Revista de Derecho de la Universidad de Concepción N° 207, 2000.

MONTECINOS ARAYA, Jorge, *La Potestad del Servicio de Impuestos Internos en materia de recalificación de los contratos. La línea divisoria entre la evasión y la elusión tributaria*, en Revista de Derecho de la Universidad de Concepción N°s 215-216, 2004.

NARANJO ARIAS, Camilo, *Los Contratos Conexos. Análisis de una doctrina en gestación a la luz de los principios y normas del ordenamiento jurídico chileno*, Tesis para optar al grado de Licenciado en Derecho de la Pontificia Universidad Católica de Chile, 2007.

OCDE (2013), *Plan de acción contra la erosión de la Base Imponible y el Traslado de Beneficios*, OCDE Publishing.

OCDE (2016), *Impedir la utilización abusiva de convenios fiscales, Acción 6 - Informe final 2015*, Proyecto de la OCDE y del G-20 sobre la Erosión de la Base Imponible y el Traslado de Beneficios, Éditions OCDE, Paris.

ORTÚZAR SANTA MARÍA, Álvaro, *El abuso del Derecho ante la Constitución*, en *Estudios sobre reformas al Código Civil y Código de Comercio. Tercera Parte. Fundación Fernando Fueyo Laneri*, Editorial Jurídica de Chile, Primera Edición, 2003.

OSORIO VARGAS, Cristóbal Salvador, *Manual de Procedimiento Administrativo Sancionador. Parte General*, Thomson Reuters - La Ley, 2016.

PAILLÁS PEÑA, Enrique, *La Simulación: Doctrina y Jurisprudencia*, Editorial Jurídica de Chile, 1984.

PALAO TABOADA, Carlos, *La aplicación de las normas tributarias y la elusión fiscal*, 2009, Lex Nova.

PALAO TABOADA, Carlos, *Forma y sustancia en el Derecho*, junio de 2012, artículo publicado en Internet en el sitio de Internet de la Universidad Autónoma de Madrid (http://www.uam.es/otros/afduam/documentos/forma-y-sustancia.pdf).

PALAO TABOADA, Carlos, *Normas Anti-elusión en el Derecho Interno Español y en el Derecho Comunitario Europeo*, en Boletín de la Asociación Argentina de Estudios Fiscales, 2003.

PEÑAILILLO ARÉVALO, Daniel, *Obligaciones*, Editorial Jurídica de Chile, 2006.

PREBBLE, John & PREBBLE M., Zoë, *The Morality of Tax Avoidance*, en Creighton Law Review, vol. 43, 2012.

RADOVIC SCHOEPEN, Ángela, *Obligación tributaria*, Editorial Jurídica ConoSur, 1998.

RODRÍGUEZ GREZ, Pablo, *Responsabilidad Extracontractual*, Editorial Jurídica de Chile, 2002.

RODRÍGUEZ GREZ, Pablo, *Responsabilidad Contractual*, Editorial Jurídica de Chile, 2003.

RODRÍGUEZ GREZ, Pablo, *El abuso del derecho y el abuso circunstancial*, Editorial Jurídica de Chile, 1999.

RODRÍGUEZ GREZ, Pablo, *Derecho del Consumidor. Estudio Crítico*, Thomson Reuters, 2015.

ROGEL CÉSPEDES, Bárbara, *La elusión tributaria y la teoría del abuso del derecho y el fraude a la ley en el derecho tributario chileno*, Memoria para optar al grado de licenciado en ciencias jurídicas y sociales, Universidad Austral de Chile, 2008.

ROMERO SEGUEL, Alejandro, *Curso de Derecho Procesal Civil*, Editorial Jurídica de Chile, t. I, 2006.

ROMERO SEGUEL, Alejandro, *Curso de Derecho Procesal Civil. Los presupuestos procesales relativos al órgano jurisdiccional y a las partes*, t. II, Segunda Edición Actualizada, LegalPublishing/Thomson Reuters, 2014.

ROMERO SEGUEL, Alejandro, *Curso de Derecho Procesal Civil. Los presupuestos procesales relativos al Procedimiento*, t. III, Segunda Edición Actualizada, LegalPublishing/Thomson Reuters, 2015.

ROMERO SEGUEL, Alejandro, *La prejudicialidad en el proceso civil*, en Revista Chilena de Derecho, vol. 42 N° 2, 2015.

ROSEMBUI, Tulio, *El fraude de la ley, la simulación y el abuso de las formas en el derecho tributario*, Editorial Marcial Pons, segunda edición, Madrid, 1999.

ROSENDE ÁLVAREZ, Hugo, *La simulación y los actos fiduciarios*, en "Teorías del Derecho de Civil Moderno", Ediciones Universidad del Desarrollo, 2005, pp. 9-61.

RUIZ ALMENDRAL, Violeta & SEITZ, Georg, *El fraude a la Ley Tributaria (análisis de la norma española con ayuda de la experiencia alemana)*, en "Estudios financieros. Revista de contabilidad y tributación: Comentarios, casos prácticos". Septiembre 2004, N° 257-258, pp. 3-64.

RUIZ ALMENDRAL, Violeta, *¿Tiene futuro el test de los "motivos económicos válidos" en las normas anti-abuso? (sobre la planificación fiscal y las normas anti-abuso en el Derecho de la Unión Europea)*, en Revista de Contabilidad y Tributación, 2010, pp. 5-60.

SAAVEDRA GALLEGUILLOS, Francisco Javier, *Teoría del consentimiento*, Editorial Jurídica ConoSur, 1994.

SAN MARTÍN NEIRA, Lilian (Editora), RETAMALES M., Silvia y GUEVARA P., Valentina (Coordinadoras), *La buena fe en la jurisprudencia. Comentarios y análisis de sentencias*, Thomson Reuters, 2015.

SCHOPF OLEA, Adrián, *La responsabilidad Civil de los Auditores*, en Estudios de Derecho Civil, tomo III, LegalPublishing, 2011, pp. 331 y ss.

SCHULTZ FIGUEROA, Robert, *Elusión tributaria desde el punto de vista de la legislación extranjera*, actividad normativa equivalente a tesis para optar al título de magister en derecho tributario, Escuela de Postgrado de la Facultad de Derecho de la Universidad de Chile, 2012.

SOLED, Jay, *Use of judicial doctrines in resolving transfer tax controversies*, en Boston College Review 581, 2001.

SOTO KLOSS, Eduardo, *Derecho Administrativo. Temas Fundamentales*, LegalPublishing/ Abeledo Perrot, 2009

STOEHREL MAES, Carlos Alberto, *De las disposiciones comunes a todo procedimiento y de los incidentes*, sexta edición, Editorial Jurídica de Chile, 2015.

TORRES, Heleno Taveira, *Derecho Tributario y derecho privado. Autonomía privada, simulación y elusión tributaria*, Editorial Marcial Pons, Buenos Aires, 2008.

UGALDE PRIETO, Rodrigo & GARCÍA ESCOBAR, Jaime, *Elusión, planificación y evasión tributaria*, LegalPublishing, tercera edición, 2009.

VALDÉS PRIETO, Domingo, *Libre Competencia y Monopolio*, Editorial Jurídica de Chile, 1ª Edición, 2006, p. 216.

VARAS A., Paulino & MOHOR A., Salvador, *Acerca de la Constitucionalidad de la Delegación de Facultades Jurisdiccionales por los Directores Regionales del Servicio de Impuestos Internos*, en Revista de Derecho de la Pontificia Universidad Católica de Valparaíso, t. XVIII, 1997, pp. 315 y ss.

VARELA BARRAZA, Yuri, *El principio de la sustancia sobre la forma ¿Existe una cierta inclinación del sistema tributario chileno hacia la aceptación del tal principio?*, 2010, artículo publicado en el sitio de Internet del Instituto Chileno de Derecho Tributario (http://www.ichdt.cl/files/Sustancia_sobre_forma_MANUAL_TRIBUTARIO_JUNIO_2010.pdf).

VARGAS, Cristián, y CORVALÁN, Pablo, *Modificaciones al Código Tributario Introducidas por la Ley N° 20.780*, presentación realizada el 4 de noviembre de 2014 en charlas internas del SII sobre la implementación de la reforma tributaria, publicada en: http://www.sii.cl/portales/reforma_tributaria/6_modificacion_ley_20780_ct_cc_fsg_050115.pdf)

VIAL DEL RÍO, Víctor, *Manual de las Obligaciones en el Código Civil Chileno*, Ed. Biblioteca Americana, 2007

VIAL DEL RÍO, Víctor, *Teoría General del Acto Jurídico*, Editorial Jurídica de Chile, Quinta Edición, 2007.

VILLAR EZCURRA, Marta, *Los efectos en el Derecho español de la doctrina del business purpose y de la noción comunitaria de motivo económico válido*, Noticias de la Unión Europea, núm. 239, 2004.

VILLARROEL BARRIENTOS, Carlos & VILLARROEL BARRIENTOS, Gabriel, *Derecho Internacional Privado*, Editorial Jurídica de Chile, 2015.

VODANOVIC, Antonio, *Contrato de Transacción*, Con-Sur, 1987.

WAHN PLEITZ, Werner Raphael, *Elusión tributaria y normas antielusivas: su tratamiento en el derecho comparado, algunas conclusiones al respecto*, publicado por el Centro de Estudios Tributarios de la Universidad de Chile.

WALKER MENA, Ricardo, *Los contratos y su tributación*, LexisNexis, 2005.

YÁÑEZ HENRÍQUEZ, José, *Reformas Tributarias: Una Mirada Económica*, en *Nuevas tendencias del moderno Derecho Económico*, VV.AA., Editores Valdés Prieto, Domingo y Vázquez Duque, Omar, LegalPublishing, 2014, pp. 289-318.

YÁÑEZ VILLANUEVA, Felipe, *Análisis de la nueva Cláusula General Antielusiva*, en Revista de Estudios Tributarios, Universidad de Chile, 2016, pp. 233-250.

ZELAYA ETCHEGARAY, Pedro, *La Responsabilidad Civil del Empresario por los Daños Causados por su Dependiente*, Editorial Aranzandi, Pamplona, España, 1995.

www.ingramcontent.com/pod-product-compliance
Ingram Content Group UK Ltd.
Pitfield, Milton Keynes, MK11 3LW, UK
UKHW051914031026
15588UKWH00008B/1473

9 789561 419544